전쟁사
문명사
세계사

일러두기

- 이 책에서 인명과 지명에 관한 외국어 표기는 표준외래어 표기법을 따랐으며, 대중적으로 널리 알려진 경우는 그에 따랐다. 때에 따라서는 라틴어와 영어 표기를 병기하기도 했다.

전쟁사
문명사
세계사

'휴식을 위한 지식'을
기획하며

나를 변화시키는 생각,
생각을 변화시키는 지식

　문득 어떤 모습으로든 자신이 변하고 싶은 생각이 들 때가 있다. 그리고
나는 이렇게 살다가 그냥 끝나는 것일까 하는 생각이 들 때도 있다. 물론
스스로 만족스러운 사람도 있겠지만 그렇지 않은 경우가 많다. 분명 나는
열심히 달려온 것 같은데 지금의 난 무엇인가.
　한 직장인이 있다. 힘들게 얻은 직장.
　입사라는 관문을 통과했을 때의 행복은 사실 얼마 가지 않는다. 열정이
변해서 아무 생각이 없는 상태가 되기까지는 얼마 걸리지 않는다. 직장은
그에게 겨우 살아갈 만큼의 대가를 주는 대신 덜 떨어지고 선하지 않은 인
간들이 그를 끊임없이 괴롭힌다.
　'결국은 돈'이라는 생각에 이런저런 과외의 일에 손을 대보기도 하지만
제대로 되는 것은 없고, 그렇게 머릿속에 꽉 찬 돈 생각은 그를 더욱 피곤
하게 만든다. 게다가 가족을 책임지고 있는 사람들은 미안한 마음마저 생
겨서 스스로를 구석으로 몰아가게 된다.

대한민국에는 이런 상황의 '그'가 많다. 도무지 행복하다는 생각이 들지가 않고, 마냥 자신보다 잘난 사람들이 눈에 들어오고, 그러면서 부러움과 시샘이 내 안에서 하염없이 분출된다.

모든 것은 마음에 달렸다는 것을 모르는 사람이 있을까. 생각을 바꾸면 마음에서 오는 아픔 정도는 간단히 없앨 수 있다는 말, 그 또한 수도 없이 들어왔다. 하지만 그게 잘 되지 않는다. 잘 알면서도 너무나 잘 안 되는 것이 마음 다스리기가 아닌가. 하지만 지금 나는 그 '쉽지만 잘 되지 않는 그것'을 한 번 더 말하려고 한다.

생각하기에 달렸다.

단지 그 '생각'을 거창하게 하기보다는 가볍게 하자고 제안하고 싶다. 생각하다가 자살하고 생각하다가 득도한다. 옷 한번 바꿔 입고 얼굴에 점 하나만 빼도 확 달라지는 것이 사람의 생각이다. 이토록 간사한 '생각'이라는 것을 잘 이용하는 것이 나를 변화시키는 관건이다. 그럼 내 맘대로 안 되는 생각은 어떻게 변화시키는 것일까.

잡념과 잡생각. 사실 두 말에 별 차이는 없다.

사전적으로 잡념維念은 여러 가지 잡스러운 생각, 또는 수행을 방해하는 여러 가지 옳지 못한 생각이다.

그럼 잡생각은 무엇인가. 또 사전을 보았더니 생각은 생각인데 쓸데없이 하는 생각이라고 되어 있다. 하지만 개인적으로 두 단어는 어감에서 왠지 차이가 느껴지는데 그것은 나의 의도가 있느냐 없느냐는 것으로 보인다.

생각하고 싶지 않은데 여름밤의 모기마냥 머릿속을 떠돌아다니는 것이 잡념이라면, 잡생각은 내가 하고자 해서 하는 것인데 다만 쓸모가 없는 공상들 정도다.

아마도 사람의 머릿속에는 이 잡념과 잡생각이 뒤엉켜서 매일 회오리를 만드는 것이 아닌가 한다. 하지만 스트레스도 화병도 때로는 기막힌 아이디어도 이런 과정에서 나오는 것이 아닐까 하는 '잡'생각을 해 본다. 현대의 과학으로 보았을 때 틀리고 맞고를 떠나서 그리스 시대의 학자라는 사람들이 떠벌인 온갖 잡담급의 상상들은 현대 학문의 기원이 되기도 했다. 오! 위대한 잡생각의 힘이여!

가뜩이나 머리가 복잡한데 무슨 잡생각이냐고 할지 모르겠지만, 잡생각은 머리가 복잡하니까 하는 것이다. 골치 아픈 세상을 살아가고 있기 때문인지는 모르겠지만 내가 먼저 잡생각을 하지 않고서는 저절로 생겨나는 온갖 잡념들에게 내 머리를 빼앗길 것 같기 때문이다.

다시 사전적인 의미로 돌아와서 보면 쓸데 '있는' 생각은 잡생각이 아니라는 것인데, 사실 사람이 쓸데 있는 생각만 하고 살 수는 없는 노릇이다. 머리라는 것이 어디 내 맘대로 돌아가 주던가. 게다가 대단한 생각이라는 것도 이런저런 쓸데없는 생각에서 툭 튀어 나올 때가 있지 않을까. 온갖 잡생각에 시간을 소비하는 나로서는 잡생각을 싸잡아서 쓸데 없다고 말하는 사전을 보고 있으려니 괜히 나 자신에게 미안한 생각마저 든다. 쓸모를 미리 짐작하고 생각을 한다는 건 정말 말이 안 되는 것 같아서 하는 말이다.

괜히 사전의 설명을 가지고 말꼬리를 잡았다. 잡생각을 '사소한' 생각 또는 부담스럽지 않은 '가벼운' 생각이라고 말하고 싶었을 뿐이다. 잡념이라는 것을 다시 정의하자면 내가 의도하지 않았지만 내 머릿속을 헤집고 다니는 '괜한 걱정거리'인 것이다. 그러니 '잡념'에 빠지지 말고 재미있고 가벼운 '잡생각'을 하자. 살면서 말 한마디, 행동 하나가 부담스럽지 않은 것이 없는데 마음속으로 생각하는 것마저 날 부담스럽게 한다면 어떻게 살란 말인가.

뇌라는 것은 전기밥통 켜고 끄듯이 제어할 수 없기에 작동하려고 할 때

설렁설렁하도록 시켜서 쉽게 하는 게 중요하다.

　생각을 이용하는 것과 잡생각을 하는 것.

　이것도 지속적으로 하려면 필요한 것이 있다. 바로 지식이다. 한줌에 지나지 않더라도 생각에는 지식이라는 연료가 필요하다. 잡스럽다 할지라도 생각과 사고라는 것은 사람이 자라면서 보고 듣고 맛보고 경험한 것, 즉 저절로 알게 된 것들과 외부로부터 배운 것들이 융합의 과정을 거치면서 나온 산물이다.

　마찬가지로 하나의 생각이 사다리를 놓고 또 놓으려면 그에 관한 약간의 지식이 깔려 있어야만 한다. 공부를 하자는 말이 아니다. 그러면 다시 고통스러워질 수가 있기 때문이다. 즐거운 잡생각을 위해 깊은 지식까지는 필요하지 않다. 왜냐하면 깊이 들어가면 '잡'이 아니니까. 그런 정도의 지식을 얻는 가장 쉬운 곳이 역사가 아닌가 생각한다.

　지식이란 것과 역사라는 것을 포장하고 이어보고자 이런 장광설長廣舌을 펼쳤다. 쓸 만한 지식을 부담 없이 구할 수 있는 방법으로써 역사는 반드시 추천하고 싶은 분야이다.

　능동적으로 재미있게 여기저기를 건드려보자.

　지식이라는 수박의 껍질만이라도 살살 핥아 보자.

　누가 알겠는가. 그중에 무엇이 내 인생을 바꾸어 놓을지.

2017년 허진모

저자의 말

합리적인 역사인식이 필요한 때

나는 옛날이야기를 좋아한다. 그것도 언제인지 모르는 '옛날에'로 시작하는 이야기를 말이다. 어린 시절 어른들이 해주시던 그 옛날이야기는 두서가 없는 경우가 많았다. 언제인지 또 어느 곳인지 알 수 없는, 밑도 끝도 없는 이야기들. 하지만 그렇게 앞뒤 없는 이야기였기에 재미있었던 것인지도 모른다. 많은 사람들이 막연한 옛날에는 모든 것이 가능했다고 믿는 경우가 많다. 사람이 구름을 타고 하늘에서 내려오기도 하고 알에서 태어나기도 한다. 이런 비현실적인 일이 있을 수 있다고 믿는 이유는 오직 하나, '옛날'이기 때문이다.

그러다가 점점 내가 살고 있는 현대에 가까워지면 이런 현상은 사라진다. 만 년 전 인간은 날아다닐 수도 있었던 것 같은데 작년에 살았던 인간은 도저히 그럴 수 없을 것 같기 때문이다. 사람들은 옛날에서 현재로 오면서 점점 이성적이 되었다가 미래로 가면서 다시 비이성적이 된다. 이번엔 '언젠가는'이라는 미명하에 무엇이든 가능해 보이는 것이다. 하늘을 나는 자동차나 우주를 여행하고 다른 행성으로 이주를 하는 온갖 상상이 그런 산물들이다. 물론 우울한 미래를 그리는 사람도 있지만.

역사란 그런 '옛날에는'과 '언젠가는'의 사이에 있는 시대이다. 이성이 닿아 객관적으로 판단할 수 있는 증거가 있는 시기이면서 상상이 아닌 묘사를 할 수 있는 시기인 것이다. 인류는 그 역사의 시기에서 과거로 더 파고들어가면서 인간과 정신의 근원으로 접근하는 신화와 철학과 종교의 장을 열었고, 그 시기에서 미래로 더 나아가면서 상상과 과학의 세계를 열었다. 역사는 이렇게 과거와 미래를 지향할 수 있는 모든 생각에게 지식의 토대를 제공하고 있는 것이다.

역사는 인류의 모든 것을 담고 있다고 할 수 있는데, 뒤집어 말하면 세상 만물은 각각의 역사를 갖고 있다고 할 수 있다. 거대담론을 논하는 문명사나 세계통사에서부터 작고 사소한 물건에 이르기까지 모든 것에 역사가 있는 것이다. 그렇기에 인간이 필요로 하는 모든 지식은 역사에서 찾을 수 있다고 해도 과언이 아니다. 무엇인가 논리적으로 이해할 수 없는 것은 그것의 역사를 따라가면 풀리는 경우가 많다. 언어를 공부하는 데 있어 어원을 알아보는 것이나 사물의 연원을 따져보는 것이 모두 그런 경우이다. 아마 수학이 어렵다면 숫자가 아닌 역사를 통해 접근해 보는 것도 좋은 방법이 아닐까 생각한다.

지금까지 인류가 알아낸 역사, 즉 '인간의 기록'은 인류가 살아온 날들에 비하면 매우 미미한 수준이다. 그래서 지금도 더 많이 알아내기 위해 노력하고 있다. 하지만 역사는 더 많은 과거를 알아내는 것보다 밝혀진 것의 왜곡을 막는 것이 더 중요하다. 한 국가의 존재에 있어 과거의 치부를 덮고 속이는 것은 결코 도움이 되지 않는다. 만약 어떤 경우든 역사에 대한 왜곡과 은폐의 의도가 있다면 그것은 국가가 아닌 일부 집단이나 개인의 이익에 좌우된 결정이라고 확신한다. 왜냐면 국가는 그것이 도움이 되지 못함을 잘 알기 때문이다. 과거의 잘못된 점과 실수, 부끄러운 사건을 낱낱이

밝히는 것이야말로 국가의 체질을 튼튼히 하는 것임을 알기 때문이다. 그 것이 바로 역사를 제대로 이용하는 길이다. 물론 역사는 존재 자체만으로 도 충분히 가치가 있지만 말이다.

'옛날에' 우리는 지금보다 더 행복했을지도 모른다. 왜냐면 '옛날에' 우리 의 조상들은 잘 나갔고, '옛날에' 우리의 조상은 만주를 호령했으며 '옛날에' 우리는 그러그러하였기 때문이다. 돌이켜 보면 이 '옛날에'로 참 많이 자위 하면서 살았다. 하지만 이제는 좀 제대로 봐야 하지 않을까 생각한다. 이제 는 막연한 '옛날에'가 아니라 합리적인 역사인식으로 과거의 우리를 판단하 고 지금의 우리를 제대로 파악해야 할 때이다. 그 빌어먹을 '옛날에'로 눈과 귀를 막은 채 막연한 청량제로 사용하기에는 작금의 현실이 너무나도 냉혹 하기 때문이다.

눈에 빤히 보이는 의도에서 출발한 역사교과서 논쟁은 그 자체로 중요한 역사로 남을 것이다. 다른 견해가 아니라 특정한 목적이 있는 해석이 얼마 나 위험한가를 보여주는 사건. 역사는 이렇게 또 우리에게 가르침을 주고 있다. 조졸한 저작에 장대한 말로 치장을 한 듯하다. 오로지 동양과 서양을 오가는 가벼운 옛날이야기로 역사를 보는 또 다른 시각에 도움이 되기를 바라는 마음이다.

'옛날에' 나를 낳아 길러주셨던 부모님과 '옛날에' 나를 잘 가르쳐 주셨던 서운학 선생님, 그리고 '옛날에'도 지금도 잘 못 버는 날 데리고 살아주는 아내에게 고마운 마음뿐이다.

2017년 정월

허진모

개정판을 내며

필자가 생각하는 가상의 독자는 나의 모친이었다. 자식들 키우고 가족의 뒷바라지만을 하시며 편안히 앉아 글 한 줄 읽을 새도 없었던 분. 더불어 먹고사는 일에 치여 모든 배움과 떨어질 수밖에 없었던 필자의 모친과 같은 분들을 위해 내가 알고 있는 분야를 쉽게 알려드리고 싶은 마음이었다. 다행히 모친은 사극을 좋아하셨던 터라 잘만 풀어 쓴다면 괜찮은 지식의 재미를 드릴 수 있을 거라 생각했다. 그래서 필자가 우선 생각했던 것은 쉬운 말투와 주석註釋이 없는 글이었다. 주석은 배움에 상관없이 많은 사람들에게 책을 읽기 어렵게 만드는 부분이라고 생각했기 때문이다. 사실 쓰는 입장에서는 역사뿐만이 아니라 전문지식이 조금이라도 묻어 있다면 주석을 달지 않고 풀어쓰기란 쉬운 일이 아니다. 여기에 소위 '학교문장學校文章'이라 부를 수 있는 딱딱한 문장, 재미나 여유라고는 찾아볼 수 없는 방어적인 문장을 쓰는 습관을 버리기는 더욱 어려웠다. 그렇기에 본서에서 필자는 세속적인 입말口語에 더욱 집착했다. 다행히 초판에서 많은 분들이 이런 가담항설街談巷說에서나 나올 듯한 말투를 받아들여 주셨다. 그 중에는 필자의 장모丈母도 계셨다. 한없이 고마운 마음뿐이다.

나온 지 2년이 넘은 1권을 지금 개정하는 연유는 이후 펴낼 2권에 앞서 마음에 걸렸던 부분을 정리하고자 하는 것이었다. 내용이 크게 바뀐 것은 없다. 일부 용어를 수정하고 몇 개의 표와 그림을 추가하였다. 그리고 논란이 있는 학설임에도 쉽게 쓴다는 핑계로 일도양단一刀兩斷하듯 서술한 부분을 누그려뜨려 다시 쓴 정도라고 하면 맞을 것이다. 그러니 초판을 구입했던 독자가 개정판을 구입할 필요는 없으리라 생각한다.

　본서는 세계사世界史 그리고 통사通史라고 불리는, 유구하고 광활한 인간의 시공간에 대한 이야기이다. 각 시간과 각 공간을 따로따로 기술한 것이 아니라 길디긴 시간을 씨줄로, 지구 전체를 날줄로 엮었다. 동양과 서양을 한꺼번에 연결지어보고자 했던 것이다. 어린 시절 의무교육을 받던 때부터 이 나라의 역사공부는 서양과 동양, 그리고 우리나라를 나누어서 접근하게 했다. 필자 또한 세상의 역사라는 것이 조각조각 나누어져 머릿속 이곳저곳에 자리를 잡았다. 물론 이를 비교하는 연표가 수록되어 있기도 했지만 그것이 역사를 생각하는 방식에 영향을 주었던 적은 없었다. 그래서 본서에서는 가급적 이야기Story로 같은 시기의 사건을 같은 자리에 놓고 엮고자 했다. 물론 이 책이 이 방식을 처음 시도한 경우라고 하지는 않겠다. 왜냐면 수많은 이들이 역사를 쉽게 전달하고자 갖은 방법들이 동원되었기 때문이다. 어떤 시도인들 없었으랴. 다만 필자는 동시대 인물들을 주된 연결고리로 삼은 것이 다르다면 다르다고 할 정도이다. 대부분의 한국인들은 역사에 대한 지적 호기심과 상식 수준이 매우 높기에 이미 알고 있는 인물들을 흥미롭게 엮어주기만 해도 흡수력은 매우 높아질 것이라 믿었다. 다행스럽게도 이 시도는 좋은 반응으로 돌아왔다. 여기에 또 장모가 앞장서신 것은 비밀로 하고 싶다(^^;). 살아가면서 사는 법을 배운다고 하였던가.

　무슨 용기의 싹이 터서 함부로 이러한 대중서를 썼는지 지금도 알 수가 없다. 게다가 필자의 전공시대도 아닌 통사를 말이다. 진실로 지도교수님들과 같은 석학들과 날고 기는 시대별 연구자들이 시퍼렇게 눈을 뜨고 있음에도 이런 졸고를 펴낸 것은 더없이 지소(指笑)받을 일임을 자인한다. 그러나 꼭 한 번은 용기를 내어 해보고 싶었던 작업이었다. 자타에게 온갖 핑계를 대고서라도 말이다.

내 어머니는 좋아해 주셨다. 이 글이 얼마나 형편없는 것인지는 알고 싶지도 않으실 게 틀림없고 그저 좋으신 것임에도 틀림이 없다. 아마 외계어로 쓰듯 했더라도 아들이 한 짓이라면 무조건 좋아해 주셨을 것인데 이렇게 기쁠 수가 없다. 반중(盤中) 조홍(早紅)감이 아니더라도 품어가 반길 이가 있는 것만 해도 더없이 행복한 겨울이다.

2020년 정월
허진모

Contents

인류의
문명이
발전하다

동서양
문명의 뿌리,
한과 로마

IV

Ⅰ 역사, 지식이 되다

역사는 불변의 사실이 아니다
역사란 자료를 어떻게 볼 것인가에
대한 해석의 문제이기 때문이다

역사와
히스토리

1

'역사歷史'라는 말의 역사는 약 400년 정도이다. 역사가 의미하는 거창한 뜻과는 달리 그리 많은 나이가 아니라고 할 수 있다. 그 이전에는 역사라는 용어가 없었지만 그런 의미의 단어는 존재했다. 그것은 '사史'로서 그냥 한 글자인 사史일 뿐이었다. 사실 한자에서 추상적인 의미를 한 글자로 표현하는 것은 일반적인 일이었다.

사람 인人에 입 구口가 붙은 글자 사史. 이는 사람이 말을 하는 형상이라고도 하고 또 사람이 죽간竹簡을 들고 있는 모습이라고도 한다. 그러다가 사史는 역歷이란 글자를 만났다. 물론 두 글자는 개별적으로 이미 존재하던 말이었다. 그러던 게 비로소 합체를 하게 된 것이다.

역歷을 군이 해석하자면 '과거에 있었던 일'이다. 사史와 역歷, 역歷과 사史, 이 두 글자는 문자가 생긴 이래로 수천 년 동안 남남이었다가 17세기를 전후로 맺어지게 되었고, 이렇게 탄생한 역사歷史라는 말의 정확한 의미는 '과거에 있었던 일을 기록한 것'이다. 어찌됐든 역사란 현재든 과거든 사람의 일에 대한 사람의 기록을 뜻한다.

역사歷史 이전에 역사의 역할을 하던 단어는 바로 '춘추春秋'였다. 《춘추》는 공자가 노나라 사관이 저작한 역사서에 자신의 글을 적어서 다시 편찬한 노나라의 역사서로 오경五經 중 하나이다. 노나라의 사서《춘추》는 춘하추동의 줄임말로 최초의 편년체 역사 기록물이라고 할 수 있다. 그랬던 '춘추'가 노나라의 '춘추'가 아닌 공자가 쓴 역사서《춘추》가 된 이후로 역사를 뜻하는 말이 되었다. 〈여씨춘추〉, 〈안자춘추〉, 〈오월춘추〉, 〈십육국춘추〉 등이 그런 의미로 사용된 것들이다.

사史가 역歷을 만나 역사라는 하나의 단어가 되기 전에 '춘추'의 역할을 이어받은 것이 있었다. 바로 '사기史記'였다. 사마천의 사서인《사기》는 태사공서太史公書 또는 태사공기太史公記라는 본명을 가지고 있다. 태사공은 사기에서 사마천 자신, 혹은 부친 사마담을 가리킨다. 태사는 서주西周와 춘추 시대 이래로 천문과 역법, 사서의 관리와 편찬 등을 관장하던 벼슬이었다.

《사기》는 태사공기太史公記의 줄임말로 후한 말기에 이르러 널리 쓰이게 된 별칭이다. 줄임말인 사기史記를 글자 그대로 풀이한다면 '사관의 기록'이라는 간단한 뜻으로 원래의 이름인 태사공서를 오히려 낮춰 부르는 것이라고 할 수 있다. 하지만 이런 심플하고 무심한 별칭은 사史라는 글자를 재발견하게 만들었고, 《사기》가 역사서로서 최고의 베스트셀러가 되면서 사史는 '역사'를 뜻하는 가장 중요한 글자가 되었다. 그러던 것이 명나라 후기였던 17C 전후에 학자 애황袁黃이 쓴《역사강감보歷史綱鑑補》라는 저서에서 처음으로 역歷과 사史의 합체어인 역사歷史가 등장하여 현재에 이르고 있다.

동양의 역사歷史라는 단어에 비해 서양의 히스토리History라는 말은 나이가 많다. 최소한 2,500살은 되었으니 말이다. 그리스어에서 라틴어 또 영어로 옮겨간 이 말을 아리스토텔레스는 '탐구를 통해 얻은 지식'이라고 했다.

처음으로 쓴 것은 서양 역사의 아버지라 불리는 헤로도토스의 《역사 Historia》에서다. 페르시아 전쟁을 중심으로 폴리스 시대의 그리스와 이집

| 헤로도토스 |
역사의 아버지이자 최초의 여행가로 불리며 어디
서나 환영받는 이야기꾼이었다.

| 명나라 《삼제도회》에 실린 사마천의 초상 |
사마천이 기술한 《사기》는 동양 사서의 모범이 되
었다.

트, 메소포타미아를 두루 여행하고 또 탐구하며 쓴 이 기록물은 히스토리의 원래 뜻에 딱 부합하는 내용을 담고 있다. 그러나 오랜 세월에 걸쳐 큰 사건을 기술한 탓에 자연스럽게 역사 기록물이 된 것이다. 그리하여 헤로도토스는 서양 최초의 기행문이자 역사서를 쓴 사람, 여행의 아버지이자 역사의 아버지가 되어버렸다. 이는 사마천이 엄청난 여행을 했던 것과 같은 경우이다. 결국 현재의 히스토리는 '탐구를 통해 얻은 지식'이 아닌 '과거에 있었던 일에 대한 기록'을 의미하는 역사와 같은 말로 의미가 확장되었다고 할 수 있다.

동양이고 서양이고 다 사람이 사는 곳이고, 사람이 일을 벌이는 것이기에 역사는 히스토리를 만나 뜻이 통하는 친구가 된 것이다. 즉 사기史記가 곧 히스토리이고 히스토리가 곧 역사라고 하겠다.

역사는
바뀐다

2

역사는 바뀐다. 그것도 자주 바뀐다. 그 옛날 일어났던 그 사건은 변함이 없는 사실이겠지만 그것을 기록하고 옮겨놓은 역사는 불변의 사실이 아니다. 왜냐하면 역사란 '어떤 일'에 대한 기록이라기보다 어떤 일을 기록한 자료를 '어떻게 볼 것인가'에 대한 해석의 문제이기 때문이다. 따라서 한 사건이 있었던 그 순간을 직접 보지 못한 사람들은 그 사건을 기록해 놓은 역사서를 보고 단지 그것을 추정할 뿐이다. 여기에 레오폴트 랑케Leopold von Ranke와 에드워드 카Edward H. Carr를 비롯한 수많은 학자들의 역사관과 이론을 들며 논의를 하진 않겠다. 다만 역사는 오로지 어떻게 볼 것인가 하는 해석에 달린 것이기에 '좋은' 사람이 해석을 하면 '좋은' 역사가 되고, '나쁜 놈'이 해석을 하면 '나쁜' 역사가 되며, 무엇인가 '원하는 게 있는' 사람이 해석을 하면 역사는 그 의도를 담게 된다. 결국 수많은 역사에 관한 문제는 같은 사건을 사람마다 다르게 보기 때문에 일어나는 결과였던 셈이다. 어쩌면 당연한 일이다.

역사의 해석이 달라지는 또 다른 요인으로 새로운 기록이 발견되거나 유물과 유적 발굴에 따른 정보의 추가가 있다. 그러나 역사 해석의 가장 큰 차이는 사관의 차이에서 비롯된다.

사관史觀이란 역사를 보는 관점을 말한다. 사관에 따라 하나의 사건이 전혀 다른 일처럼, 혹은 전혀 다른 작용을 한 것으로 보이기도 한다. 그래서 사관이 완전히 굳어져 버렸거나 특정한 목적이 있는 학자에게는 새로운 유물이란 아무런 의미가 없다. 해석하기 나름이기 때문이다.

한국의 역사학계에서 사관의 차이가 엄청나게 많은 문제들을 만들어냈음은 주지의 사실이다. 이런 이유로 역사는 불변이 아닌 바뀔 수 있는 것임을, 또 얼마든지 악용될 수 있는 것임을 알아야 할 것이다.

한 사건이 처음 발생했을 때는 '시사時事'라는 이름으로 불린다. 그러다가 점점 시간이 흘러 시사는 과거過去가 되고, 또 어느 정도 시간이 흘렀을 때 그것은 역사歷史가 된다. 물론 모든 시사가 역사가 되는 것은 아니다. 기억될 만한 가치가 있는 사건일 때에만 해당된다. 그 가치 판단은 후세에 미친 영향에 따라 무언의 합의에 의해서 좌우된다.

시사에서 역사가 되는 시간이 얼마나 걸리게 될지는 모르지만, 현재의 사건이 후세의 사가들에게 해석의 혼선을 조금이라도 줄이려면 기록을 남기는 사람의 중립성과 정확함이 필요하다. 현대는 과거와 달리 과학기술의 발달로 문자 외에 다양한 방법으로 기록을 남기고 있기에 더 오랜 후대까지 더 자세히 남겨질 것이라고 생각한다. 그렇다 하더라도 역사의 기본적인 가치는 변하지 않을 것이다. 그래서 기록자의 역할이 여전히 중요한 이유다.

우리는 과거 경험들 속에서 역사의 왜곡이 과학의 발달과는 상관이 없음을 수도 없이 보아왔다. 결국 역사는 '사람'이 한 일을 '사람'이 쓴 것이고 '사람'에 달린 일이다. 중언에 부언을 거듭하고 있지만 한 번 더 역사를 알아야 하는 이유를 들자면 역사는 인간 세상에서 벌어지는 모든 것을 이해하는 메커니즘을 제공한다.

모든 지식의 시작 전문세

| 수메르 쐐기문자 |

| 중국 갑골문자 |

| 이집트 상형문자 |

▍ 문명은 문자를 만들었고 문자는 문명을 발전시키는 순환작용을 일으켰다.

 역사가 감당하지 못하는 영역은 신화와 종교가 맡게 된다. 이는 역사적인 증거가 없고 과학적이고 논리적으로 설명이 되지 않는 부분을 말한다. 바꾸어 말하면 신화와 종교라는 불가사의한 영역으로 공을 넘기기 전까지는 지식의 근원을 역사에서 찾는 것이다. 그리하여 역사의 시작을 지식의 시작으로 받아들여도 크게 무리가 없다. 아마 먼 미래에도 마찬가지겠지만 현재까지 생명의 기원이나 무에서 유의 탄생 등은 종교와 신화에서만 설명이 가능하다.

 상상의 세계에서 어느 순간 역사의 세계로 생각의 바통이 넘어오게 되는데, 이때부터 인류는 이성적으로 이해할 수 있는 시공간으로 진입하게 된다. 지식이 처음으로 시작되는 것이다. 그러므로 역사는 지식의 기본적인 뿌리이며 어느 분야에서든 세상 어디를 가든 이에 대한 지식은 큰 힘이자 안식이 되어 준다.

기록의 측면에서 보았을 때 역사시대 이전을 선사시대라고 한다. 사史가 생기기 이전의 시대를 말하는 것이다. 그래서 기록의 수단인 문자의 탄생이 곧 역사의 탄생을 의미한다고 해도 지나친 표현이 아니다. 물론 문자를 무엇으로 정의하느냐의 문제가 있지만 학계에서는 그림에서 문자로 발전해 가는 긴 단계의 어느 지점에서 '이 정도면 문자'라는 합의를 본 상태이다.

수메르의 쐐기문자, 이집트의 상형문자, 중국의 갑골문자 등이 동굴벽화와 같은 그림에서 발전을 거듭한 어느 시점의 상태인 것이다. 아마 또 다른 발견으로 이 합의가 언제 바뀔지 모르지만 지금은 이렇다는 얘기다.

역사 이전의
세계에 대한 유추

3

역사를 아는 방법은 두 가지이다. 하나는 기록이고 다른 하나는 유적이다. 유물은 유적에 속하는 개념으로 보아야 할 것이다. 역사에 있어 완벽이라는 말은 어울리지 않지만 제대로 된 역사라고 할 수 있는 것은 기록과 유적이 동시에 존재할 때 가능하다. 객관성을 인정받을 수 있기 때문이다. 유적이라는 증거 없이 기록만 존재할 때 그것은 신화나 설화로 치부되고, 기록 없이 유적만 존재할 때는 가설만으로 불완전한 추정을 하게 된다. 물론 현재 남아 있는 역사에 모든 유적이 남아 있는 것은 아니지만 상반되는 기록이 등장할 경우 논란이 되는 역사가 대체로 유적이 없는 경우이다.

트로이의 유적이 발견되면서 트로이 전쟁은 설화에서 역사가 되었고, 은殷 또한 유적이 발견되면서 전설에서 역사가 되었다. 더불어 그것을 기록한 사마천의 《사기》가 그 가치를 한껏 높여 주었다. 따라서 기록과 유적은 서로를 증명하는 보완자인 셈이다.

양적으로 기록은 유적을 따라갈 수가 없다. 기록은 온전히 보존되어 전해지기가 매우 어렵기 때문이다. 초기 문명의 유적은 연대로는 1만 년을 거슬러 올라가고 지역적으로는 더없이 광범위한데 그에 대한 기록은 턱없

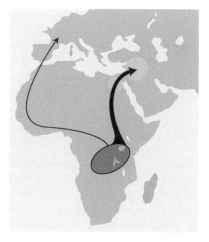

| 인류의 최초 이동경로 |
현생 인류는 아프리카에서 발생해 이동하는 과정에서 문명
을 일구게 되었다는 게 현재까지의 정설이다.

이 부족하고 또 한정되어 있다.

현재 정설로 받아들여지고 있는 현생 인류의 아프리카 기원설도 그런 추정의 대표적인 사례이다. 그 설에 따르면 아프리카에서 전 세계로 퍼져나갔다는 것이다. 생물학이나 인류학에서 다루어야 할 초기 인류의 이동이 역사학에서 다루는 현생 인류의 문명 건설과 얼마나 연관성이 있을지는 모른다. 하지만 역사적으로 인류는 끊임없이 이동하였기에 아프리카와 아시아의 길목에 존재하는 거대한 강들 주변에서 4대 문명 중 두 개가 태동한 것은 결코 우연이 아니다. 게다가 21세기와는 많이 다른 환경이었을 이들 지역은 이동 중에 가장 먼저 발견된 좋은 땅이었다는 추정이 가능하다.

결과를 놓고 여러 가지 이유를 추정하는 이러한 과정은 자료가 빈약한 역사학의 숙명이다. 선사시대는 더 말할 것도 없다. 인류 문명의 태동기라고 볼 수 있는 약 1만 년 전부터 미미하나마 기록이 조금씩 보이는 시기를 포함해 현재가 아닌 모든 과거에 대한 역사는 기록과 유물을 통한 시공간의 재구성이다.

모든 지식의 시작 전문세

역사의
이해를 돕는
인물들

4

/

     알아야 하는 것은 선사에 대한 짐작이 아니라 역사시대의 사건들이다. 앞서 언급하였듯이 역사는 사람의 이야기이기에 역사적인 인물들을 따라가는 것은 역사를 파악하는 좋은 방법이다. 물론 여기서 '인물을 안다'라고 하는 것은 조각조각 개별적인 인물의 주변 이야기가 아니라 긴 시간의 흐름에서 언제 또 어디에 위치한 인물임을 아는 것이다. 당연히 기억력의 한도 내에서 한 명이라도 더 많은 인물을 알고 있다면 조금이라도 더 넓은 역사 지식을 지니고 있다고 할 수 있겠다.

  한국에서 정규교육을 받은 대부분의 일반인들은 역사에 등장하는 수없이 많은 역사적 인물들을 알고 있다. 학교에서는 물론이고 신문과 방송 또는 독서를 통해 이미 갖고 있는 인물 데이터베이스가 매우 광범위하다. 하지만 그것이 단순하고 개별적인 지식이라면 역사를 이해하는 데에는 그다지 도움이 되지 않는다. 장강長江의 도도한 흐름처럼, 거대한 공장의 컨베이어벨트처럼 흘러가는 역사에서 적어도 어디에 위치해 있는가를 알 때 단편적인 지식이 역사에 대한 이해의 큰 거름이 되는 것이다. 과거에 존재했던 모든 사람들을 알 수는 없다. 그리고 역사서에 모든 이들이 등장할 수도

| 북한에 조성된 단군릉 |
1994년 북한은 평양 인근 대박산에 대리석으로 단군
릉을 조성하였다.

| 하란 유적 |
아브라함이 가나안으로 오기 전에 살았다고 알려진 도
시이다.

없다. 현재 전해져 오는 역사서에는 당시 사회를 이끌었던 인물들이 주로
등장한다. 역사는 결국 굵직한 사건의 중심에 있는 사람들과 그 주위에 있
는 이들의 행적이다. 따라서 시대별로 소수의 주요한 인물에 대한 지식이
있다면 역사는 매우 쉽게 다가온다.

이제 문명 태동기부터 기원전까지 동서양의 주요 인물을 추려보고자 한
다. 복잡하게 생각하지 말고 이들의 행적과 생몰연대를 무작정이라도 알고
있으면 전체적인 역사의 흐름을 이해하는 데 있어 큰 도움이 되리라 믿는다.
우선 본격적으로 역사를 논하기 전에 아무런 준비 없이 의무교육 단계
에서 배운 것들을 대충 짚어 보자. 시대 순으로 따라가되 동서양 경계 없이
상식으로 알고 있는 인물들을 일깨우는 일종의 준비운동이라고 생각하고
가볍게 읽어 주었으면 한다. 대수롭지 않게 보아도 무방하지만 흥미롭게
본다면 유용한 기회가 될 것이다.

일단 단군(?~?)이다. 이분은 우리 민족의 시조로 받들어지고 있는 상
징적인 인물이다. 정사가 아닌 《삼국유사》와 같은 야사라고 불리는 기록
에 등장한다. 친가는 하늘이고 외가 쪽은 곰Bears이다. BC 2333년이라는

모든 지식의 시작 전문세

근거가 다소 부족한 연대에 조선을 건국하였다. 일단 지금 공식적인 한민족 역사의 시작은 BC 2333년으로 합의된 상황이니만큼 그대로 따라가 보자. 단군은 건국 이후 1500년 동안 다스렸고 1,908살까지 살았다고 한다. 1,900살 넘게 살았다는 것을 지식으로 삼아도 나쁘지 않다. 역사와 신화를 혼돈하게 하는 대표적인 캐릭터이다. 이에 대한 갖가지 주장이 제기되고 있으나 현재까지 합리적인 근거로 볼 만한 것은 없다.

비슷한 시기에 서양으로 가면 아브라함(BC 22C)이 있다. 이분은 유대인과 아랍인의 조상으로 알려져 있다. 현대에는 직계 자손인 유대인보다 지구 반대편의 한국인에 의해 훨씬 더 극진하게 모셔지고 있는 상황이다. 아마도 지구상에서 아브라함을 가장 정성스럽게 모시는 사람들이 한국인이 아닐까 생각한다. 아브라함의 태생 시기는 BC 22C로 추정되고 있는데 BC 2166년이라고 정확하게 찍어서 말하는 학자도 있다. 물론 이것은 단군조선의 건국이 BC 2333년이라고 찍어서 말하는 것만큼이나 황당한 이야기이다. 유대교와 기독교의 성경에 따르면 아브라함 부부는 난임에 시달렸으나 늦둥이를 보았고 이후 환갑을 세 번 정도 지내고 타계한 것으로 알려져 있다.

다시 동양으로 와서 탕왕(BC 17C~?)이다. 이분은 BC 1600년경 상商나라를 건국한 인물이다. 중국 역사에서 탕왕보다 앞선 인물이 많지만 탕왕을 거론한 것은 현 시점에서 역사로 인정받는 최초의 중국 왕조가 상商이기 때문이다. 상의 시조 탕왕이 멸망시킨 왕은 하夏나라의 걸왕이다. 상商과 은殷은 같은 나라로 탕왕의 선조가 오제五帝 중의 한 명인 순임금으로부터 받은 최초의 봉토가 상商이었기에 그들을 상족이라고 한다. 은殷은 《사기》에 기록된 이름으로서 수도 은허殷墟는 원래 존재했던 지명이 아닌 '폐허가 된 은의 수도'라는 일종의 유적 명칭이다.

그리고 서양의 람세스(BC 14C~13C)가 있다. 이분은 셀 수 없이 많은 이집트의 파라오 중에서 가장 많이 알려진 분이다. 사실 람세스라는 명칭의 왕은 많이 존재했다. 동양에서 여러 왕조를 통틀어 수많은 성종成宗이나 문종文宗이 있듯이 말이다. 그런 수많은 람세스 중에 가장 유명한 람세스가 바로 BC 14C에서 BC 13C를 살았던 람세스이다. 이 양반이 계실 때 이집트는 많은 변화와 발전이 있었고 처음으로 메소포타미아 문명과 충돌한 카데시Kadesh/Qadesh 전투가 있었으며 성경의 엑소더스Exodus(출애굽기)가 있었다. 사실 엑소더스는 어느 역사에도 등장하지 않고 오직 헤브라이인의 역사인《구약성서》에만 등장한다. 하지만 그 엑소더스 덕분에 람세스는 할리우드 영화에 가장 자주 등장하는 파라오가 되었다.

람세스와 동시대의 유명인으로 모세(BC 14C~13C)가 있다. 이분 또한 모르는 사람이 거의 없을 정도로 유명한 바이블Bible, 성경의 인물이다. 엑소더스의 주인공이며 바다 가르기 신공을 시연했다고 전해진다. 엑소더스의 시기는 여러 설이 있으나 가장 많이 믿고 있는 시기는 BC 13C이다. 그래서 모세는 당시 이집트의 지배자 람세스와 동기가 된다. 이것은 유대인들의 바람이자 주장이다. 그러나 애석하게도《구약성서》외에 다른 역사에는 발견되지 않는다는 것이 함정이다. 모세는 람세스와 동기이고 싶은데 람세스는 그럴 마음이 없다는 거라고 하겠다.

본격적인 중국 역사의 시작인 주나라는 무왕武王에 의해 세워졌다. 물론 이것은 이전부터 존재하던 작은 봉건영주로서의 주나라가 아닌 은나라를 멸망시키고 중국을 이끌어가는 주나라를 말한다.

주나라 무왕(BC 11C)의 이름은 희발姬發이고 아버지는 문왕 희창姬昌이다. 강태공 상尙을 휘하에 두고 BC 1046년 은을 멸망시켰다. 주의 건국 시기에 대해서는 여러 주장이 있으며 BC 1111은 그중 하나로 암기하는 가

모든 지식의 시작 전문세

| 고대 각지의 주요 인물 |
각 지역의 시조 격에 해당하는 인물들과 연대를 알면 체계를 잡는 데 용이하다.

장 용이한 연도이다. 무왕에게 무너진 왕은 은의 주왕紂王이다.

　다시 구약성경의 인물이다. 주나라의 무왕과 비슷한 시대를 살았던 다윗 (BC 11C)이다. 골리앗을 죽인 다윗은 모르는 사람이 거의 없을 정도로 상식이기 때문에 다윗에 대한 지식은 여러모로 쓸모가 있다. 다윗의 가장 큰 업적은 골리앗을 죽인 것이 아니라 이스라엘을 재통일한 것이다. 이때가 BC 11C에서 10C 사이로 남북으로 갈라진 이스라엘을 합쳤다. 규모가 조금이라도 커지려고 하면 편을 갈라 서로 싸우는 동방의 어느 민족과 많이 닮았다. 그런 유대인들이 가장 자랑스럽게 여기는 왕이 바로 다윗이다. 이스라엘의 국기에 그려진 별의 이름이 바로 '다윗의 별'이고 슬하에 아들로 솔로몬을 두었다. 현명하다고 알려진 바로 그 솔로몬이다.

　다음은 로물루스(BC 8C)로 로마를 건국했다. 정확하게는 BC 753년 4월 21일이다. 물론 이 날짜는 대한민국의 개천절(10월 3일)만큼이나 근거가 희박하지만 문헌사뿐만이 아니라 고고학적으로도 로마가 BC 8C 중엽에 세워진 것은 사실이다. 로물루스는 동생과 함께 어릴 때 버려졌으나 구사일생으로 살아서 늑대의 젖을 먹고 자랐다고 한다. 동생의 이름은 레무스로 형에게 대들다가 맞아 죽었다. 역사 외에도 세계 곳곳의 설화에서 형제간의 다툼으로 인한 살해 사건은 드물지 않게 등장한다. 이를 학문적으로 형제살해Fratricide 또는 동족살해라고 한다.

다음은 부처(BC 624년)로 불교의 창시자다. 80세 정도 살다가 BC 544년에 열반했다. 불기佛紀는 부처님이 오신 날의 해가 아니라 가신 날의 해를 기준으로 한다. 그러므로 서기에 544년을 더하면 불기가 되는데 여기에 부처의 생존기간인 80년을 붙이면 부처의 생년인 BC 624년이 된다. 부처의 본명은 고타마 싯다르타瞿曇 悉達多, Gotama Siddhrtha로 지금의 네팔에 속하는 지역의 작은 왕국 카필라迦毘羅, Kapila의 왕자로 태어났다. 부처의 생몰연대에 대해서도 여러 가지 주장이 있으나 모두 근거는 희박하다. 여기서는 그런 수많은 설 중에서 불교계의 주장을 따른 것으로 이 연대에 의하면 부처는 우연히도 지구 반대편 이오니아 지방의 도시인 밀레토스의 철학자 탈레스와 동갑이 된다.

말이 나온 김에 서양의 탈레스(BC 624년)다. 아리스토텔레스가 그를 '그리스 철학의 아버지'로 부른 이후로 서양에서는 그렇게 추앙되고 있다. 탈레스는 만물의 근원을 물이라고 생각하였는데 이는 그리스 철학의 최대 명제인 아르케Arche에 대한 최초의 주장이다. 아르케란 만물의 근원根原 또는 원질原質 정도로 번역할 수 있다. 기록상으로 최초의 철학자이자 수학자이며 80세 정도 살았다. 현재 불교의 추정과 서양의 기록에 의한다면 탈레스는 부처와 같은 해에 태어나서 비슷하게 살다가 같이 돌아가신 게 된다. 사이좋게.

다음은 피타고라스(BC 582년)다. 자신의 이름을 딴 피타고라스 정리로 너무 유명하고 친숙한 바람에 노자나 공자보다 형님인 줄 모르는 사람들이 많다. 이분도 탈레스와 마찬가지로 수학자로 알고 있지만 당시엔 수학자든 천문학자든 전부 그냥 학자, 즉 철학자로 여겨졌다. 85세 정도 살았던 것으로 추정된다. 바른말 하면서 대든 제자의 버릇을 고치려고 우물에 던져 죽인 일화가 전해지는데 성격이 아주 까칠했던 것으로 추정된다. 참고로 피타고라스 정리는 피타고라스가 처음으로 발견하고 만든 것이 아니라 메소포타미아와 이집트인들도 이미 알고 있었던 개념이다.

다시 동양으로 돌아와서 왠지 피타고라스보다 훨씬 나이가 들어 보이는 노자(BC 571년)다. 이분은 도교의 시조로서 노장사상老莊思想의 '노老'에 해당하는 분이다. 중국의 많은 제자백가 인물들이 그러하듯 노자 또한 실존 여부에 대한 논란이 있으나 일반적으로 90년 정도 살았던 것으로 알려져 있다.

다음은 그 이름도 유명한 공자(BC 551년)로 유교의 시조이다. 70세 정도 살았던 것으로 추정되며, 노자보다 20년 어렸지만 비슷한 해에 죽었는데 아마도 속 편한 노자보다 스트레스를 더 많이 받은 것으로 추정된다. 유학이 고리타분한 건 공자 때문이라는 선입견을 갖고 있는 사람들이 많지만 사실 공자는 쿨하고 스마트한 사람이었으며 덩치가 매우 큰 장사였다. 논어를 보면 공자는 앞뒤가 제대로 뚫린 쿨가이였음을 알 수 있다.

공자와 비슷한 연대의 인물로 손무(BC 545년 추정)가 있다. 이분이 바로 군사학을 넘어 뛰어난 처세 경영서로 알려진 《손자병법》의 저자로 군사를 다룸에 있어 이론뿐만 아니라 실전에서도 매우 뛰어났다. 하지만 손무 또한 실존 여부에 논란이 있다. 《사기》에 등장함에도 이러한 논란이 있는 것은 《사기》 이전의 어떤 기록에도 손무가 등장하지 않기 때문이다. 《사기》의 기록상으로는 손무의 5대손 정도로 추정되는 손빈孫臏과 《손자병법》의 실제 저자가 누구인가에 대한 논쟁이 있었으나 1972년에 89편의 《손빈병법》

| 소크라테스 |　　　| 플라톤 |　　　| 아리스토텔레스 |

▌ 아리스토텔레스는 플라톤의 제자이고 플라톤은 소크라테스의 제자였다. 소크라테스는 책을 쓰지 않았고 플라톤은 많이 썼으며 아리스토텔레스는 아주 많이 썼다.

죽간이 발견되면서 잠잠해졌다. 사마천은 《사기》의 〈손자오기열전〉에 손무와 손빈을 같이 넣어 기술해 놓았다.

　다시 그리스로 가서 소크라테스(BC 470년)다. 너무도 유명한 '너 자신을 알라'는 말을 한 것으로 알려져 있다. 이 말을 한 인물이 논란이 된 이유는 델포이 신전에 새겨져 있기 때문이다. 그러나 델포이 신전의 격언들은 그리스에서 현자로 추앙받는 인물들의 발언을 받아 기록한 것인데 '너 자신을 알라'는 소크라테스로부터 받았을 가능성이 높다는 것이 현재의 연구이다. 여러 후보 중에서도 소크라테스의 발언일 확률이 높다는 이야기다. 아리스토텔레스의 스승인 플라톤의 스승으로 노자보다는 100년 후배이다. 직접 써서 남긴 것은 없고 소크라테스에 관한 기록들은 모두 제자 플라톤이 저술한 것이다. 항상 늙은이의 이미지를 갖고 있지만 한창때는 힘이 좋아 수차례 전투에도 참여했다고 한다. 당대에 유명세와 영향력을 가지고 있었던 소크라테스는 아테네의 신을 무시하고 젊은이들을 타락시킨다는 죄목으로 기소되어 표결로 사형에 처해졌다. 이때가 BC 399년이다. 펠로 폰네소스전쟁에서 패하고 아테네가 피폐해진 시기이다. 알려진 바대로 그는 탈출 권유를 거절하고 판결을 받아들인다. 제자 플라톤은 이 사건을 민주주의의 폐해로 여겼다.

소크라테스 제자의 제자인 아리스토텔레스(BC 380년). 이 양반은 서양 최고의 천재로서 안 건드린 분야가 없다. 플라톤의 제자이자 알렉산드로스 대왕의 입주과외 선생을 역임했다. 철학은 기본이고 수학, 물리학, 문학, 시학, 동물학, 식물학, 논리학, 수사학, 정치학, 광학, 의학 등 전 과목 올 A를 받은 전교 1등 철학자이다. 제자인 알렉산드로스 대왕이 원정을 떠난 뒤에 리케이온에 학교 '리케이온Lykeion'을 세우고 후학을 양성했다. 알렉산드로스가 보내온 동물들로 세계 최초의 동물원을 만들기도 했으나 아리스토텔레스는 알렉산드로스가 세상을 떠나고 얼마 후 아테네에서 추방당하는 신세가 된다. 이는 마케도니아에 대한 아테네인들의 적개심에서 비롯된 것으로 보는 것이 일반적이다. 아리스토텔레스는 추방된 그 해에 숨을 거둔다. BC 322년. 제자가 죽은 바로 다음해이다.

비슷한 시기 동양에는 맹자(BC 372년)가 있었다. 유가儒家에 속하며 성선론을 주창했으며 맹모삼천지교孟母三遷之敎의 극성 어머니를 둔 남자이다. 공자 사망 100년 후에 태어나서 80년 정도 살았으며, 같은 시기에 아리스토텔레스가 서쪽에서 활약하고 있었다.

아리스토텔레스를 말할 때 항상 함께 거론되는 인물이 있다. 그는 아리스토텔레스와는 전혀 다른 분야에서 업적을 남겼다. 그의 직업은 왕으로 바로 정복왕 알렉산드로스(BC 356년)이다.(영어로는 알렉산더Alexander.) 알렉산드로스는 나라를 다스리는 일보다 나라의 크기를 넓히는 데에 관심이 많은 왕이었다. 광활한 영토를 손에 넣으면서 그 안에 있던 수많은 문화들이

한데 융합된 헬레니즘 문화를 태동케 하였다. 이는 아리스토텔레스를 입주과외 교사로 두어 높은 수준의 교육을 받았기에 가능한 일이었다고 보는 것이 일반적이다. 천재적인 전략가에다 무지막지한 용장이었기에 연전연승을 거듭하며 실질적으로 4년 만에 페르시아를 정복하였다. 유럽인의 슈퍼 영웅으로 남아 있지만 한편으로는 위험을 인지하는 능력이 모자랐다고 보는 견해도 있다. 전쟁을 멈춘 뒤 인생의 방향을 잃어버린 듯 술에 빠진 것 또한 국가경영이 아닌 전쟁이 그에게 있어 차지하는 비중을 짐작케 하는 면이다. 알렉산드로스의 죽음에 있어서는 여러 가지 설이 있지만 무엇 하나 명확한 것이 없는 가운데 33세에 요절하였고 그의 제국은 순식간에 분열되었다.

세계사의 큰 줄기에서 인도를 알기는 쉽지 않은데 그런 인도를 알기 위해서 반드시 알아야 할 인물이 바로 아소카 왕(BC 268년)이다. 인도 마우리아 왕조의 전성기를 이끈, 인도 전역을 통일한 최초의 왕이다. 아소카 왕은 잔인한 전쟁광이었다가 불교에 귀의하면서 정情 많은 남자로 바뀌었다. 친절한 남자로 바뀐 아소카 왕 덕분에 불교는 인도 전역으로 전파되어 부흥하였다. 그러나 그는 40세도 못 넘기고 죽는다. 사람이 갑자기 바뀌면 죽는다는 속설을 인류 역사상 처음으로 증명하여 준 인물이 아닌가 한다.

동양 역사에서 빼놓을 수 없는 인물이 있다. 바로 진시황(BC 259년)으로 중국 최초의 황제이다. 이 양반은 진秦의 왕으로 BC 221년에 중국을 통일해 전국시대를 마감시켰다. 그러나 중국 최초의 통일국가 진은 통일 15년 만에, 진시황의 죽음 이후 4년 만에 멸망하였다. 하지만 진은 짧은 시간에 많은 건축물과 정치적 유산을 남겨 이후 한의 발전에 밑거름이 되었다. 이 사람은 잘 알다시피 오래 살기 위해 별짓 다 하다가 일찍 죽는다. 향년 50세.

직업은 달랐지만 진시황만큼이나 무모한 사람이 비슷한 시기에 서양에

| 진시황상 |　　　　　　　　　　　| 리시포스의 알렉산드로스상 |

▌ 알렉산드로스가 진시황보다 100년 정도 먼저 태어났다.

도 있었다. 대부대와 코끼리를 이끌고 알프스 산맥을 넘은 막가파 장군 한
니발(BC 247~BC 183)이다. 한니발은 직업이 영웅이라고 해야 맞을 것이
다. 카르타고의 천재 전략가이면서 천재 정치가로서 포에니 전쟁에서 종횡
무진 활약했던 카르타고의 영웅이다. 혼자서 천하의 로마를 거의 잡을 뻔
했던 그는 2차 포에니 전쟁을 자신의 이름을 딴 한니발 전쟁으로 불리게
할 정도로 전쟁 내내 원맨쇼를 했다. 하지만 그의 조국 카르타고는 자신을
받쳐줄 만한 역량이 되지 못했다. 전후 정치인으로서도 발군의 능력을 발
휘하여 카르타고를 단기간에 부강하게 만들었으나 그를 두려워하는 로마
의 공작으로 여러 나라를 전전하며 망명생활을 하다가 자살로 생을 마감하
고 만다.

　　같은 시기 동양에서는 항우와 유방이 한창 대결을 펼쳤다. 한니발은 그

| 인도의 **차투랑가**Chaturanga |
장기의 기원은 초한전쟁 시대보다 훨씬 앞으로 보고 있다. 인
도의 차투랑가는 그 기원 중의 하나로 추정된다.

유방과 나이가 같다. 한고조 유방(BC 247년). 사실 유방의 생년은 정확하지
않다. 사서마다 약간의 차이를 보이고 있기 때문이다. 하지만 고대의 인물
들은 대부분 생년이 불명확하다. 유방 또한 그러하지만 가장 유력한 설에
의하면 한니발과 동갑내기가 된다. 유방은 천하통일이라는 최고의 성공을
거두었음에도 비참했던 한니발보다 먼저 죽는다. 향년 52세.

현재 장기판의 빨간 궁은 한의 유방을 상징한다. 이는 운이 좋으면 황제
도 될 수 있음을 시사하며 출세에 있어 한계가 없음을 보여주는 서민들의
희망이라고 하겠다.

한무제(BC 156년)는 한나라의 전성기를 이끈 황제이다. 흉노를 물리치고
실크로드를 개척했다. 한무제와 같은 시기를 살았던 사람 중에서 사상 최
고의 역사서로 인정받고 있는《사기》의 저자 사마천(BC 145생)이 있다. 사
마천은 한무제의 노여움을 사 궁형으로 생식기가 잘리는 수모를 겪는다.

후에 신임을 회복해 관직을 다시 얻어 《사기》를 완성한다. 무제가 죽고 몇 년 후에 사망하지만 그 시기는 정확히 알려져 있지 않다.

무제와 사마천이 생존해 있던 시기 로마에서는 서구 사회에 엄청난 영향을 미친 인물이 태어났다. 바로 카이사르(BC 100년~BC 44년)이다. 로마의 공화정을 마감시키고 제정시대를 열게 만든 사람으로 군사적 재능과 문학적 재능을 동시에 갖춘 정치인으로서 현재 로마시대 최고의 영웅으로 인정받고 있다. 시오노 나나미 작가는 자신이 쓴 《로마인 이야기》에서 세상에서 제일 멋있는 남자라고 입에 침이 마르도록 칭찬한 바 있다. 제왕절개 수술로 태어났다는 일화가 전해지고 있지만 그것은 잘못된 이야기이다.

카이사르는 정적들을 물리치고 천신만고 끝에 무소불위의 권력을 손에 쥔 어느 날, 양아들이 주동한 패거리들의 칼에 여러 차례 찔려 죽는다. '브루투스 너마저'라는 유명한 말은 카이사르가 한 것이 아니고 셰익스피어의 희곡에 등장한 대사이다. AD 1C의 역사가 플루타르코스의 기록에 의하면 카이사르는 브루투스를 보고 말없이 얼굴을 감쌌다고 하였고, 비슷한 시기 수에토니우스는 '아이야 너마저'라고 했다는 어떤 이의 말을 전하고 있다. 근거 부족이다. 확실한 것은 이 말이 대중에게 널리 퍼진 것이 셰익스피어의 공이라는 것이다.

사실이 아니지만 수술로 태어났다는 카이사르가 불혹이 되었을 즈음에 만주에서는 알에서 한 남자가 태어났다. 바로 주몽(BC 58년)이다. 하늘을 자유롭게 오고가는 분을 부친으로 두었고 외가는 물을 다스리는 집안이라고 한다. 그래서 많은 신비로운 능력을 발휘하여 사람들을 놀라게 하였고, 약관弱冠의 나이에 고구려를 건국한다.

그리고 예수Jesus가 있다. 현재 세계 공통 연호인 서력은 예수의 탄생을 기준으로 전(B.C.)과 후(A.D.)로 나누고 있다. 그러나 예수는 0년에 태어나지 않았다. 0은 AD 10C 이후에 유럽에 전해진 숫자이기에 BC와 AD의 개념에는 0이 없다. 그렇다고 예수가 AD 1년에 태어난 것도 아니다. 예수의 탄생 연도는 BC 4년에서 BC 8년 설로 다양하나 아직 확실히 정해진 것은 없다. 한마디로 예수는 주민등록번호가 불투명한 인물이다.

지금까지 기원전에서 기원까지 세계사의 주요 인물 몇 명을 임의로 가려 알아보았다. 소수의 사람들만으로 시간 테이블의 축을 세울 수는 없지만 이들만이라도 생몰연대를 근사치로나마 알고 있으면 역사의 큰 틀을 짜기가 용이하다. 또한 시공간을 같이 알아야 지식으로서 가치가 있는 역사의 특성상 이해에 큰 도움이 될 것으로 생각된다.

모든 지식의 시작 전문세

서양		동양
	🏛	
	BC 2333	단군 고조선 건국
아브라함 탄생	BC 2166	
	BC 17C	탕왕 은 건국
람세스 활약	BC 13C	
	BC 11C	무왕 주 건국
다윗 이스라엘 재통일	BC 10C	
로물루스 로마 건국	BC 753	
탈레스 탄생	BC 7C	부처 탄생
피타고라스 탄생	BC 582	
	BC 551	공자 탄생
소크라테스 탄생	BC 470	
아리스토텔레스 탄생	BC 384	
	BC 372	맹자 탄생
알렉산드로스 탄생	BC 356	
	BC 268	아쇼카왕 탄생
	BC 259	진시황 탄생
한니발 탄생	BC 247	유방 탄생
카이사르 탄생	BC 100	
	BC 156	한무제 탄생
	BC 58	주몽 알에서 탄생
카이사르 사망	BC 44	
예수 탄생	BC 4~8	

맥을 짚어 주는 연대표

인류 역사의 시작, 고대문명

5

/

현재까지 밝혀진 바로 4대 문명의 시작은 BC 3500년경에 생긴 메소포타미아 문명이다. 비슷한 시기에 이집트 문명도 생겼지만 근소하게 메소포타미아가 앞선다고 하는 것이 지금까지의 정설이다. 그리고 BC 3000년경에 인도 문명이 인더스 강 유역에 생겼고 뒤이어 중국의 황하 문명이 생겼다. 중국 문명의 생성연대를 BC 2000년경으로 보는 시각도 있는데 그것은 메소포타미아나 이집트의 경우처럼 최초의 국가단위 권력의 형성에 맞춘 것이다. 이런 여러 가지 이유로 중국 문명을 4대 문명의 막내라고 노골적으로 표현하는 학자들도 있다.

4대大 문명이라고 불리는, 이 '대大'라는 타이틀이 붙은 네 개의 문명은 문자 그대로 일단 규모가 크다. 나일 강과 황하가 무지막지하게 긴 것은 다 아는 사실이고, 메소포타미아 문명을 이룬 유프라테스 강과 티그리스 강도 나일 강과 황하에는 미치지 못하지만 길이가 각각 2,000km에 달한다. 또한 이 대문명들은 태동 이후 찬란한 발전을 이룩했고 주위에도 영향을 주면서 발전을 선도했다. 물론 인더스 문명은 비교적 일찍 아리아인의 침입을 받아 최초의 전통을 이어가진 못했으나 침입자였던 아리아인은 인도 토착민으로부터 바통을 이어받아 인도 문명을 근대까지 이어오게 된다. 물론

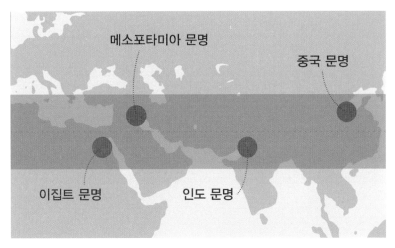

| **세계 4대 문명 발생지** | 4대 문명은 모두 온대지역에서 발생하였다.

지구촌의 다른 지역에서도 문명들이 있었다. 넓은 대륙 곳곳에 사람들이 흩어져 살고 있었기 때문에 곳곳에 독자적인 문명이 존재했을 것이다.

　실제로 현재의 태국이 위치한 동남아시아 지역에서는 메소포타미아 문명과 거의 같은 시기에 벼농사를 지었고 청동기를 사용했다. 그러나 그들은 현재 세계사적으로 중요한 위치에 있지 못할 뿐 아니라 대大문명이라고도 하지 않는다. 남아 있는 유적의 규모나 수준에서 4대 문명과는 차이가 있을 뿐더러 여러 도시와 국가가 얽혀 발전하는 이른바 '문명권文明圈'을 형성하지 못했기 때문이다. 또한 문자라는 소프트웨어가 따라주지 못해 증명에 필수적인 사료 면에서 역부족이었다. 결정적으로 후손이 잘되지 못한 탓도 있겠다. 잘난 자손 하나가 가문을 일으키고 선조를 빛나게 하는 법이다. 이때 후손이란 결코 직계자손이 아니다. 타종족, 심지어 적이라 할지라도 얼마든지 장점을 이어갈 수 있다. 현재 역사적으로 대문명이라고 일컬어지는 것들은 후대의 문명들이 조상의 업적을 증명하고 있다. 결과적으로 그러지 못한 문명들은 한낱 마이너 문명이 되어 잊히게 된 것이다.

II

인류의
문명이
발전하다

역사는 항상 새로운 발견이 나타날
가능성이 있기 때문에 수시로
사실이라고 하는 것이 바뀐다

4개의
큰 문명

1

4대 문명이라고는 하지만 그 안에서도 분명한 수준의 차이가 있었다. 인류의 발전 정도를 놓고 4명의 주자가 100m 달리기 시합을 한다고 보았을 때 가장 먼저 스타트를 끊은 것은 메소포타미아 문명이었다. 그리고 간발의 차이로 이집트가 튀어나간다. 그리고 인더스 문명이 달리기 시작하고 잠시 후에 황하 문명이 달려 나간다.

그러나 얼마 못 가 인더스 문명은 갑자기 난입한 '괴한'에 의해 탈락하게 된다. 본래의 주자를 밀어내버린 괴한은 그 트랙을 자신이 달리기 시작한다. 물론 한참이나 후에, 그것도 아주 느린 속도로 달린다.

이 괴한의 정체는 아리아인Aryan이다. 아리아인은 인도에서 느리지만 독자적인 문명을 이룩하게 되는데 동작이 굼뜨고 폼도 형편없거니와 방향도 오락가락한다. 이 문명은 얼마 못 가 메인 트랙을 벗어나 다소 다른 방향으로 혼자 달리게 된다. 그래서 메인 트랙에서는 나머지 세 문명만이 달리게 되었다.

초반에는 선두주자였던 메소포타미아와 이집트가 앞서거니 뒤서거니 하면서 달린다. 둘은 달리면서 서로 때리고 꼬집고 싸우고 어떨 땐 한쪽이 주저앉았다가 다시 달리기도 한다. 그러다가 어느새 엉키게 되어 거의 한 덩어리로 굴러가게 되는데 곧 트랙마저 구분이 없어지면서 둘은 하나가 된다.

합쳐진 이 하나의 트랙이 바로 오리엔트Orient라는 이름의 트랙이다. 결국 문명의 달리기 시합은 메소포타미아와 이집트가 이인삼각으로 묶인 오리엔트 문명과 지구 반대편의 중국 황하 문명의 2파전이 되었다. 이 4대 문명의 달리기 시합은 마케도니아의 알렉산드로스가 페르시아를 멸망시킴으로써 일단락 짓게 된다. 물론 오리엔트 문명은 그 이후에도 발전을 도모하게 되는데 그때는 이미 4대 문명의 영향을 받은 많은 민족들이 독자적인 문화를 발달시키고 있었다. 이른바 고대의 다극화 시대가 열린 것이다.

| 트랙을 달리는 4명의 주자 | 각자의 선을 넘음으로써 문명은 본격적인 발전을 이루게 된다.

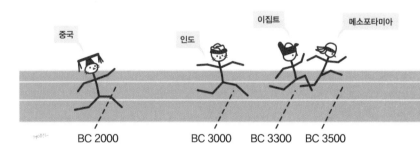

서로를 자극한 라이벌, 메소포타미아와 이집트

2

메소포타미아 문명이나 이집트 문명은 하나의 민족이나 국가가 이룩한 것이 아니다. 본디 메소포타미아라고 하는 것은 헬라어로 '사이', '중간'을 뜻하는 메소Meso와 '강'을 의미하는 포탐Potam이 합쳐져 '강 사이의 땅'이라 이르는데, 여기서 땅을 사이에 둔 두 강은 티그리스Tigris와 유프라테스Euphrates를 말한다. 하지만 현재 메소포타미아를 문자 그대로 한정된 의미로 사용하지는 않는다. 경우에 따라서 지중해와 인접한, 현재의 터키에서 인도에 이르는 지역 전체를 이르기도 한다.

초창기 이 지역의 문명은 문자 그대로 티그리스와 유프라테스 두 강을 따라 생긴 도시들로부터 시작되었다. 흔히 메소포타미아 문명은 개방적인 지리적 조건 탓에 수많은 민족이 흥망성쇠를 거듭하며 발전을 하였고, 이집트 문명은 폐쇄적인 특성으로 인해 단일한 민족과 국가가 일관된 발전을 이루었다고 알려져 있다. 그러나 그것은 일부 잘못된 사실이다. 메소포타미아와 마찬가지로 이집트도 수많은 민족들이 세운 국가들의 각축장이었다. 일단 BC 3500년에서 BC 3100년 사이에 있었던 남북 이집트의 통일만 보아도 알 수 있다. 이 통일이 있기 전에는 이집트도 메소포타미아와 다를 바 없는 많은 도시들이 생존을 위해 투쟁하던 곳이었다.

이런 상황이 어느 정도 정리가 되고 크게 남과 북으로 귀결되었을 때 역사가들은 이를 각각 상왕국과 하왕국이라고 부른다. 이 남북의 대치 상황이 상왕국에 의해 하나로 통일된 이집트는 이집트 문명이라는 발전의 본격적인 시동을 걸게 된다. 여기서 상上과 하下는 나일 강의 상류와 하류를 의미한다.

　이 부분을 설화로 보는 시각도 있지만 통일국가 이전의 작은 도시국가 문명 유적은 많이 발견되었다. 또한 곧이어 나타나는 거대 건축물들은 이 작은 도시들이 합쳐져 강력한 국가로 거듭났음을 충분히 짐작하게 한다. 현대 고고학은 고대문명의 연대 논란에 자주 새로운 증거를 제시해준다. 지금 이집트와 메소포타미아 문명에 관한 연대 논쟁은 의미 없는 소모전이라고 할 수 있다.

　이후 통일된 이집트는 지배왕조가 계속 바뀌게 되는데 로마에 의해 멸망하기까지 약 3000년 동안 무려 30개의 왕조가 나타났다가 사라진다. 이것은 중국의 춘추전국시대와 다를 바가 없다. 다만 제1왕조부터 제20왕조까지 이름이 아닌 번호가 붙은 까닭에 일반인들은 이집트 지배구조의 변화를 느끼지 못한 면이 있는 것이다. 이 왕조들은 동양의 사고방식으로 본다면 각각 엄연히 다른 나라이다. 마치 중국의 진秦에서 한漢 그리고 수隋에서 당唐으로 바뀐 것처럼 같은 영토와 백성을 놓고 지배집단만 바뀐 것이다. 게다가 중국에서 원元이나 청淸과 같은 이민족의 지배가 있었던 것과 같이 이집트도 외부로부터 침략해 온 이민족이 지배한 역사가 있다. 요약하자면 고대 이집트의 왕조 교체는 이집트만의 특이한 경우가 아니라는 것이다.

　역사가들이 제1왕조, 제2왕조 같은 식으로 넘버링을 한 것은 일단 각 왕조에 대한 기록에서 그들을 상징하는 특별한 '간판'을 볼 수가 없었기 때문이다. 무엇이든 시작할 때 명칭을 짓는 것을 천명天命이라고 생각했던 동양과 달리 이집트인은 이런 명칭에 대해 관심이 없었거나 아니면 권력과 권

▋이집트인(위)들은 후에 왕조마다 번호를 붙였고, 중국인(아래)들은 왕조를 세울 때마다 이름을 붙였다.

력을 차지한 사람을 보는 시각이 현대와는 근본적으로 달랐다고 볼 수 있다. 후세 사람들에 의해 체계적으로 구분되어진 왕조들을 당시 이집트인들은 지배집단의 변화라고 보지 않았을 수도 있다.

어찌되었건 긴 역사만큼이나 이집트의 왕조들은 그 수가 매우 많다. 30개에 달하는 왕조마다 후세 학자들이 임의로 이름을 붙일 수 없는 노릇이기에 편의상 번호를 붙였던 것이 그대로 굳어졌을 것이다. 식구 많은 집안의 자식들 이름이 일순이, 이순이, 삼순이와 같은 경우라고 볼 수 있다. 아마도 왕조마다 특징을 살려 이름을 붙이려고 했다면 불필요한 에너지 소모가 따랐을 것이기에 결과적으로 적절한 조치였다고 할 수 있겠다.

이집트 문명은 상상할 수 없는 약탈과 도굴의 피해를 입었지만 그래도 많은 유적과 유물이 남아 있다. 많은 기록이 거대한 건축물과 기둥 등의 벽면에 새겨져 있었기에 비교적 안전하게 전해질 수 있었다는 것은 엄청난

　모든 지식의 시작 전문세

다행이 아닐 수 없다. 여러 가지 방식으로 이집트 문명의 역사를 알려주는 자세한 기록이 남아 있다 보니 5000년 전의 왕조 변천을 꽤 정확하게 짚어 낼 수 있었다.

▌ 복잡하고 어려운 메소포타미아의 왕조들

메소포타미아 전역을 아우르는 최초의 통일국가인 아카드Akkad의 등장은 BC 24C경으로 통일이집트보다 거의 700~800년이나 뒤의 일이다. 그러나 메소포타미아 문명이 근소하게나마 이집트보다 앞선다고 보는 이유는 수메르Sumer 문명의 존재로 인해서다. 여기에는 앞서 언급한 바와 같이 수많은 학설과 논란이 있으나 지금까지의 통설은 이러하다.

　BC 8000년경부터 생기기 시작한 메소포타미아의 촌락들은 서서히 도시문명으로 발달한 것으로 보고 있다. 그 도시문명 중 하나였던 수메르는 BC 3500년에서 BC 3200년 사이에 몇몇 도시가 연합한 형태로 발전하게 된다. 이는 국가와 연합의 중간 정도의 결속이라고 보면 될 것이다. 이 연합을 구성하고 있는 도시들은 각각 매우 높은 수준의 문명을 일구는데 그 규모가 당시로서는 이미 단순한 도시공동체 사이즈를 넘어선 것이었다. 하지만 수메르는 문화의 수준에 비해 그것을 지킬 만한 힘을 갖추지 못했던 것으로 보인다. 아마도 하나의 강력한 왕국을 이루지 못했기에 도시 각각의 힘이 강했다고 하더라도 단일화된 아카드에 비하면 규모에서 많이 떨어졌을 것이다.

　결국 수메르는 각 도시들이 아카드에 의해 각개 격파되면서 멸망한다. 하지만 아카드 또한 수없이 많은 도시가 제각각 발전하는 메소포타미아의 특성상 그 지배력을 오래 가져가지 못했다. 자연스럽게 메소포타미아의 패권국은 계속 바뀌게 된다. 후세의 시각으로 메소포타미아를 강력하게 지배

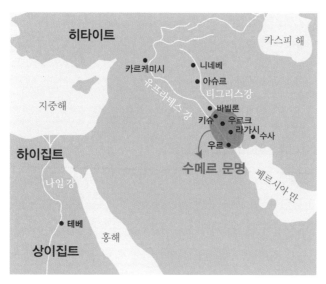

| **수메르문명 영역** | 여러 도시국가들의 느슨한 연합이었다.

했던 왕조들의 순서를 간단히 살펴보면 이러하다.

수메르를 누른 최초의 통일국가 아카드와 그 뒤에 다시 나타나는 수메르인의 우르Ur 왕조, 그리고 바벨탑의 바빌로니아Babylonia, 철기의 히타이트Hittite, 원조 군국주의 국가 아시리아Assyria, 다시 바빌로니아Babylonia가 있다. 새로운 바빌로니아의 짧은 흥기를 지나 메소포타미아는 마지막으로 페르시아Persia에 이르게 된다.

사실 메소포타미아 전체를 지배한 민족을 규정하기는 쉽지 않다. 일반적으로 아카드를 메소포타미아 최초의 통일국가라고 말하지만 그 또한 이견이 많은 것이 사실이다. 이러한 메소포타미아 국가들의 특징은 이후의 역사를 보면 쉽게 이해된다. 지리적 여건상 통일하기도 쉽지 않거니와 방어하고 유지하기는 더욱 어려웠다. 통일의 모양을 갖추었다가 금세 사라지는 아카드 이후의 상황들이 그 명확한 증거라고 할 수 있다.

우르 왕조는 수메르의 여러 도시 중 하나였던 우르에서 일어난 것으로

모든 지식의 시작 전문세

아카드의 세력이 약화되었을 때를 틈탄 것이었다. 이들은 수메르인답게 높은 수준의 문명과 약한 방어력을 가졌다. 이들이 세운 왕조는 잠시 유지되었고 이내 바빌로니아에게 정복되고 만다. 하지만 이들도 얼마 가지 않아 멸망하는데 이렇게 메소포타미아는 많은 도시들이 각각 발전하다가 강한 국가가 생겨나서 전체에 영향을 미쳤다가 금방 사라지는 형국을 반복한다.

역사적으로 바빌로니아는 두 개가 존재하는데 앞선 바빌로니아로부터 1000년 정도 뒤에 나타나는 바빌로니아는 신新바빌로니아라는 이름으로 구분한다. 바빌로니아는 최초의 문명도, 최초의 통일국가도 아니었지만 메소포타미아 문명은 바빌로니아로 인해 대단히 묵직한 존재감의 국가를 갖게 되었다고 할 수 있다.

바빌로니아는 존재 기간이 아카드와 마찬가지로 그리 길지 않다. 그럼에도 메소포타미아 문명에 있어서 중요한 이유는 바로 함무라비Hammurabi라는 걸출한 왕이 있었기 때문이다. 법전이 너무 유명해진 탓에, 게다가 그 법전에 자신의 이름이 붙어버린 탓에 다른 업적이 모조리 묻혀버린 왕이 바로 함무라비이다.

함무라비에게 있어 법은 여러 성과 중의 하나일 뿐이다. 사실 치열한 정복사업을 하면서도 법체계를 정비했다는 것은 체제확립의 큰 구상을 완성할 역량이 있었음을 의미한다. 메소포타미아 전역을 통일한 함무라비는 운하를 건설하고 역법과 종교질서를 정비했다. 그리고 관료제와 법체계를 확립하여 내치를 다졌다. 인류 역사에 있어서 제대로 된 군주가 해야 할 국가통치의 본本을 함무라비가 처음으로 보여준 것이다. 여담이지만 20C 중반에 있었던 발굴로 인해 최초의 성문법이라는 자리는 함무라비 법전이 아닌 우르 왕조 남무Nammu 왕의 법전Code of Ur-Nammu으로 바뀔지도 모른다.

역사는 항상 새로운 발견이 나타날 가능성이 있기 때문에 수시로 '사실'이라고 하는 것이 바뀐다. 수시로 바뀌는 것을 '사실'이라고 하기는 뭣하지

| 함무라비 왕 |
법전 때문에 다른 수많은 업적들이 묻혀버린 왕이다.

만 사실이 그러하다. 다만 그것이 공식적으로 받아들여지기까지 시간이 많이 걸린다. 그래서 최초의 성문법에 있어서 공인된 지식은 아직 함무라비 왕의 법전이다.

함무라비 왕이 시스템 구축에 그토록 힘을 썼던 바빌로니아였지만 나라는 왕의 사후 급격한 몰락의 길을 걷는다. 치고받기만 했던 전대의 아카드보다 수명이 길지 못했던 점은 다소 이해가 가지 않지만 실제로 바빌로니아는 일구어놓은 문화 수준에 비해 너무나 짧은 삶을 살다 갔다. 공부를 열심히 한 모범생이나 사고만 친 골칫덩어리나 인생이 어떻게 풀릴지 아무도 모르듯이 국가의 운명도 이와 비슷한 걸까.

모범생 바빌로니아의 뒤를 이은 것은 철기로 유명한 히타이트이다. 히타이트는 그야말로 군사강국이었는데 그들은 철기를 자유자재로 다룰 줄 아는 역사상 최초의 민족이었다. 철기유물은 히타이트가 역사에 등장하는 시기인 BC 20C경부터 발굴되고 있다. 그런 히타이트는 부침을 거듭하다 BC 15C경 제국 규모로 성장하면서 전성기를 맞게 된다. 히타이트의 철기가 본격적으로 사용되기 시작한 시기도 이와 맞물리는데 통상적으로 세계사에서는 이때를 철기시대의 시작으로 본다.

철기라는 신무기로 세력을 떨치던 히타이트는 BC 1180년경에 갑자기

모든 지식의 시작 전문세

멸망한다. 거대하고 강성했던 군사국가가 순식간에 망해버린 것이다. 비록 메소포타미아 지역 전체를 정복하지는 못했지만 멸망하기 불과 100년 전만 해도 메소포타미아의 대표로서 이집트 19왕조와 최초의 문명 간 전쟁을 치르기도 했던 대제국이 돌연 사라진 것이다.

현대에서도 대제국 히타이트의 멸망 원인은 아직 미스터리로 남아 있다. 다만 여러 가지 학설이 있는 가운데 정체가 불분명한 해양세력에 의해 타격을 입은 것으로 보는 설이 가장 유력하다. 이 해양세력에 대해서도 의견이 분분하지만 대체로 당시 문명이 막 일어나기 시작한 그리스인들로 보는 견해가 강하다.

그리스가 세계 역사의 전면에 나타나기 전이었던 시기에 그리스인들은 이렇게 자신의 등장을 은근히 예고하고 있었다. 그 후 그리스인은 세계사에 등장하고 나서도 계속 바다를 활동무대로 삼았다. 그런 바탕 위에 그리스 문명이 꽃피기 시작하면서 아테네를 비롯한 많은 폴리스들은 해양강국이 된다. 그러나 그것은 세월이 많이 흐른 다음의 이야기이다.

| **히타이트** | 역사에 강렬하게 등장하였고 바람처럼 사라졌다.

메소포타미아 문명이 융성하고 또 이집트를 제외한 변방에는 이렇다 할 문명이 존재하지 않았을 때 그리스인들의 해양활동은 교역보다 약탈이었을 가능성이 높다. 호메로스의 서사시 《일리아드Ilias》에 등장하고 실제 발굴로도 BC 13C경에 있었던 것으로 밝혀진 트로이Troy 전쟁도 그리스와 메소포타미아 간 교역의 과정에서 빚은 마찰이었다는 설과 더불어 해양세력의 소아시아 약탈행위 중 하나였다는 설이 있다. 이에 대해 현재는 크레타 문명이 BC 20C 이전부터 발달했다는 크레타 독자문명실이 힘을 얻고 있기도 하다. 그러나 이들이 광범위한 약탈활동을 한 미지의 해양세력이라고 단언할 수는 없다.

다만 소아시아와 이집트의 해안을 마음대로 드나들며 피해를 입혔던 미지의 세력이 있었고 그 세력은 이후 크레타를 포함해 이오니아와 그리스 등에게 해의 문명 탄생과 관련이 있을 것으로 추정만 할 뿐이다. 이집트의 해안은 쑥대밭이 되기 일쑤였고 히타이트는 피해가 더 심해 수도까지 함락당한 적이 있다고 하니 수백 년 동안 동아시아 전체를 괴롭혔던 왜구倭寇와 비슷하지 않았을까 생각해 본다.

▍인류 최초의 과학들

메소포타미아와 이집트는 뛰어난 과학기술을 가지고 있었다. 큰 사전지식이 없어도 육안으로 보이는 이집트의 신전이나 피라미드 그리고 메소포타미아의 거대 유적들은 놀랍기 그지없다.

어느 문명에서나 기술은 실용적인 필요에 의해 발달하게 되는데 피라미드Pyramid, 신전, 지구라트Ziggurat, 성곽과 같은 거대 건축물은 당연히 발달된 기하학, 토목건축학을 필요로 했고 농경과 역법을 위한 천문학, 수확물 관리와 징세를 위한 수학, 하천 범람 후 경작지 구획 정리를 위한 측량학이 자연스럽게 발달했을 것이다.

역법에 있어서 흔히 알려진 바로는 이집트는 태양력, 메소포타미아는 태음력이다. 그러나 이것은 특징만 간단하게 정의한 것이다. 피라미드를 만들 정도의 사람들이 하늘을 보면서 태양만 보고 달은 안 보는 짓을 했겠는가. 두 문명은 모두 태양력, 태음력의 특성을 이용했다. 다만 한쪽에 더 비중을 둔 것뿐이다. 메소포타미아에서는 태음력에 바탕을 두고 한 달을 30일, 1년을 12달 360일로 나누었다. 그리고 보정을 위한 윤달과 4년 주기 윤년을 두었다.

행성을 일곱 개로 파악하고 7일 주기 요일 개념을 처음으로 적용했다. 7일 주기의 일주일 개념은 이때부터 시작하여 전 세계로 퍼져 나간 것이다. 물론 이때의 행성에는 태양과 달이 포함된다.

하루는 24시간으로 낮과 밤을 각각 12시간으로 나누었다. 그리고 1시간은 60분, 1분은 60초로 나누었다. 바로 60진법이다. 현대와 다를 바 없다. 이때가 BC 2000년경이다.

이집트도 마찬가지로 하루를 밤과 낮으로 나누고 각각을 12등분, 하루를 24등분하였다. 1년은 메소포타미아와 마찬가지로 12개월로 나누었으나 날짜로는 365일로 나누었다. 자세히는 360일로 나누고 오시리스Osiris를 비롯한 다섯 신의 제일祭日을 더해 365일이 된 것이다. 메소포타미아와 가장 다른 점은 윤년을 적용하지 않았다는 것인데, 그로 인해 4년에 하루씩 밀려 나중에는 수개월이 밀리기도 했다. 계절과 날짜가 밀리고 밀려 달력상으로 여름에 눈이 오는 경우가 생긴 격이다.

이집트 역법의 주된 목적은 나일 강의 범람주기 파악에 있었다. 그러나 정작 범람주기는 달력이 아닌 별자리의 관측으로 이루어졌다고 하니 달력이 부정확해서 그런 건지 아니면 범람주기를 다른 방법으로라도 이미 알고 있으니 오차를 보임에도 내버려둔 것인지는 모를 일이다.

| 이집트의 린드 파피루스 |

| 메소포타미아 수학 점토판 플림프톤 322 |

▌ 고대 이집트와 메소포타미아의 수준 높은 수학은 문명 발전의 기반이 되었
는데 특히 거대 건축물의 축조를 가능하게 만들었다.

60진법을 주로 썼다고 알려진 메소포타미아 문명에서도 초창기에는 10
진법을 사용했다. 수학에 있어서 60진법과 10진법 중에 발생 순서로는 10
진법이 먼저일 것으로 본다.

10진법은 어느 문명에서나 있었던 숫자 세기의 기본이었는데 아마도 사
람의 손가락이 열 개이니 그랬을 것이다. 그러나 점차 10진법은 없어지고
60진법을 쓰게 된다. 이는 60진법이 10진법보다 여러 면에서 더 낫다고 판

모든 지식의 시작 전문세

단한 것이다. 그만큼 수학에 대한 나름의 이해가 높았던 것으로 볼 수 있다. 그리고 곱셈과 나눗셈을 이용하여 면적과 부피를 구해냈다. 원주율을 3으로 사용하였으며 제곱과 제곱근, 세제곱근표를 만들어 이차, 삼차, 사차방정식과 이원이차연립방정식까지 풀이했고 이집트인들은 이미 피타고라스의 정리까지 알고 있었다. 물론 피타고라스라는 이름은 훨씬 후대인 그리스 시대에 붙인 것으로 이미 존재하는 기술에 피타고라스는 자신의 이름으로 특허를 얻은 것이라고 할 수 있겠다.

메소포타미아는 기하학Geometry보다 대수학Algebra에서 더 큰 진보를 보였다. 또한 천문학이 고도로 발달하여 행성의 주기를 파악해 일식과 월식을 예측해 냈는데 핼리 혜성으로 유명한 AD 17C 영국의 천문학자 에드먼드 핼리Edmund Halley가 사로스 주기Saros Cycle라고 이름 붙인 일식의 주기도 바빌로니아 시대에 처음 측정되었다고 하니 메소포타미아 과학의 수준이 놀라울 따름이다. 그리스 시대에 획기적으로 발달한 천문학은 메소포타미아인의 태음력을 기반으로 한 천문지식이 바탕이 된 것이다.

이집트에서는 기하학이 발달했다. 기하학의 그리스어 'Geometry'는 '땅Geo-'과 '재다Metry'의 합성어다. 이것은 이집트에서 가장 필요로 했던 학문이었을 것이다. 기본적으로 10진법을 사용했던 그들은 도형의 넓이와 부피를 구하는 등 학문을 보다 실질적으로 적용하는 데에 몰두했던 것으로 보인다.

간단하게 말했지만 학문을 현실에 적용하는 것은 그리 간단한 일이 아니다. 게다가 규모가 일정 수준을 넘어설 때는 더욱 어려워지는데 과학의 발달을 공학의 발달로 연결시켜 현실화하는 것을 이집트인들은 해낸 것이다. 광활한 나일 강 유역에 대한 측량과 거대한 피라미드의 축조가 이를 잘 보여주고 있다. 이집트인들은 뛰어난 이론적인 학문과 더불어 발달된 공학기술까지, 그리고 그것을 실행에 옮길 수 있는 권력 시스템까지 갖추고 있었다.

수학의 역사에서 인류는 이집트의 기록에 많은 빚을 지고 있다. 이집트의 기록이 초기 인류의 수학을 전해주고 있기 때문이다. 또한 그 기록으로 이집트 수학의 수준을 일부 짐작할 수 있는데 현재 남아 있는 가장 오래된 이집트의 수학 문헌은 모스크바 파피루스Moscow Papyrus와 린드 파피루스 Rhind Papyrus라고 이름 붙여진 일종의 연습문제 풀이집이다. 모스크바 파피루스는 현재 모스크바 박물관에 있어서 붙은 이름이고 린드 파피루스는 스코틀랜드 학자 알렉산더 헨리 린드Alexander Henry Rhind가 발견했기 때문이다.

각각 BC 19C와 BC 17C의 문헌으로 약 4000년 전에 이런 문제풀이에 머리를 싸매고 있었다는 생각을 하면 대단하기 그지없다. 더 놀라운 건 이 수학문제집의 저자 이름까지 우리가 알 수 있다는 사실이다.

린드 파피루스는 아메스 파피루스Ahmes Papyrus라고도 불리는데 아메스가 바로 이집트판 '수학의 정석'의 저자이다. 물론 이보다 천 년이나 더 오래된 사람인 피라미드의 설계자 이모테프Imhotep의 이름도 아는데 아메스가 별거냐고 할 수도 있지만 이것은 참으로 고마운 일이다. 100년만 지나도 작자 미상의 작품이 판을 치고 있는 마당에 그리고 4000년 전의 기록이 존재하는 것만으로도 놀라운 마당에 글을 쓴 인물까지 알 수 있다니 실로 이집트 민족의 기록정신은 대단하다고밖에 할 말이 없다. 적어야 산다는 적자생존(?)의 원칙이 그때에도 있었던 것일까.

현재까지의 발굴된 유물과 유적으로 보았을 때 수학 분야는 메소포타미아가 미세하게 앞섰던 것으로 보고 있다. 그러나 앞으로 어떤 연구가 나올

지 알 수 없으니 섣불리 판단할 사안은 아닌 듯하다.

비슷한 근거로 보았을 때 의학 분야는 이집트가 다소 앞선 것으로 추정된다. 근래의 연구에 의하면 이집트는 일찍부터 주술적인 치료와 분리된 합리적인 치료법을 행하였다고 한다.

BC 20C의 문헌에서 이미 산부인과적인 치료와 처방이 발견되는데 그밖에도 여러 가지 외상과 내과질환, 장기, 피부, 혈관 등에 관한 처치와 처방을 하였고 약물과 기생충에 대한 지식도 상당하였다. 의료진의 진단부터 최종적인 처치에 이르는 합리적인 치료체계를 명시하고 있으며, 환부를 다루기 전에는 반드시 청결해야 함을 강조하고 있다. 이것은 AD 18C까지 시체를 만지던 손으로 출산을 돕고 외과수술을 했던 중세 유럽의 의술과 곧잘 비교되는 모습이다.

또한 이집트는 외과수술도 상당한 수준에 이르렀다. 미라 제작을 통한 해부학 지식의 발달과 대규모 공사현장에서 발생한 외상환자들의 치료에 따른 임상경험의 축적이 외과수술의 발전을 도왔을 것이다.

최근에는 이를 뒷받침하는 정밀한 뇌수술을 한 증거자료들이 대거 발견되기도 했다. 이때 사용된 고대 이집트의 수술도구는 현대의 도구들과 놀랍도록 흡사한 형태를 보인다. 로마시대의 수술도구가 현대의 수술도구와 구별이 가지 않을 정도로 발달했던 것은 이미 널리 알려진 사실로 이는 이집트로부터 전해졌던 것이다.

결국 로마인들의 지식은 이집트와 메소포타미아에서 비롯된 것임을 여기서도 확인할 수 있다. 이집트 의학에는 당연히 잘못된 지식도 많이 발견되는데 4000년 전의 의학지식이 지금과 똑같을 수는 없었을 것이다. 또한 모든 치료와 약물처방에는 주술사의 주문이 있어야 했다. 이건 의학에 종교적인 요소가 완전히 배제되지 못했음을 보여준다. 그렇다고 이것을 미개하다고 볼 필요는 없다. 왜냐하면 그로부터 3000여 년이 지나서도 유럽인들의 주된 치료방법에도 신에 대한 기도가 있었기 때문이다.

▎이집트와 메소포타미아의 문자

문명의 발전에 있어서 문자는 지대한 영향을 미쳤다. 지구 문명의 선두주
자였던 메소포타미아와 이집트에서도 이른 시기에 문자가 사용되었다. 이
집트의 상형문자로 알려진 히에로글리프Hierogrlyph는 메소포타미아의 설
형문자Cuneiform, 楔形文字와 더불어 세계 최초의 문자로 알려져 있다.

　이집트의 히에로글리프는 신성문자神聖文字라는 말로 번역할 수 있다. 이
것은 기본적으로 신의 말씀과 신과 신의 자손인 파라오에 대한 기록만을
위한 문자이다. 그러나 용도를 정해 놓았다기보다 히에로글리프는 그 자
체로 일반적으로 쓰기에는 복잡하고 어려웠다. 아마도 초창기 그림문자의
티를 완전히 벗지 못했기 때문일 것이다. 그래서 히에로글리프 이후 이집
트인들은 신관이 쓰는 문자 히에라틱Hieratic과 일반인이 쓰는 문자 데모틱
Demotic을 만들게 된다. 이것은 용도의 변화이기도 하겠지만 보다 실용적
인 문자의 필요에 따른 자연스러운 발전이라고 해야 할 것이다. 누구나 쓸
수 있고 다양한 용도로 사용하기 위해 점점 더 쓰기 편한 서체로 변한 것
이다. 언뜻 보기에도 히에라틱부터는 그림을 벗어난 완연한 문자의 느낌
이 난다. 나폴레옹이 발견한 유명한 로제타석Rosetta Stone에 그리스 문자
와 나란히 3단으로 기록된 이집트 상형문자가 바로 샹폴리옹Jean-François
Champollion에 의해 해독된 히에로글리프와 데모틱이다.

　설형문자는 고대 메소포타미아 지역에서 광범위하게 사용된 문자들을
아우르는 말이다. 설형문자도 타 문자와 마찬가지로 그림문자에서 발전하
였다.

　　　　　　　　　　　　　　　모든 지식의 시작 전문세

| 히에로글리프 |

| 로제타석 |
로제타석은 이집트 상형문자 해독의 결정적인 역할
을 하였다.

| 히에라틱 |

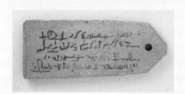

| 데모틱 |

설형楔形이란 글자의 모양이 삐쭉삐쭉하다는 뜻으로 쐐기문자라고도 한
다. 그림문자에서 설형의 문자로 발전하게 된 이유를 당시의 기록도구에서
찾을 수 있는데, 바로 점토판과 뾰족한 기구다. 금속이나 갈대로 만든 뾰족
한 필기구로 점토판에 썼을 것이기에 글자체가 쐐기의 모양이 되었다는 것
이다. 충분히 수긍이 가는 의견이다.

설형문자는 수메르부터 페르시아까지 메소포타미아 문명 전역에서 사
용되었다. 주의해서 볼 것은 수많은 민족이 고유의 언어를 가졌음에도 문

자는 거의 공통적으로 쓰이면서 발달했다는 점이다. 아마 비슷한 환경에서 나타나는 현상으로 이해할 수 있겠다. 한마디로 점토판에 쓰는 쐐기문자는 메소포타미아에서 히트상품이었던 셈이다.

그 후 문명의 주도권이 그리스와 로마로 넘어가면서 대용할 수 있는 도구가 생기면서 설형문자는 쓰임이 줄어들었고, 로마의 통치시기에 이르러서는 거의 사라지게 된다.

현재 설형문자에 대한 연구는 쉽지 않다고 한다. 기본적으로 언어가 매우 다양했고 넓은 지역으로 확산되면서 새로운 갈래로 발전하는 등 널리 사용되었다는 점이 아이러니하게도 연구를 어렵게 하는 요소가 되어버렸다. 또한 시리아와 이라크 등 고대유물이 집중적으로 묻혀 있는 지역의 정정政情이 불안한 것도 문제다. 더 이상의 자료수집이 어렵고 이미 발굴된 유물마저도 파괴되는 일이 잦아 많은 이들을 안타깝게 하고 있다.

이집트와 메소포타미아 문자 중 어느 쪽이 먼저 만들어졌는지는 논란이 많다. 그러나 현재까지의 정황상 이집트와 메소포타미아의 문자가 등장한 시기는 BC 3200년에서 BC 3100년 사이로 비슷하게 추정되어 크게 의미 있는 차이가 아니다.

고대 이집트인과 메소포타미아인은 뛰어난 과학으로 찬란한 문명을 일구었다. 그리고 그 모든 과학의 증거이자 지식을 집약해 놓은 결과물이 그들의 건축물이다. 현대에도 초고층건물은 수많은 과학들의 집약체이듯 당시의 피라미드와 지구라트, 신전과 같은 거대 건축물은 고대인들의 능력이 고스란히 모인 결과물이다.

이집트 건축과 메소포타미아 건축의 근본적인 차이는 재료라고 할 수 있다. 육안으로 볼 때 이집트의 건축물들은 구성하는 돌의 사이즈가 큼직큼직하다. 반면에 메소포타미아의 건물은 작은 벽돌들로 쌓여져 있음을 알 수 있다. 그도 그럴 것이 대피라미드의 돌덩이는 무게가 평균 2.5t인데 신

| 피라미드 |

| 지구라트 |

▌ 이집트와 메소포타미아의 대표적인 건축물로서 두 문명의 다른 건축양식을 잘 보여준다.

들의 레고블럭이 아니고서야 이것을 단순히 건축 재료라고 하기에는 미안한 생각이 들 정도이다.

피라미드뿐만이 아니라 룩소르Luxor 신전, 카르나크Karnak 신전, 수많은 오벨리스크Obelisk 등은 원석을 그대로 깎은 것이다. 앉은키 20m가 넘는 신이 네 명이나 사이좋게 앉아 있는 아부심벨Abu Simbel 신전은 돌산 전체를 그대로 깎은 것인데 이런 거대한 작품들은 이집트인들의 스케일을 보여줌과 동시에 이곳의 석재 자체가 무엇을 만들기에 적합했다는 것을 보여준다. 한마디로 이집트에는 좋은 석재가 났던 것이다.

고대 이래 아스완Aswan의 채석장은 지금도 사용되고 있다. 그러나 메소포타미아는 달랐다. 메소포타미아의 유적들은 자잘한 블록으로 지어져 있음을 알 수 있다. 이집트와 달리 그대로 건축에 쓸 수 있는 자연석을 구하는 것이 쉽지 않은 환경이었다. 그래서 메소포타미아인들은 일찍부터 벽돌을 만들어 사용했는데 이 벽돌을 '어도비Adobe'라고 한다. 미국 그래픽 소프트웨어 회사의 이름으로 유명한 어도비의 원래 의미는 모래와 찰흙 등에 식물성 섬유질을 섞어 만든 벽돌을 말한다.

메소포타미아인들이 만든 이 벽돌은 단단함이 질 좋은 자연석에 전혀 뒤

| 발굴된 벽돌로 복원된 이슈타르문 |
독일 페르가몬 박물관

지지 않는다고 한다. 수메르 문명 이전의 도시문명 유적에서도 이 벽돌이
사용되었음을 알 수 있다. 미국 어도비사가 자사의 명칭으로 삼은 의도를
짐작할 수 있는 부분이다. 발견될 당시 화려함으로 세계를 놀라게 했던 이
슈타르 문Ischtar Tor이나 지구라트 등 고대 메소포타미아의 건축물들은 모
두 어도비로 지어져 있다.

모든 지식의 시작 전문세

서양		동양
수메르 문명	BC 3500	
이집트 문명	BC 3300	
메소포타미아, 이집트 문자 등장	BC 3200	
이집트 상하왕국 통일	BC 3100	
	BC 3000	인더스 문명
대피라미드 건축	BC 2600	
아카드 메소포타미아 통일	BC 2400	
	BC 2000	하 건국
바빌로니아 함무라비 법전	BC 1800	

맥을 짚어 주는 연대표

메소포타미아와
이집트의 만남

3

메소포타미아와 이집트 문명은 팽창을 거듭하면서 자연스럽게 만나게 된다. 두 문명의 조우는 각자의 세계관이 달라지는 순간이었다. 메소포타미아와 이집트는 서로의 존재는 알고 있었지만 각각 자신의 문화권 통일에 오랜 세월을 보냈다. 흡사 외부의 존재에 대해 알고 있으면서도 심정적인 경계를 만들어 '여기까지만 먹으면 천하통일'이라는 중국의 '천하관天下觀'과 비슷한 세계관을 갖고 자신의 영역에서 치열한 경쟁을 벌여왔던 것이다.

그러나 두 문명은 발전과 팽창을 거듭하여 마침내 한 지붕을 쓰게 만들었고, 수천 년을 이어온 각자의 세계관은 변화를 맞이하게 되었다. 외부와 상관없이 혼자 지내고 싶어도 필연적으로 영향을 주고받을 수밖에 없는 상황이 된 것인데 결정적으로 이집트는 이미 메소포타미아에서 온 이민족에 의해 지배를 받은 적이 있다. 그것은 BC 17C 힉소스Hyksos에 의한 지배로 이때를 이집트 역사에서는 제2중간기라고 하여 중왕국과 신왕국시대를 가르는 시기로 이용된다.

반대로 메소포타미아는 이집트 민족에 의해 통일이 된 적이 없다. 이는 이집트 민족이 자신의 영역에서 나갈 필요성을 느끼지 못한 것으로 풀이된다. 이집트 민족이 나일 강 유역의 풍족한 땅을 지배하기에도 바빴던 반면에 탁 트인 지형에서 수많은 세력들이 박 터지게 싸워온 메소포타미아에서는 유프라테스 강가에서 싸우나 나일 강가에서 싸우나 마찬가지였던 민족들이 꽤 있었던 것이다. 그들 가운데 이집트로 치고 들어갔던 민족이 있었을 거라고 자연스럽게 추정할 수 있다. 하지만 이러한 간헐적인 접촉이 아닌, 역사적인 흐름에 의해 두 문명이 제대로 부딪친 최초의 사건이 있었는데 그것이 카데시Qadesh 전투이다.

카데시 전투는 시기가 BC 1308년에서부터 BC 1274년까지 그 설이 다양하다. 참고로 브리태니커Encyclopaedia Britannica에는 BC 1299년으로 되어 있다. 이는 이 전투를 위한 준비와 이동, 전투가 끝날 때까지의 모든 과정을 볼 수 있는 이집트의 기록에서 실제 전투로 추정되는 시점을 역사가들이 달리 본 데서 비롯된 것이다. 어찌되었건 카데시 전투는 기록상으로 알 수 있는 문명 간에 발생한 최초의 전쟁으로 이집트의 파라오 람세스 2세와 히타이트의 왕 무와탈리스 2세가 카데시라는 지역을 놓고 싸운 전투이다.

▎카데시 전투, 문명과 문명의 첫 싸움

양대 문명의 패자로서 거대제국을 이룬 람세스의 이집트와 히타이트. 두 나라 사이에는 미탄니Mitanni라는 아리안의 후예가 세운 나라가 있었다. 한때 강성했지만 쇠퇴하여 작은 세력으로 명맥을 이어가던 미탄니는 두 거대제국 사이에서 완충지대 역할을 하고 있었다. 그런 상황에서 히타이트가 미탄니를 침략해 합병해 버린 것이다. 이로 인해 히타이트는 이집트와 국경을 접하게 되었고 완충지대가 없어진 두 제국의 분쟁은 시간문제가 되었다.

확장하는 히타이트와 그 확장으로 인해 위협을 느낀 이집트는 예상대로 전쟁을 하게 된다. 역사에 기록된 바로는 최초로 발생했던 문명 간의 전투다. 제1회 월드시리즈 정도로 볼 수 있는 카데시 전투는 이렇게 시작되었다. 결과부터 언급하자면 카데시 전투는 무승부로 보는 것이 현재까지 일반적인 시각이다. 왜냐하면 정확한 상황을 알 수가 없기 때문이다. 이렇게 승패가 분명하지 못한 것은 양쪽의 기록이 다르기 때문인데 당연하겠지만 서로 자기가 이겼다고 기록해 놓은 것이다.

그럼에도 불구하고 현대 학자들은 히타이트가 다소 우세했던 것으로 분석하고 있다. 히타이트가 판정승을 했다고 보면 될 것이다. 근거로는 전쟁 결과 일단 이집트의 원래 목적이었던 카데시 탈환에 실패했다는 것이고, 두 번째는 이집트에 우호적이었던 주변국들이 히타이트에 투항했다는 것이다. 무엇보다 이집트의 람세스 2세가 이 전쟁에서 거의 죽다가 살아났다는 점이다.

이집트의 거대한 아부심벨 신전에는 절체절명의 순간에 람세스가 신으로 변신해 적을 쓸어버렸다고 기록되어 있다. 하지만 이를 현대의 관점에

| 아부심벨 신전에 있는 카데시 전투에 관한 기록 |
아부심벨 신전에는 이집트가 카데시 전투에서 승리한 것으로 기록되어 있다.

모든 지식의 시작 전문세

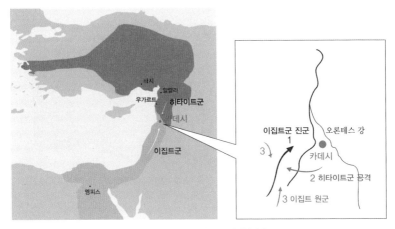

| 카데시 전투 상황지도 | 카데시 전투는 전쟁사에 있어서도 매우 중요한 사건이다.

서 액면 그대로 믿을 수는 없는 노릇이다. 상상력을 발휘해 이해해보면 아마도 권투시합에서 라운드 내내 쥐어터지는 상황에도 불구하고 필사적인 클린치로 시간을 끌다 공이 살려준 선수의 모양새였을 것이다.

람세스 2세의 입장에서 보았을 때 체면은 제대로 구겨졌지만 어찌되었건 살아서 돌아왔으니 SNS도 없는 세상에서 얻어터진 것을 이실직고해 백성의 사기를 떨어뜨릴 필요는 없었을 것이다. 더불어 파라오의 체면도 있었을 테고 말이다.

카데시 전투는 나름 기록의 나라인 이집트의 기록에만 의존하여 3000년 동안이나 이집트의 드라마틱한 승리로 남아 있다가 20C 초에 히타이트의 기록이 발굴되면서 드라마틱한 번복이 이루어진다. 공식적인 결과가 무승부로 바뀌게 된 것이다. 그동안 알고 있었던 카데시 전투의 절정 부분은 람세스의 '희망사항'에 지나지 않았다는 사실이 들통남과 함께 말이다.

카데시 전투의 또 다른 중요한 의미는 이 전투 후 두 나라는 인류 역사상

최초의 조약을 맺는다는 데 있
다. 상호불가침조약과 양국이
위기에 처했을 때 원군을 보내
주기로 하는 방위협정의 내용,
항구적 평화를 위한 노력 그리
고 위반 시에는 신이 가만두지
않을 거라는 페널티까지 들어
가 있는, 그야말로 시대를 앞선
조약문이 작성되었다.

| 카데시 전투 조약문 |
유엔 본부에 모조본이 있다.

모든 지식의 시작 전문세

서양		동양
수메르 우르 왕조	BC 2000	**하** 건국
바빌로니아	BC 1800	
힉소스 이집트 침략	BC 1700	**은** 건국
히타이트	BC 1500	
카데시 전투	BC 1300	
히타이트 멸망	BC 1100	**주** 건국
	BC 770	**춘추시대**
아시리아 오리엔트 통일 (멤피스 함락)	BC 671	
	BC 632	**성복대전**
오리엔트 4국 시대	BC 600	
키루스 2세 페르시아 건국	BC 550	
	BC 453	**전국시대** 시작(삼가분진)
	BC 403	**주왕실** 한·위·조 승인

맥을 짚어 주는 연대표

통일과
분열의 반복

4

/

▌메소포타미아 최초의 통일제국 아시리아

앞서 메소포타미아 최초의 통일국가는 아카드라고 해놓고 무슨 소리인가 하는 생각이 들 것이다. 하지만 아카드가 통일한 메소포타미아는 그야말로 티그리스-유프라테스 강 주변의 지역을 말하는 사전적인 메소Meso-포탐Potam 지역ia을 말하는 것이고, 아시리아의 메소포타미아는 확장된 의미의 메소포타미아, 그러니까 지중해 연안부터 페르시아 만에 이르는 광활한 지역을 지칭하는 것이다. 더구나 이집트까지 손에 넣었기 때문에 진정한 통일제국임은 분명하다.

'메소포타미아 최초의 통일국가' 논쟁에서 아카드냐 아시리아냐는 언뜻 말장난 같은 면도 있으나 애초부터 메소포타미아는 정확한 영역을 어디로 볼 것인가 하는 의문을 근본적으로 해소하지 못하고 있는 지역이다. 그렇기 때문에 이에 관해 논쟁을 하고자 한다면 끝이 없다는 사실을 알아야 한다. 게다가 어떤 통일제국이라고 일컬어지는 국가가 있었을 때도 다른 많은 세력이 같이 존재하고 있었음을 주지해야 한다. 중국의 통일제국과 같이 두부 자르듯 시대가 나누어지지 않는 이유가 바로 여기에 있다. 아무튼 아카드의 통일과 아시리아의 통일에 관해서는 이 정도로 정리되어 있다.

모든 지식의 시작 전문세

히타이트의 뒤를 이어 나타난 메소포타미아의 제국은 아시리아Assyria이
다. 아시리아는 지독한 군국주의 국가였다. 히타이트도 강한 군사국가였지
만, 아시리아는 군사적인 면에서 히타이트보다 더욱 발전된 조직을 갖추고
있었다. 그들은 전쟁의 여신 이슈타르Ishtar를 섬겼는데 아시리아의 명칭이
이슈타르에서 비롯되었다는 설이 있다. 한때 아시리아는 전쟁만 하는 무식
한 국가로만 알려져 있었으나 현재까지의 고고학적 연구는 아시리아의 다
른 면을 보여주고 있다. 그들의 문화수준이 이전의 제국에 비해 결코 뒤지
지 않았던 것이다. 아시리아는 그저 전쟁이 가장 단순하고 수익성이 좋은
비즈니스임을 알았던 것이다. 그로부터 수백 년이 지나 중국의 병가兵家가
역설했던 '전쟁은 부국강병의 수단'임도 이미 알고 있었으리라.

가장 효율적인 국익 확대의 수단으로 시도 때도 없이 전쟁을 일으켰던
아시리아는 인류 최초의 국민 개병제皆兵制를 실시하였다. 부대마다 전문
군의관軍醫官을 두는 제도를 시행했고 모든 건축물은 전쟁을 소재로 한 부
조浮彫로 장식되었다. 아시리아의 전쟁을 묘사한 수많은 부조가 스스로 전
쟁만 하는 나라라는 이미지를 얻는 데 일조했던 것이다.

BC 12C경 히타이트의 갑작스런 멸망으로 인해 철기제조법은 오리엔트
전역으로 퍼져나가게 되었다. 이때 철기제조에 관한 노하우를 받아들인 아
시리아는 강력한 전제주의를 바탕으로 군대를 양성한다. 그렇게 힘을 키운
아시리아는 BC 9C부터 메소포타미아의 도시들을 제압해 나가고, 그로부
터 약 300년간 아시리아 군대는 패배를 잊어버리게 된다.

히브리인의 역사인 《구약성서》에도 BC 7C 초반 바빌로니아를 정복한
아수르(아시리아)의 왕 산헤립(센나케리브)은 저승사자 수준으로 묘사되어 있
는데 그만큼 아시리아의 군대는 두려운 존재였음을 알 수 있다.

일반적으로 아시리아는 역사상 반짝하고 사라진 군사국가의 전형으로

| BC 24C 중엽의 아카드 영역 |

| BC 7C 중엽의 아시리아 영역 |

▌아카드를 최초의 메소포타미아 통일국가로 아시리아를 최초의 오리엔트 통일제국으로 부르는 것이 더 쉬운 구분일 것이다.

알려져 있지만 실제로는 갑자기 생겨났다가 갑자기 사라진 나라가 아니다. 아시리아는 BC 2500년에서 BC 2000년 사이에 티그리스와 유프라테스 강 주변에 있던 수많은 도시국가 중의 하나로 이미 존재하고 있었다.

　두 강변의 많은 나라들과 마찬가지로 아시리아 또한 오랜 세월을 명맥만

모든 지식의 시작 전문세

유지하는 수준이었다. 그렇게 미미한 세력을 유지하다가 최종적으로는 미탄니의 지배를 받는 처지가 되는데, 미탄니는 전술한 바와 같이 후에 히타이트에 의해 멸망당하는 아리안 계열의 국가이다.

히타이트는 메소포타미아를 지배했다고는 하지만 주된 영역이 지중해 연안의 소아시아에 국한된 나라였다. 더구나 최대 라이벌이었던 이집트 견제에 국력을 집중해야 했기 때문에 티그리스와 유프라테스 강 유역에는 지배력이 거의 미치지 못했다. 이런 이유로 아시리아는 서서히 세력을 키울 수 있었고, 마침내 히타이트가 붕괴되자 빠른 속도로 메소포타미아 전역을 정복할 수 있었다. 나아가 센나케리브의 아들 에사르하돈이 BC 671년 이집트까지 정복하기에 이르러 아시리아는 메소포타미아를 넘어 오리엔트 전역을 통일한 최초의 제국이 된다.

그러나 아시리아는 최전성기를 맞았다가 급락하고 만다. 에사르하돈의 아들 아슈르바니팔 사후 급격한 몰락의 길을 걷다가 BC 610년경 멸망하게 된다. 팽창일로를 달리면서 수백 년 동안 적수가 없는 강국이었으나 막상 통일이라는 과업을 달성하고 나서는 모래성처럼 허물어져 버렸기에 아시리아는 군사력만 강한 나라의 말로를 보여주는 전형으로 남게 된 것이다. 하지만 군국주의 국가가 아닌 어떤 나라든 우매한 군주는 나라를 멸망으로 이끄는 법이다.

아시리아는 그 상황이 전성기 이후 너무 빨리 왔던 것이다. 여담이지만 아시리아의 최대 판도를 이끌었던 아슈르바니팔의 그리스식 이름은 사르다나팔로스Sardanapallos로서 BC 19C 낭만주의 화가 들라크루아의 걸작 〈사르다나팔로스의 죽음〉에 등장하는 오동통한 팔뚝의 왕이다.

그러고 보면 아시리아뿐만이 아니라 아카드나 히타이트, 바빌로니아, 심지어 페르시아까지 메소포타미아를 제패했던 제국들은 하나같이 도시국가로 오랜 세월을 명맥만 유지하다가 부흥기에는 무섭게 세력을 떨치고

| **사르다나팔로스의 죽음** | E. 들라크루아, 1827년

정점에 이르러서는 짧디짧은 전성기를 보내고 사라지는 공통점을 보이고 있다.

▌짧았던 메소포타미아 국가들의 4국지

아시리아가 사라진 오리엔트는 4국 시대를 맞게 된다. 이집트를 제외하면 메소포타미아는 3국의 시대가 정확한 표현이지만 카데시 전투 이후, 또 아시리아가 이집트를 정복하고 최초의 오리엔트 통일제국을 세운 이후 두 문명을 떼어서 논하기는 쉽지 않다. 메소포타미아를 통일한 국가는 반드시 이집트로 시선을 돌렸기에 이집트와 메소포타미아는 오리엔트 문명이라는 하나의 지붕으로 보는 게 맞을 것이다.

모든 지식의 시작 전문세

아시리아 멸망 이후 오리엔트 4국 시대의 네 나라는 바빌로니아, 메디아, 리디아 그리고 이집트이다. 네 나라 중에서는 바빌로니아가 앞서 나가고 있었다. 이 바빌로니아는 신바빌로니아이다. 1000년 전인 BC 17C 함무라비 왕의 바빌로니아와 구별하여 이 시기의 바빌로니아를 신바빌로니아라고 부르는데 이때의 영웅은 네부카드네자르이다. 물론 이 왕명은 구舊바빌로니아에도 있던 이름이다. 그래서 1세와 2세로 이름 붙인다. 신新바비의 2세가 구舊바비의 1세를 존경하여 자신을 그렇게 명명했던 것이다.

네부카드네자르 2세는 칼데아 왕조의 왕 중 가장 위대한 왕으로 뛰어난 군대를 거느렸으며, 수도 바빌론을 화려하게 꾸미고 역사상 큰 영향을 미친 것으로 유명하다. 유대를 멸망시키고 유대인들을 바빌론으로 강제 이주시킨 장본인이기도 하다. 그는 저승사자 같은 아시리아에 시달려 비실비실한 예루살렘에 결정타를 날려버린 것이다. 그리고 이 일이 성경에 기록되는 바람에 그는 2500년이 지난 지금 지구 반대편의 한국인에게까지 두고두고 욕을 먹고 있다. 성경에서의 이름은 느부가넷살이다.

이렇듯 유대인에게 찍혀서 성경이라는 인류 최대의 베스트셀러에 밉게 기록된 인물들은 시공간을 초월해 욕을 뒤집어쓰곤 한다. 네부카드네자르도 저승에서 귀가 간질간질하지 않을까 생각해 본다.

바빌로니아는 구舊나 신新이나 역사에서 눈 깜짝할 사이에 쌩하고 지나갔다. 17년을 납작하게 기다렸다가 7일 살고 가는 매미의 운명과 같은 나라라고나 할까. 그런 바빌로니아의 뒤를 이은 주자는 메디아와 리디아를 제압하고 일어난 페르시아이다.

페르시아의 시조는 전설의 대왕 키루스Cyrus, 정확하게는 키루스 2세로 순식간에 바빌로니아끼지 삼킨다. 딩시 이집트는 이미 바빌로니아에게 정복된 상태였으나 혼란한 시기를 이용하여 잠시 독립하려고 했다가 키루스

| 아시리아 멸망 직후(BC 6C경) 4개국으로 분할된 오리엔트 |
이들 네 나라의 다툼은 치열할 새도 없이 순식간에 끝나버렸다.

2세의 아들 캄비세스 2세가 다시 점령하여 페르시아는 오리엔트 전역을 통일하게 된다. 이때가 BC 6C 후반이다.

메소포타미아 문명의 마지막 페이지, 페르시아

페르시아는 오리엔트의 역사에서 중요한 위치를 차지한다. 페르시아의 위치가 중요하다고 할 수 있는 큰 이유는 오리엔트의 문명이 이때에 유럽과 이어지기 때문이다. 다시 말해 오리엔트가 유럽보다 문명 수준이 높았던 마지막 시기였다는 것이다.

　오리엔트가 유럽과 이어져 있던 것은 오래전부터였다. 메소포타미아 문명 초기라고 할 수 있는 BC 2600년경부터 교역활동을 했던 페니키아인들이나 BC 2000년부터 지중해에서 활동하던 크레타인들에 의해 오리엔트 문명은 유럽으로 퍼져나가고 있었다. 그러나 페르시아 시기의 문명 이동은 단순히 높은 곳에서 낮은 곳으로 흐르는 차원이 아닌 문명의 주체가 이동

모든 지식의 시작 전문세

하는 대변혁이었다.

유럽의 시각에서 페르시아는 그 중요성에 비해 가볍게 논해지는 측면이 있다. 아마도 페르시아라는 나라가 그리스에게 제대로 힘을 쓰지 못한 면이 있기에 잠재의식 속에서 업신여겨지고 있을지도 모르겠다. 사실 그럴 만도 한 것이 세 차례에 걸친 전쟁에서 페르시아는 완패를 했고, 종국에는 그리스인인 알렉산드로스의 손에 의해 멸망했기 때문이다. 그래서 최초의 세계제국다운 제국이라는 찬사가 비아냥거림처럼 들리기도 한다.

하지만 페르시아가 비록 그리스라는 천적을 넘지 못하였지만 역사적으로 훌륭한 업적을 남긴 나라였다. 그리고 제국의 쇠퇴에 많은 영향을 미친 페르시아 전쟁은 단순히 페르시아의 멸망을 앞당겼을 뿐만 아니라 결과적으로 역사의 새로운 문을 연 큰 사건이었다. 이 전쟁으로 인해 그 당시의 '세계'라는 영역은 유럽으로 그 넓이를 확장한다.

페르시아 전쟁은 모두 세 차례가 있었다. 마라톤으로 유명한 마라톤 전투가 2차 페르시아 전쟁 중에 있었고, 영화 《300》으로 알려진 테르모필라이Thermopylae 협곡에서의 전투와 살라미스Salamis 해전은 3차 페르시아 전쟁의 일부이다.

페르시아라는 명칭은 메소포타미아 지역의 서쪽 해안의 파르스Fars라는 구석진 지역의 이름에서 유래하였다. 페르시아에 대한 정보의 대부분은 헤로도토스의 《역사》에 기초를 두고 있는데 등장하는 지명들 중에 많은 부분은 그리스인들에 의해 붙여졌거나 원래의 지명에서 그리스인에 의해 변화된 것으로 추정된다. 페르시아도 아마 파르스 또는 그들이 거주하던 파르수마슈Parsumash라는 이름이 그리스화된 것으로 보인다.

초창기 페르시아는 엘람Elam이라는 세력의 지배를 받았다. 이후 엘람이 아시리아에 의해 멸망하면서 페르시아는 서서히 세력을 키우게 된다. 아시

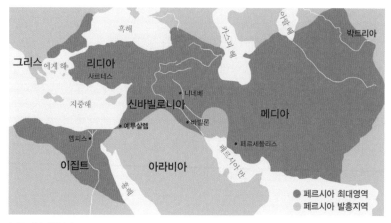

| 페르시아의 발흥 |

리아가 세력을 잃고 난 뒤 이어 형성된 4국 시대에 이르러 짧게 고개를 들었던 메디아를 페르시아가 '콕' 누르고 일어나는데 이때를 페르시아 제국의 시작으로 본다. 때는 BC 550년으로 키루스 2세가 메디아의 수도 엑바타나Ecbatana를 점령한 시기이다.

페르시아의 시조는 키루스Cyrus라는 인물이다. 물론 BC 7C 초 엘람의 수도를 점령해 아케메네스 왕조를 일으켜 페르시아의 기초를 마련한 테이스페스Teispes 왕이 있기는 하지만 그 세력은 미미해 이때를 제국으로서의 페르시아와 직접 연관시키지는 않는다.

페르시아에서 키루스라는 왕은 1세와 2세 두 명이 있다. 대개 대왕이라고 일컬어지는 키루스는 2세를 말한다. 많은 역사서에서 같은 이름의 왕을 혼동하는 경우가 많다. 키루스 왕에 대해서도 많은 자료에서 1세와 2세를 혼동한다. 심지어는 둘의 업적을 합쳐 놓고 한 사람의 것처럼 묘사해 놓기도 하는데, 1세는 아케메네스 왕조의 초기 분열을 봉합한 것이 주된 업적이다. 대왕 키루스 2세는 그 키루스 1세의 손자인데 페르시아에서는 제왕의 이름이 격세隔世 승계되는 전통이 있었다는 주장도 있다.

모든 지식의 시작 전문세

▍위대한 왕 키루스 2세

키루스 2세는 4국 중 이집트를 제외한 메디아, 리디아, 신바빌로니아를 차례로 정복한다. 키루스 2세가 대왕으로 불리는 이유는 이들 국가의 정복 이후 그가 행한 통치 스타일에서 찾을 수 있다.

키루스 대왕은 각 민족의 자치와 종교의 자유를 인정하고 점령지역 백성들에 대한 위해를 금지했다. 또한 점령한 땅을 개발하는 작업을 했는데 이는 정복자의 편의를 위해서이기도 하겠지만 대체로 피정복민을 위한 인프라 건설이었다.

키루스의 이러한 정책은 과거 메소포타미아를 통일한 제국들이나 이후 등장하는 정복자의 행태와는 상반되는 행보였다. 특히 신바빌로니아의 네부카드네자르 2세에 의해 바빌론으로 끌려온 유대인들의 귀환과 예루살렘 성의 재건을 전폭적으로 지원해 주었던 모습은 파격 그 자체였다.

정복지를 파괴하는 것과 피정복민을 약탈하고 학살하거나 노예로 잡아가는 것은 메소포타미아에서 흥했던 제국들이 행한 일종의 루틴이었기에 키루스 2세의 행보는 참으로 특별한 경우였다. 나아가 키루스 2세는 근대의 인권선언과 같은 칙령을 내리는데 이것은 인간의 기본권에 대한 인류 최초의 언급이었다. 이러한 키루스 2세의 정책은 피정복민들을 감동시키기에 충분했던 모양이다.

그리스 역사가 헤로도토스와 크세노폰Xenophon도 키루스 2세를 가장 이상적인 왕이라 기술하였고, 페르시아를 멸망시킨 알렉산드로스도 그를 존경해 마지않았다. 오죽했으면 그 까칠한 유대인들이 성경에서 키루스 2세(성경에는 고레스라고 표현하였다)를 정성을 다해 칭송하였겠는가.

비록 자신이 의도한 것은 아니었겠지만 키루스 2세는 유대인들에게 인기를 얻어 성경에 좋게 이름을 올린 덕택에 현재까지 전 세계의 크리스천으로부터 감사의 말을 듣고 있다. 역사를 통틀어 키루스 2세는 타민족으로

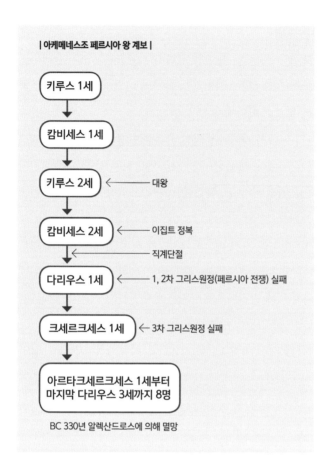

| 아케메네스조 페르시아 왕 계보 |

키루스 1세

↓

캄비세스 1세

↓

키루스 2세 ← 대왕

↓

캄비세스 2세 ← 이집트 정복

← 직계단절

다리우스 1세 ← 1, 2차 그리스원정(페르시아 전쟁) 실패

↓

크세르크세스 1세 ← 3차 그리스원정 실패

↓

아르타크세르크세스 1세부터
마지막 다리우스 3세까지 8명

BC 330년 알렉산드로스에 의해 멸망

부터 가장 존경받는 왕임에 틀림없다.

키루스 1세와 2세는 각각 캄비세스 1세와 2세를 낳았다. 그러나 키루스 2세의 아들 캄비세스 2세에서 적통은 끝이 난다. 그리고 먼 친척이자 장군이었던 다리우스에 의해 페르시아는 명을 이어가게 되는데 그 인물이 바로 다리우스 1세Darius I이다. 키루스 2세가 지어놓은 밥을 다리우스가 냉큼 먹어버린 것인데 다행히 페르시아는 그 다리우스 1세에 의해 전성기를 맞

| 키루스 2세의 무덤 |
페르세폴리스를 폐허로 만들었던 알렉산드로스는 키루스 2세의 무덤이 있다는 이유로
파사르가다에Pasargadae를 파괴하지 않은 것으로 알려져 있다.

게 된다.

다리우스 1세는 키루스 2세를 닮은 듯 도로와 도시를 건설하고 행정제
도를 정비하였으며 관대한 정책으로 민심을 얻었다. 도로망을 이용한 역전
驛傳제도와 금화를 사용하는 상업정책으로 제국은 부를 축적하였고, 페르
세폴리스와 수사 등에서 볼 수 있는 뛰어난 건축과 예술작품도 이때 만들
어졌다. 뒤에 자세히 설명할 페르시아 전쟁으로 불리는 두 번의 그리스 원
정이 실패를 하면서 명성에 크나큰 흠을 남겼지만 다리우스 1세는 대왕으
로 불리기에 충분한 업적을 쌓았다.

다리우스 1세의 아들 크세르크세스 1세Xerxes I는 아버지가 행한 두 번의
그리스 원정에 이어 세 번째 원정을 행하지만 대패하고 돌아온다. 이후 몇

대를 거치면서 페르시아는 지도층의 내분과 제국의 분열 현상을 보이기 시작했고, 겨우 수습이 되어가던 다리우스 3세Darius III 때 마케도니아의 젊은 왕 알렉산드로스에 의해 멸망당한다. 이때가 BC 330년이다. 사실 페르시아는 명성에 걸맞지 않게 이전의 메소포타미아의 통일국가처럼 짧게 존재했던 것이다. 정확하게는 키루스 2세의 건국부터 알렉산드로스에 의해 멸망하는 BC 330년까지 220년밖에 되지 않는다.

기원전의 역사로만 3000년이 넘는 오리엔트 문명의 긴 시간에서 바람처럼 스쳐간 나라이지만 페르시아는 이전의 제국과는 다른 역사적인 의미를 갖고 있다. 그것은 물질적, 정신적, 제도적 측면에서 오리엔트 문명의 정점을 이루어 이후 아시아 제국의 모범이 되었다는 점이다. 이후 파르티아, 사산조 페르시아부터 현재의 이란에 이르기까지 많은 국가들이 페르시아를 계승한 것은 그만큼 페르시아가 위대했음을 보여주는 반증이라고 할 수 있다. 흡사 로마 멸망 이후 로마의 후계를 자처하는 나라들이 많았던 것과 같다.

페르시아는 최초의 세계제국으로서, 또 페르시아 전쟁이라는 오리엔트 문명과 유럽 문명이 충돌한 사건의 한 축으로 세계사의 중요한 페이지를 점하고 있다.

오리엔트에서
유럽으로

5

▋페니키아와 헤브라이

　페르시아가 오리엔트를 통일하는 BC 6C 즈음에는 이미 유럽도 문명의 꽃을 피우고 있었다. 선두주자는 단연 그리스였다. 도시국가인 폴리스로 이루어진 그리스는 얼마 후에 오리엔트의 대표주자 페르시아와 운명의 일전을 벌이게 된다.

　그러나 대제국 페르시아와 대등한 대결을 펼쳤으며 유럽문명의 기원이 된 작은 나라 그리스를 알고자 한다면 먼저 짚어보아야 할 것이 있다. 바로 오리엔트와 유럽문화의 혈액과 같은 구실을 했던 페니키아Phoenicia이다. 셈족의 갈래로서 현재의 시리아에서 레바논 팔레스타인 지역에 살았던 민족 중에는 두 개의 별종이 있었다. 하나는 페니키아이고 하나는 헤브라이Hebrew이다. 헤브라이는 후에 유대인이라고 불리는 민족이다.

　둘은 셈족의 후예이면서 BC 3000년에서 BC 2000년 사이 비슷한 지역에 산 것으로 보아 인종적으로 크게 차이가 나지 않는다고 여겨진다. 물론 스스로 선택되었다고 믿는 유대인들로서는 인정하고 싶지 않겠지만.

　메소포타미아 지역에서 민족의 구분은 대체로 그들이 속한 지역으로 구분을 한다. 특히 헤브라이인들은 유대교가 생기고 난 뒤에야 구별이 확실해진다. 어쨌거나 이 두 민족은 역사에 독특한 흔적을 남기게 되는데 바로 종교Religion와 문자Phonogram이다. 두 세력의 힘은 미약했고 단 한 번도 세력이 커졌던 때가 없었다.

헤브라이인의 경우 규모에 비해서는 높은 전투력을 가졌지만 절대 사이즈가 너무 작았고, 선민의식에서 비롯된 배타성으로 인해 인구가 늘기 어려웠다. 헤브라이인은 자신들의 역사가 성경Bible이라는 이름으로 세계적인 베스트셀러가 되면서 존재감이 부각되었다. 비록 성경에서 다윗이나 솔로몬의 시대를 스스로 대단한 듯 묘사했지만 실제 그들의 나라는 주변국에 비해 미약한 집단이었다. 당연히 천하통일이라는 거창한 사업은 꿈도 꾸지 못했으며 그저 강자들 사이에서 악으로 깡으로 한 목숨 보전하며 살았던 것이 사실이다.

메소포타미아에는 문명의 태동기부터 작은 도시국가들이 흩뿌려져 있었기에 한 지역에 자리를 잡고 자신의 정체성만을 지키는 것으로 만족했던 세력은 부지기수로 많았다. 유대교를 만든 헤브라이와 알파벳의 기원이 된 문자를 전한 페니키아도 그런 족속들 중의 하나였던 것이다.

역사적으로 페니키아의 존재는 BC 30C부터 발견된다. 이집트의 기록에서 페니키아는 이집트와 오랫동안 교역을 해온 도시국가였다. 그들은 오리엔트 문명의 수많은 도시국가와 민족 중에서 정치적으로 세력을 크게 떨치지는 못하였으나 항상 살아남아 존재감을 잃지 않았다. 군사력이 강하지 않아서 자주 침략을 당하면서도 결코 사라지지 않았고, 생존을 위해 투쟁하는 바쁜 와중에도 알파벳과 갤리선과 같은 유산을 남겼으며 항상 실리를 챙긴 세력이 바로 페니키아였다.

페니키아는 라틴어로 'Phoenicia'다. 글자 그대로 읽는다면 '포에니키아'라고 할 수 있다. 후에 로마와 지중해의 패권을 놓고 싸웠던 포에니 전쟁의

| 히브리어 양피지 성서 |

| 고대 페니키아 알파벳 |

▌헤브라이인은 종교를 남겼고, 페니키아인은 문자를 남겼다.

당사자 카르타고가 바로 이들의 후손이다. 페니키아의 뜻은 '자주색을 입은 사람'이라고 한다. 지중해의 큰손이었던 페니키아인들의 주력 상품 중에 자주색 염료기술이 있었기 때문이다. 성서에도 나오는 부유층의 색인 자주색, 로마 집정관의 컬러이자 후에 황제의 색이 되는 자주색, 로열퍼플 Royal Purple도 모두 페니키아인의 자주색에서 비롯된 것이다.

고대 오리엔트의 다른 민족과 확실히 구별되는 개성을 가진 이 페니키아의 캐릭터는 다름 아닌 '바다'이다. 육지가 아닌 바다가 그들의 주요 활동무대였다는 것이다. 역사적으로 가장 먼저 바다를 누빈 세력 중 하나인 페니키아는 지중해 전체를 활발하게 오가며 교역을 하였다.

이집트와 메소포타미아의 문명이 처음으로 전해진 외부세계는 크레타 섬인데 그리스 문명의 모태가 된 크레타 문명도 일찍이 바다를 휘젓고 다녔던 페니키아인에 의해 오리엔트의 문물이 전해진 결과이다. 물론 최근에는 크레타에 독자적인 문명이 이전부터 존재했다는 학설이 제기되기도 하였으나 지속적으로 오리엔트 문명의 영향을 받은 것은 사실이다.

그러나 페니키아는 단순한 문명의 전달자가 아니었다. 그 이유는 실용적인 문자를 같이 전해주었기 때문이다. 이 문자는 오늘날 존재하는 지구상의 모든 문자 중에서 최고의 히트작인 알파벳으로 발전하게 된다. 또한 페니키아는 지중해 해안 곳곳에 자신들의 식민지를 건설한다. 아마도 본래의 근거지였던 소아시아의 정세가 불안했기 때문이었을 것이다. 특히 BC 14C 이후로 히타이트와 이집트의 갈등과 정체불명의 해상세력에 의한 침략은 페니키아로 하여금 식민지 개척에 더욱 몰두하게 만들었는데, 후에 포에니 전쟁으로 유명한 카르타고Carthago도 이들에 의해 만들어진 대표적인 식민지였다.

세월이 흘러 오리엔트는 아시리아와 페르시아 그리고 헬라스Hellas로 주인이 바뀌었지만 페니키아는 자기만의 방식으로 실리를 챙기며 그 명맥을 이어 나갔다. 서구의 알파벳이 페니키아 문자에서 비롯된 것인데 그렇다면 페니키아 문자는 어디에서 비롯되었을까.

알파벳의 기원에 대한 연구는 광범위하게 이루어졌다. 페니키아 문자는 셈족의 문자, 특히 북방계 셈 문자의 영향을 받았다는 게 공통적인 견해이다. 이집트 문자와 설형문자 이후로 등장하는 수많은 문자에 대해서는 설명을 줄이겠다. 다만 시나이 반도에서 시리아에 이르는 지중해 연안지역은 이집트 문자와 설형문자의 영향을 동시에 받은 흔적이 있다. 아마도 지역적·인종적인 요인이 복잡하게 얽혀 있었기 때문일 것이다.

셈 문자는 글자의 발전과정과 음가 그리고 사용방식 등을 고려했을 때 이집트 문자에서 유래되었다는 것이 통설이다. 다만 세로선과 빗장긋기가 축을 이룬 점은 점토판을 주로 쓰던 설형문자의 영향에 의한 것으로 보인다. 어쨌든 이후 문명의 주도권은 유럽으로, 정확히 말해 그리스로 넘어가

| **크레타 문명** | 크레타는 오리엔트 문명과 그리스 문명의 가교 역할을 하였다.

게 된다. 그 시작이 바로 메소포타미아와 그리스 사이에서 발생한 크레타 Creta 문명이다.

크레타를 거쳐 그리스로

그리스 문명의 시작은 에게 문명이다. 에게 문명은 대체로 남방의 크레타 문명과 북방의 미케네 문명으로 나뉘는데 순서상으로 크레타 문명에서 미케네 문명, 미케네 문명에서 그리스 본토 문명으로 흐른다.

앞서 언급한 바와 같이 서양의 고대문명을 추적하는 과정에는 가끔 역사에서 제대로 증명할 수 없는 미스터리한 해상세력이 보인다. 그들은 이집트와 메소포타미아의 기록에 해안을 헤집고 노략질하는 흔한 해적으로, 때로는 페니키아의 도시를 파괴하고 히타이트를 멸망시키는 괴물로 등장한다. 물론 이들이 같은 집단이라고는 단정할 수 없다. 기록에 정확하게 나타나지 않기 때문이다. 그러나 그들의 정체는 어렵지 않게 짐작할 수 있다. 왜냐하면 에게 해와 이집트 해안을 헤집고 다닐 수 있었던 해상세력은 페니키아를 제외하면 단 하나였기 때문이다.

그들의 중심세력은 BC 3000년 이전부터 청동기 문명을 가졌고, BC 2000년부터는 중앙집권 체제를 구축해 바다를 장악하여 주변 지역을 약탈했다. 이집트와 소아시아는 물론 에게 해의 섬들과 그리스 본토까지 이들의 활동범위에 포함되었다.

그들은 단순한 해적활동을 넘어 매우 발달된 문명을 일구었으며 훌륭한 건축물과 고유한 문자까지 갖고 있었다. 바로 크레타인이다. 물론 그 알 수 없는 세력이 크레타인이라고 단정할 수는 없지만 BC 2000년 이후의 크레타인들은 그리스 문명의 토대가 되는 에게 문명의 선구자가 된 것이 분명하다.

크레타 문명은 미노스 문명 또는 미노아 문명이라고도 한다. 크레타의 전성기를 이끈 왕이 미노스Minos이고, 미노아는 '미노스의'라는 의미이다.

서양		동양
크레타 문명	BC 2000	황하 문명
	BC 1700	은 건국
미케네 문명	BC 1600	
도리아인 남하	BC 1200	
	BC 1100	주 건국
그리스 폴리스시대 시작	BC 8C	

맥을 짚어 주는 연대표

신화와 역사가
보여주는
문명의 이동

6

▌에우로페와 미노스 설화

미노스 왕은 크레타에 화려한 크노소스 궁전을 지었다. 미노스 왕은 아버지가 제우스이다. 아버지가 제우스라는 말에 이 스토리가 사실성과는 안드로메다급으로 멀어져 버리지만 여기가 신화와 역사가 바통을 주거니 받거니 하는 시점이기에 마음을 열고 봐야 할 것이다. 분명히 존재하였지만 기록이 없기에 역사가 설명하지 못하는 부분을 신화가 채우는 형국이다. 흡사 단군신화에서 곰이 여자로 변신하는 순간처럼 말이다.

여기에는 몇 개의 신화가 얽혀 있다. 살면서 조각조각으로 들었을 법한 여러 이야기들을 한데 모아보자. 그 시작은 바로 에우로페Europe 스토리이다.

에우로페는 크레타 문명의 전성기를 이끈 미노스Minos 왕의 모친이다. 에우로페는 페니키아의 공주였으나 그녀의 미모에 반해 소로 변신한 제우스에게 납치되어 강제 결혼당한 인물이다. 미모로 인해 팔자가 꼬인 케이

모든 지식의 시작 전문세

스이다. 다행이라면 납치범이 신 중의 신 제우스라는 것 정도랄까. 알려진 대로 유럽Europe이라는 명칭이 이분의 함자에서 비롯되었다.

옛날 옛날에 페니키아에서 에우로페를 납치한 제우스는 지중해를 건너다 얼마나 급했던지 육지에 도달하기도 전에 바다 한가운데의 작은 섬에서 살림을 차린다. 둘은 그곳에서 아들 셋을 낳는데 그 섬이 바로 크레타 섬이고 그 세 아들 중 맏이가 미노스이다. 이것이 에우로페 신화이고 지금부터는 미노스 왕에 관한 설화이다.

세 아들을 낳고 얼마 지나지 않아 제우스는 도망을 간다. 세상을 다 가진 바람둥이 신God이 인간여자와 자식을 셋이나 낳았으면 살 만큼 살았던 것일까. 제우스는 에우로페와의 사실혼 관계를 청산하면서 그녀를 크레타 섬의 왕 아스테리오스Asterios에게 맡기게 된다. 에우로페의 노후대비책으로 새 남편을, 그것도 직업이 왕인 인간을 구해 준 것이다. 거기다 신변과 섬을 지키는 청동인간 탈로스Talos와 신비한 힘을 가진 사냥개, 그리고 창을 주었다고 하니 위자료 정도가 아닌가 생각한다.

졸지에 애 셋 달린 유부녀에게 새장가를 들게 된 아스테리오스는 왕위도 남의 소생인 미노스에게 넘겨주게 된다. 스스로도 자기 인생이 어떻게 돌아가는지 황당했을 테지만 끽소리도 못 내고 따를 수밖에 없었다. 전남편이 신 중의 신이고, 청동 보디가드에 사나운 사냥개까지 붙어 있으니 어디 가서 말도 못하고. 아무튼 이렇게 새 아버지의 뒤를 이어 크레타의 왕이 된 미노스는 별 볼일 없던 크레타를 눈부시게 발전시킨다. 스토리는 여기서 끝나지 않는다.

이제 미노타우로스Minotauros에 관한 이야기이다. 미노스 왕에게는 파시파에라는 비妃가 있었는데 이 여자가 소와 바람이 난다. 사람이 가축과 바

| BC 6C 그리스 항아리의 미노타우로스 | | 주화에 새겨진 미노스 왕 |

▌ 미노타우로스는 크레타 문명과 그리스 문명을 접촉하게 만드는 매개체 역할을 한다.

람이 났다는 것이 무슨 황당한 소리인가 하겠지만 신화의 세계인지라 인간 여자와 정분이 난 소는 보통 소가 아니었다.

약속을 지키지 않은 미노스 왕을 벌하기 위해 해신海神 포세이돈이 소에게 살짝 손을 썼던 것이다. 포세이돈을 분노하게 했던 미노스 왕의 약속 미이행 사건은 족보상 포세이돈의 조카인 미노스가 포세이돈에게 제물로 바치기로 했던 황소를 바치지 않아서 일어난 일이다. 홈쇼핑에서나 볼 수 있는 단순변심에 의한 사건이었다. 일등급에 플러스가 몇 개나 붙은 소인지는 모르겠지만 바다를 책임지고 있는 삼촌을 노하게 한 미노스는 죗값을 톡톡히 치르게 된다.

사실 미노스의 어머니 에우로페가 소를 타고 크레타에 온 이래로 이 집안은 소와 인연이 깊다. 전생에 소한테 무슨 잘못을 했는지 소들이 하나같이 도움이 되지 않는 가운데 분노한 포세이돈은 벌로써 미노스의 비 파시파에가 그 황소에게 욕정을 갖게끔 만든다.

모든 지식의 시작 전문세

포세이돈의 의도대로 황소의 자식을 잉태한 파시파에는 소를 심하게 닮은 아들을 낳게 된다. 이름은 미노타우로스. 이름대로 미노스의 아들Minos이면서 소Taurus라는 뜻이다. 인신우두人身牛頭의 괴물이라는데 비율상 인간 부분이 더 크니 인간이라고 해야 할 것이다. 한 마리의 육우에 대한 미노스의 욕심이 가족을 불행에 빠트린 것이다.

어린 미노타우로스는 호적상의 아버지인 미노스 왕에 의해 크노소스 궁의 미로에 갇히게 된다. 그는 흉포했다고 하는데 그도 그럴 것이 예민한 나이의 소년이 자신의 외모에 대한 극심한 콤플렉스를 가졌을 게 뻔하다. 게다가 오랜 시간 어두운 독방에 갇혀 있으면서 비단결 같은 마음을 갖기가 어디 쉬운 일인가. 짐작대로 미노타우로스는 흉포해질 수밖에 없었던 것이다.

이러한 사정으로 골머리를 앓고 있던 미노스 왕은 또 다른 소로 인해 분노가 폭발하는 사건이 일어난다. 세상 구경을 하며 견문을 넓히게 할 목적으로 아테네의 아이게우스 왕에게 맡긴 자신의 또 다른 아들이 소에 받쳐 죽는 사고가 생긴 것이다. 또 소였다.

미노스 왕은 아들이 죽은 책임을 아이게우스 왕에게 돌리고 군대를 보내 아테네를 공격하기에 이른다. 이래저래 쌓인 미노스의 스트레스가 폭발한 것으로 보인다. 아테네는 때마침 적당한 분풀이 대상이 되고 만 것이다.

강력한 군대로 아테네를 굴복시킨 미노스 왕은 아들의 죽음의 대가로 9년마다 그리스의 젊은 남녀 14명을 바치게 한다. 9년이 아니라 매년이라고 나온 기록도 있다. 사실 야만적인 형刑이 많았던 고대에 적국에 대한 징벌로 9년의 주기는 너무 관대하다는 평도 있으나 어느 것이 사실인지는 알 수 없다. 어쨌든 아테네로서는 매우 불행한 상황에 처하게 된 것인데 여기서 영웅이 한 명 등장한다. 바로 테세우스Theseus다.

▌테세우스와 미노타우로스

이제부터는 테세우스에 관한 스토리다. 결론부터 말하면 미노스 왕에게 굴복한 아테네 왕 아이게우스Aigeus의 아들인 테세우스는 혜성처럼 나타나 미노타우로스를 처치하는 데 성공한다.

테세우스라는 인물을 간단히 소개하자면 시골에서 홀어머니와 살다가 사춘기 무렵 외딴 건물의 기둥 밑에 숨겨둔 검을 들고 아이게우스 왕을 찾아오는 장면으로 등장하는 그리스 신화의 영웅이다. 그는 곧 왕의 아들로 인정받게 되는데 그리스의 유리琉璃(주몽의 아들이자 고구려의 2대 왕)라고 보면 될 것이다.

전 세계적으로 왕의 젊은 시절 순간의 실수로 생긴 아들이 징표를 들고 찾아오는 설화는 매우 많다. 그 아들들이 갖고 오는 징표로 주로 검이 유행하였던 모양인데 당시 검이란 게 만들기도 쉽지 않아 자신의 물건임을 쉽게 알 수 있는 적당한 물건이었을 것이다. 물론 폼도 나고 말이다. 지금 같으면 친자확인에 필요한 DNA 같은 것이라고나 할까. 테세우스도 그런 경우이다.

아이게우스가 젊은 시절 트로이에 들렀다가 잉태시킨 아들인 테세우스는 징표가 될 만한 검을 들고 오진 않았어도 아이게우스로서는 기꺼이 아들로 인정하고 싶을 만큼 훌륭한 젊은이였을 것이다.

어찌되었건 테세우스는 아이게우스의 아들로 인정받는다. 그러나 부자 상봉의 기쁨이 채 가시기도 전에 테세우스는 크레타와 아테네 사이의 상황을 알게 되었고, 스스로 미노타우로스의 제물이 되기를 자청한다.

너무나도 비장한 아들의 의지에 아이게우스는 어쩔 수 없이 승낙하게 되고 테세우스는 크레타로 가게 된다. 적지로 간 테세우스는 크노소스 궁에서 운 좋게도 미노스의 딸 아리아드네Ariadne를 만나 유혹하는 데 성공한다. 크레타의 공주라는 여자가 제물로 온 그리스의 꽃미남을 만나자마자 한눈에 반해 미로를 탈출하는 방법을 가르쳐주고 도와준 것이다.

이렇게 테세우스는 미노타우로스를 처치하고 무사히 미로를 빠져나온다. 남자에 눈이 멀어 아버지를 배신한 아리아드네는 낭군이라고 생각했던 테세우스를 따라나서지만 정작 테세우스는 생각이 달랐다.

그는 그리스로 돌아가는 여정에서 아리아드네를 낙소스Naxos라는 섬에 버리고 도망갔고, 사랑에 눈이 멀어 조국과 아버지를 배신한 아리아드네는 그 사랑에 배신당해 오도 가도 못하는 상황이 되고 만 것이다. 물론 낙소스 섬 이별사건과 그 후 아리아드네의 스토리는 콩나물요리 레시피처럼 열일곱 가지로 다양하다. 슬픔에 빠져 죽었다는 이야기부터 신의 부인이 되었다는 이야기까지 있으니 마음에 드는 것으로 골라 믿으시길 바란다.

한편 딸이 배신했다는 사실을 알게 된 미노스 왕은 자신의 명으로 미궁을 만든 다이달로스Daidalos가 이 사건의 공모자였음을 알게 된다.

▌다이달로스와 이카루스

여기서 또 다른 스토리가 엮이게 되는데 바로 이카루스Icarus 설화이다. 이카루스 설화는 고대에서 현대에 이르기까지 온갖 예술작품에 숱하게 등장하는 소재이다. 이카루스는 다이달로스의 아들이다.

다이달로스는 고대 그리스 최고의 건축가이자 기술자인데 실력이 너무나 우수했기에 그 이름 자체가 명장名匠이라는 뜻의 단어가 된다. 또한 그가 미노스 왕의 명에 따라 건축한 미궁은 라비린토스Labyrinthos라 불리며 현재 미궁을 뜻하는 영어 라비린스Labyrinth의 어원이 된다.

다이달로스는 아리아드네를 도왔다는 죄로 미노스 왕의 분노를 사 아들 이카루스와 함께 감옥에 갇힌다. 하지만 최고의 기술자이기도 했던 다이달

| 크레타 섬의 미노스 궁 유적 |
제주도 면적의 4.5배 정도인 크레타 섬은 전체가 유적으로 가득 차 있다.

로스는 밀랍으로 날개를 만들어 탈출을 시도한다.

크노소스 궁의 감옥은 천장이 없었던 모양인지 희한하게도 다이달로스 부자는 날아서 탈옥에 성공한다. 중남미 마약 카르텔의 두목들이 헬기를 이용해서 탈옥을 했다는 얘기가 종종 들리는데 이같은 탈옥수법의 원조가 바로 다이달로스 부자가 아닐까 생각한다.

탈옥에 성공하여 자유를 얻은 다이달로스는 너무 높이 날아오르는 아들 이카루스에게 태양에 가까이 가지 말 것을 충고한다. 그러나 이카루스는 하늘을 나는 것에 너무 흥분한 나머지 아버지의 충고를 무시하고 태양 가까이 가는 바람에 밀랍이 녹아 떨어져 죽고 만다.

이 이야기는 많은 문학작품의 소재가 되었고 그중에서도 이카루스가 추락하는 장면은 수많은 화가들이 묘사하면서 서양 사람들의 상상을 자극해왔다. 탈출에 성공하고도 간단한 주의사항을 숙지시키지 못해 아들을 잃은 다이달로스는 그대로 날아가 한 섬에 정착했다고 하는데 그 섬이 시칠리아 Sicillia이다. 다이달로스는 그곳에서 미노스에 대한 원한을 키우게 되었고, 어떤 기록에서는 끝내 원수를 갚게 된다는 설화도 전한다.

| 다이달로스와 이카루스 |
루벤스, 1636년

| 아리아드네와 에게해

미노타우로스를 처치하고, 아리아드네를 버린 테세우스는 제물이 될 뻔했던 선남선녀들을 데리고 자랑스럽게 아테네로 귀환한다. 이 시점에서 이야기는 다시 다른 설화로 바통이 터치되는데 바로 에게 해의 어원에 관한 비극이다.

테세우스는 아테네를 떠날 때 아버지 아이게우스 왕의 명으로 '돛의 색깔을 이용한 결과보고'를 하기로 약속했다. 일이 성공하면 흰 돛으로 바꿔달고 온다는 약속이었다. 이는 자식이 무사함을 한시라도 빨리 알고 싶은 부모의 심정과 그런 부모의 마음을 제대로 알지 못하는 자식의 마음을 대비해 보여주려는 의도가 아니겠는가. 역시나 숱한 모험을 끝내고 정신이 없을 아들에게 이런 귀찮은 약속이 지켜지기는 어려웠던 모양이다. 테세우스는 아버지와의 약속을 깜빡 잊어버리고 말았다.

노심초사 아들이 돌아오기만을 기다리던 아이게우스는 지저분한 돛을 단 테세우스의 배를 보고 바다에 몸을 던지는 급하디급한 성격을 보여준

| 에게 해와 아드리아 해 |
에게 해는 아이게우스 왕의 이름에서 왔으나 아드리아 해와 아리아드네는 아무 상관이 없다.

다. 몇 시간만, 아니 몇십 분만 더 기다려 배가 도착한 후 제대로 확인하고 나서 뛰어들어도 충분히 잘 죽을 수 있었을 텐데 말이다. 아무튼 아이게우스 왕이 뛰어들어 목숨을 끊은 바다가 바로 '아이게우스의 바다'인 에게 해 Aegean Sea이다.

어린 테세우스는 길지 않은 시간 동안 온갖 인생의 맛을 보았다고 해도 과언이 아니다. 무거운 돌덩이를 들어 옮겨서 얻은 칼을 들고 어머니와 이별한 후 난생처음 생부와 상봉을 하고, 괴물이라고는 하지만 살인을 하게 되었으며, 여인을 유혹하고 또 배신하고, 배신한 것도 모자라 낙도에 유기한다. 그리고 맡은 바 책임을 완수하고 돌아왔건만 예상치 못했던 생부의 투신자살.

사춘기에 영웅이 된 테세우스였지만 아마도 정신과 치료를 받아야 했을 정도로 충격이 컸을 것이다. 그리고 처음으로 등장한 '돛으로 시그널을 보

모든 지식의 시작 전문세

내는 행위'는 후에 여러 나라의 설화에서도 보이는데 잘못된 시그널로 성급하게 목숨을 끊는 결말이 하나같이 동일하다. 동양의 백일홍 설화나 중세 유럽에서 구전되어 지금까지도 사랑받고 있는 '트리스탄과 이졸데' 설화가 대표적인 작품들이다.

역사를 설명하기 위해 잠시 곁길로 빠졌지만 크레타 문명은 유럽문명의 씨앗답게 여러 가지 신화가 녹아들어 있다. 모든 역사에는 신화에서 역사로 전환되는 지점이 있다. 단군신화에서 곰이 인간여자로 변신하여 환웅의 아이를 갖게 되는 사건이나 일본 건국신화의 천손 호노니니기天孫가 유한한 생명의 고노하나木花와 결혼하는 장면도 신화가 역사로 넘어오는 지점이다. 즉 신화는 과거를 완벽하게 알 수 없기 때문에 만들어진다. 신화 중에서도 역사의 결핍을 메우는 역할을 하는 것이 있는 반면 신화 자체를 위한 신화가 있다. 단군신화는 전자에 해당하고 그리스신화는 후자에 가깝다고 할 수 있다. 다행히 문명의 주도권이 그리스로 넘어간 이후에는 고고학적 유물이나 기록이 상당히 전해진 덕분에 신화를 굳이 역사로 사용할 필요가 없었기 때문이다.

소설가 나림 이병주 선생은 하나의 사건이 "태양에 바래지면 역사가 되고 월광에 물들면 신화가 된다."고 했다. 크레타는 훌륭한 역사와 멋있는 신화를 가진 문명임에 틀림없다. 또한 크레타를 비롯한 에게 해의 섬들과 그리스 본토에 살았던 사람들, 그리고 이런 문명을 일구기 전의 그리스인들이 오랫동안 월광에 물들여졌던 미스터리 세력이었을 것이다. 그러나 그들은 이제 월광이 아닌 태양빛을 받게 되면서 신화에서 벗어나 역사가 되었다.

동서양 문명의 태동에 관한 간단한 비교

7

▌중국문명의 태동을 언제로 볼 것인가

인류 4대 문명 중의 하나로서 서양의 크레타 문명과 시기적으로 궤를 같이 하는 문명은 황하 문명이다.

황하 문명의 발생 시기는 BC 3000년에서 BC 2000년 사이로 다양한데 그것은 유적과 기록을 보는 시각의 차이에서 기인한다. 과연 어느 시점을 문명의 발생으로 볼 것인가. 메소포타미아나 이집트의 경우처럼 그 시작을 도시단위를 넘어선 국가권력의 성립시기로 본다면 황하 문명 또한 국가권력이 언제 성립되었는가가 중요한 요소이다.

중국의 가장 중요한 사서인 사마천의 《사기史記》에 따르면 황하 유역에 세워진 최초의 국가는 하夏이다. 《사기》〈하본기夏本記〉에 하나라의 시작에서 멸망에 이르는 왕의 계보가 나와 있다. 그러나 하夏는 공식적으로 유적이 발굴되지 않아 전설상의 국가로만 여겨지고 있다.

하 다음이 은殷인데 은나라도 AD 19C까지 발굴된 유적이 없어 마찬가지로 실존하지 않았던 국가로 생각했다. 그래서 한동안 공식적으로 황하 문명에서 성립된 최초의 국가는 주周로서 그 시기가 BC 11C였다. 물론 황하 문명도 오랫동안 기원전 1000년 정도에 지나지 않은 것으로 평가받았다. 하지만 이것은 여기저기 온갖 유적과 흔적이 널린 중국으로서는 꽤 억울한 평가였다.

다행히 AD 19C의 끝자락(AD 1899이니 진짜 끝자락)에 왕의영王懿榮이라는 학자가 고아 먹으려고 산 뼈에서 갑골문자를 발견하게 된다. 이 갑골문자로 20세기에 은殷의 유적이 대대적으로 발굴되었고 그로 인해 국가성립의 기원, 즉 황하 문명의 발생 시기가 BC 17C로 거슬러 올라가게 된다.

또한 이 사건은 《사기》의 정확성을 입증하는 계기가 되었다. 더욱이 언젠가 하夏의 유적이 발견된다면 중국의 국가성립 기원은 더 위로 올라가게 될 텐데 그 시기는 BC 21C~BC 23C 정도가 될 것이다. 이미 중국학계는 하나라의 실재를 사실로 정하였고, 그 성립시기를 BC 2070년이라고 못 박는 공정작업을 하였다.

현대에는 AD 19C 이전의 분위기와 달리 하의 존재를 믿는 학자들이 많아졌다. 그 이유로는 《사기》에 적힌 하에 대한 기록이 매우 상세하다는 것이다. 두 번째로는 가능성 있는 유적들이 많이 발굴되고 있다는 점이다. 현재 은허殷墟를 비롯한 은 유적의 대규모 발굴 이후 초기 황하 문명에 대한 관심이 높아져 있는 상황이다. 더불어 고대국가 성립 이전의 것으로 추정

| 대표적 앙소문화 유적 반파유적지 |
중국 진역에는 고대국가 성립 이전의
유적과 흔적이 매우 많이 발견되고 있다.

되는 유적의 발굴도 광범위하게 이루어지고 있다.

앙소仰韶 문화, 용산龍山 문화, 이리두二里頭 문화 등의 유적이 그러한 것들이다. 일각에서는 이 유적들을 통해 하의 존재를 주장하기도 하는데 아직은 인정받지 못하고 있는 실정이다. 그래서 오래전부터 논란이 되어온 '황하 문명의 발생 시기를 언제로 볼 것인가'에 대한 의견은 두 가지로 나뉘고 있다.

하나는 고대국가 형성시기이고, 또 하나는 그 이전의 도시문명 시기이다. 현재까지 인정된 발굴 증거만으로는 중국의 고대국가 성립이 메소포타미아와 이집트 문명에 비해 늦은 것은 사실이다.

앞서 기술하였다시피 메소포타미아 수메르 문명의 도시국가와 이집트의 통일국가는 BC 3100년 이전에 성립되었고, 왕조에 줄줄이 번호를 붙이기 시작하는 티니스 시대Thinite Period의 제1왕조도 BC 3000년 이전에 생겼다. 어렵게 설명할 필요 없이 기자Giza의 대大피라미드 건축 시기가 BC 26C라는 것 하나만으로도 더 이상의 논쟁은 의미가 없을 것이다.

피라미드는 매스컴이나 서적에서 너무 자주 접했기에 그 대단함을 잘 알지 못하는 경우가 있다. 하지만 이 피라미드는 높이만도 148m이다. 그 옆의 좀 작은 것도 100m가 넘는다. 실제로 보면 과장을 좀 보태 입이 다물어지지 않는다. 이런 건축물이 4700년도 더 이전에 만들어진 것이라니. 그리고 피라미드 옆에 심심해서 간단한 장식 하나 붙여놓은 것이 스핑크스다. 이 스핑크스의 높이만도 20m이다.

비교 대상은 아니겠지만 한국의 천년고도 경주에 있는 봉긋한 왕릉들이 피라미드가 건축되고 3000년이 지나서 만들어진 것을 생각하면 이 무지막지한 문명에 다시 할 말을 잃는다.

피라미드와 같은 대규모의 건축물이 만들어지려면 강력하고 전제적인

| 피라미드 | | 진시황릉 |

■ 기자의 대 피라미드와 진시황릉은 시간적으로 2300년의 차이가 있다.

정치권력, 그리고 경제력과 높은 기술이 따라주어야 한다. 건축물로 유추할 수 있는 국가권력만을 놓고 보면 비슷한 시기의 황하 문명과는 제법 큰 차이가 남을 인정할 수밖에 없다.

중국에서 그나마 비교할 만한 규모의 토목공사는 1500여 년이나 지나 이루어진 수리공사, 전국시대의 성곽공사 또는 2300년이나 뒤인 진시황의 토목공사에서나 찾을 수 있다. 게다가 국가성립 이전인 도시문명 유적의 연대는 더욱 차이가 난다.

현재 공식적으로 인정받는 세계 최초의 도시는 메소포타미아의 예리코 Jericho인데, 그 연대가 BC 7000년에서 BC 8000년까지 거슬러 올라간다. 아나톨리아의 차탈 후유크Çatalhüyük 도시유적도 이와 비슷한 시기로 추정된다. 같은 시기 중국에도 도시문명이 있었고 그 유적이 남아 있다. 물론 건축문화의 특성상 동양의 목조건물은 보존 면에서 약점이 많다. 하지만 그것까지 포함해 다각도로 고려하더라도 태동기의 오리엔트 문명은 분명 황하 문명에 앞서 있었음이 현재까지의 정설이다.

성립 시기의 선후가 훌륭함의 정도와 반드시 비례하는 것은 아니다. 문명은 성립 이후의 발전이 더 중요함은 말할 것도 없다. 황하 문명은 뒤늦게 발생하였지만 춘추시대를 지나면서부터 세계 최대 규모의 문명이 되었고, 그 이후로는 어떤 문명과도 비교를 허락하지 않는 압도적인 규모를 보여준다. 게다가 AD 17C까지 지속적으로 지어진 만리장성은 말할 필요도 없는 지구상 최대의 건축물이다.

그러나 문명의 기원에 있어서만큼은 동양이 서양을 앞선다는 일부의 주장은 근거가 많이 미약하다. 앞으로도 BC 25C 이전의 웬만한 거대 유적이 발굴되지 않는 이상 문명사의 선후가 바뀔 일은 없을 것이다.

모든 지식의 시작 전문세

서양		동양
		황하 문명
크레타 문명	BC 2000	하 건국
	BC 1700	탕왕 은 건국
미케네 문명	BC 1600	
크레타 문명 멸망	BC 14C	
	BC 1100	무왕 주 건국
그리스 폴리스시대 시작	BC 8C	
	BC 771	동주 멸망 춘추시대 시작
	BC 685	제환공 즉위

맥을 짚어 주는 연대표

중국의 신화시대와 역사시대

8

《사기史記》는 중국 역사의 기본으로 여겨진다. 《사기》는 사마천司馬遷에 의해 한나라 때 완성된 사서이다. 정확한 시기는 알려져 있지 않지만 대략 한무제 정화征和 2년인 BC 91년으로 추정된다. 이때 중국은 전한前漢시대이고 한의 7대 황제 무제武帝가 다스리던 시기이다. 익히 알려진 대로 사마천은 성기가 잘리는 궁형宮刑의 치욕을 이겨내고 《사기》라는 걸작을 쓴 위인이다.

오제五帝시대부터 사마천 생존 시기인 한무제 시대까지 약 2000년간의 역사를 기록한 《사기》는 신화와 역사가 겹쳐지는 부분과 초기 국가 성립시기, 그리고 춘추시대와 전국시대, 최초의 통일제국 진과 한의 건국과정을 기록하였다.

동양 최고의 역사서로 평가받는 《사기》는 완성 이후 2000년간 제대로 된 평가를 받지 못했다. 《사기》에서 처음 시도된 기전체紀傳體라는 서술방식은 후세 역사 서술의 본本이 되기도 했지만 내용에 있어서는 저평가되었다. 특히 본기의 전반부는 신화나 설화로 치부되었고 당시의 군주를 비판하는 내용 때문에 난서亂書라는 말까지 들었다. 게다가 후한의 반고班固를 비롯한 유수한 역사가들에게까지 신랄한 비판을 받기도 했다.

모든 지식의 시작 전문세

이후 평가는 극과 극을 오가다 근대인 AD 19C 이후 은나라 유적과 진시황릉의 발굴을 계기로 그 신뢰성이 입증되면서 《사기》에 대한 평가는 종지부를 찍게 된다. 《사기》 이후 집필되어 현재까지 전해지는 중국의 수많은 사서들은 《사기》의 영향에서 벗어날 수 없었다.

흔히 중국의 역사를 말할 때 각 왕조마다 공식적으로 선별했던 정사正史가 있었다. 왕조가 바뀜에 따라 정사는 하나 둘씩 늘어 청淸 왕조에 이르러서는 이십사사二十四史가 지정되었는데 매 왕조마다 정사의 으뜸은 항상 《사기》였던 것이다.

《사기》는 총 130권 52만 6,500자의 대기록이다. 사마천은 자신의 저술에 어떠한 첨언도 삭언도 되지 않기를 바랐지만 후세인들은 그 말을 따르지 않았다. 당唐나라 시대 사마천의 후손 사마정司馬貞은 〈오제본기〉에 앞서 〈삼황본기三皇本紀〉를 첨가하기도 했으니 말이다.

《사기》에 대해 이렇게 장황하게 설명한 이유는 중국의 초기 역사, 즉 신화와 역사가 겹쳐지는 부분을 설명하기 위해서이다. 중국의 신화는 천지창조신화인 반고신화盤古神話와 인간문명의 태동신화인 삼황오제三皇五帝신화를 그 처음으로 볼 수 있다.

반고신화는 BC 2C 후반 중국의 삼국시대에 처음 나온 것으로 보이는데 천지창조, 즉 세상 만들기에 관한 이야기이다. 모든 문명에서 흔히 볼 수 있는 혼돈부터 시작되는 스토리이다.

삼황신화는 오제신화보다 훨씬 뒤인 전국시대 후반에 만들어진 것으로 추정된다. 신화의 특성상 한 번 만들어지면 이곳저곳에서 덧붙여지는 과정을 거치면서 삼황은 여러 버전이 생기게 되었다. 그래서 삼황의 세 캐릭터는 지역마다 조금씩 차이를 보인다. 대체로 여신을 포함한 혼성 트리오로 한다면 복희伏羲, 신농神農, 여와女媧로 볼 수 있다.

| 《삼재도회》의 반고 초상 |　| 후한 화상석에 그려진 복희와 여와 |

▎삼황신화와 반고신화는 오제설화보다 후대에 만들어졌다.

　삼황은 중국인들에게 먹고사는 법을 가르친 신들로 그려진다. 세 신의 몽타주를 대충 그리면 물고기 잡는 법을 가르친 복희는 하반신이 뱀이고, 농사를 가르친 신농은 머리가 소이다. 여와는 불을 다루는 법을 가르쳐 주었는데 역시 하반신이 뱀이라고 한다. 신농은 서양의 미노타우로스와 도플갱어인 듯한 모습을 하고 있다.

　일단 이 셋은 그냥 보아도 역사에 끼어들기를 포기한 외모를 갖고 있다. 그래서 신화에서 역사로 슬그머니 이어지는 지점은 오제五帝부터이다. 신농의 뒤를 이은 오제의 첫 번째는 황제 헌원黃帝軒轅인데 헌원은 중국인들이 실질적인 선조로 모시는 인물로서 한국의 단군과 같은 존재이다.

　헌원은 우물과 달력, 신발과 수레 등 여러 가지 발명으로 백성들을 이롭게 했다고 한다. 헌원軒轅이라는 곳에 살아서 헌원이라는 이름이 붙었다고 하는데, 그의 이름자 모두에 수레車가 있는 것으로 보아 수레는 헌원을 상징하는 발명품인 듯하다.

| 헌원 |

| 귀면와 |
치우의 형상이란 설이 있으나 정확한 근거는 없다.

■ 치우와의 대결에서 승리한 헌원은 중원을 차지하며 중국인의 실질적인 선조가 되었다.

《사기》에는 헌원이 치우蚩尤라 불리는 동이족의 왕을 물리치고 중원을 지켰다고도 나와 있다. 탁록대전涿鹿大戰으로 알려진 치우와의 대결로 헌원은 영토적으로 그들이 중원이라 일컫는 곳을 이민족으로부터 지켰고, 그 중원에서 중국인들이 번영할 수 있는 기틀을 닦았다. 이것이 중국인들이 그들의 역사가 황제 헌원으로부터 비롯되었다고 말하는 이유이다.

오제가 누구냐에 대한 설은 여러 가지가 있지만 대체로 헌원을 포함해 헌원의 뒤를 이어 중원을 지배한 제전욱帝顓頊, 제곡帝嚳, 제요帝堯, 제순帝舜의 다섯 왕으로 본다. 이들은 각각 특유의 업적을 이루었고 하나같이 중국을 평화롭게 다스린 것으로 그려진다. 그래서 지금도 중국인들은 태평성대를 일컫는 말로 요순시대라는 말을 쓴다.

오제는 핏줄의 연관성이 있기는 하지만 대체로 선양禪讓이라는 전통에 의해 왕위가 물려졌다. 선양이라는 것은 좋은 사람을 뽑아 넘겨준다는 뜻의 어휘이다. 그러나 이 전통은 오제의 마지막인 순임금에서 끝이 난다. 순으로부터 왕위를 이어받은 우禹는 선양의 전통을 깨고 자신의 아들에게 왕위를 넘기기 때문이다. 중국 최초의 세습왕조가 탄생한 것이다. 이것이 바로 하夏나라이다. 그래서 하의 시조는 우임금이다. 이때가 대체로 BC 21C 전후로 추정되는데 현재 중국학계는 BC 2070년으로 명시하고 있다. 이는 하나라를 전설이 아닌 역사로 만들겠다는 의지의 표현으로 보인다. 하지만 현재까지는 확실한 유적이 발견되지 못한 관계로 역사의 단계까지는 이르지 못했다.

중국학계가 고대사를 대하는 자세는 항상 주변국가의 의심을 받고 있지만 은殷의 경우와 같이 언젠가는 하夏가 역사로 인정받을 것이라는 전망이 우세하다.

▌신화의 시대에서 역사의 시대로

하나라는 유명한 폭군 걸桀왕을 마지막으로 멸망하고 이어 상商나라가 뒤를 잇는다. 이때가 BC 17C이다. 비로소 전설이 아닌 유물로 증명된 역사가 시작된 것이다.

걸왕을 정벌하고 상을 세운 탕湯왕은 요순을 잇는 성군聖君의 대표주자이다. 《사기》에는 은殷이라고 표기된 상나라는 순임금이 탕湯의 선조에게 하사했던 상商이라는 땅에서 일어났다.

《사기》에 따르면 상은 여러 차례 천도를 하는데 은허殷墟는 그 여러 수도 중의 하나이며, '폐허가 된 은의 도시'라는 의미로 근대에 붙여진 이름이다.

은殷은 최초라는 수식을 떼더라도 역사적으로 귀중한 유산을 남겼는데 바로 갑골문자甲骨文字이다. 갑골문은 거북의 등과 배의 가죽, 동물의 뼈 등에 기

록된 문자로서 고대 한자의 형태
는 물론 은에 대한 많은 정보와
여러 역사적 사건들을 알게 해주
었다. 한마디로 은의 역사를 대
변해준 것이다. 이렇게 AD 19C
말까지 전설로만 치부되었던 은
殷이 발굴을 통해 실재하였음이
증명되었다.

| 은허의 위치 |
은허殷墟는 상商왕조 후기의 수도로서
허난성河南省에 위치하였다.

　　은나라는 청동기시대를 구가
했다. 정확하게는 금석병용金石
竝用의 시대였다. 은나라뿐만이 아니라 청동기시대에 존재했던 모든 문명
은 대부분 금석병용시대라고 하는 것이 맞을 것이다. 청동기는 제작이 쉽
지 않고 재질이 단단하지 못해 제기祭器와 무기武器로만 사용되었고 농기구
로는 여전히 석기가 사용되었기 때문이다. 또한 순장殉葬의 풍습이 있었고
갑골문으로 점卜을 치는 것이 은나라 국정의 일부였다.

▍본격적인 중국 역사의 시작

은의 뒤를 이은 나라는 주周다. 그리고 은의 마지막 왕은 주왕紂王이다. 주
왕은 하의 걸왕과 마찬가지로 여자와 주지육림酒池肉林의 향락에 빠져 나라
를 망하게 했다. 걸에게는 말희妺喜, 주에게는 달기妲己라는 미녀가 있었다.
나라를 흥하게 하는 군주의 성품이 비슷하듯이 나라를 망하게 하는 폭군도
대부분 그 성향이 비슷하다. 중국의 첫 번째와 두 번째 나라를 말아먹은 이
두 왕을 합쳐 걸주桀紂라 하는데 이 말은 폭군과 학정虐政을 뜻하는 대명사
로 쓰인다. 요순堯舜의 반대말 정도로 보면 될 것이다.

주왕을 물리치고 주를 세운 사람은 무왕武王이다. 이때가 BC 12C～BC 11C인데 무왕의 선친인 문왕文王은 일찍이 은의 상태를 파악하고 힘을 길러 새 왕조의 기반을 닦았다.

힘을 크게 떨친 군주는 대개 선왕에 의해 나라의 기초체력이 다져진 경우가 많다. 알렉산드로스 앞에는 필리포스가, 광개토대왕 앞에는 소수림왕이, 세종 앞에 태종이 있었던 것처럼 말이다. 또한 유능한 신하의 존재도 필수적인데 무왕을 도와 주의 건국에 결정적인 역할을 한 인물이 강상姜尙이다. 흔히 강태공姜太公이라고 불리는 사람이다.

강태공은 일생 동안 공부와 낚시만 하다가 아내마저 도망간 후 어느 날 단 한 번의 미팅으로 일국의 재상이 된다. 많은 사람들이 낚시꾼을 강태공, 또는 태공이라고 하는데 원래 태공은 낚시를 한 당사자가 아니라 주나라 문왕의 선대 중 한 명을 이르는 다른 말이다. 또한 강태공은 여吕나라에서 왔다고 하여 여상吕尙이라고도 하고, 선대 태공이 바라던 인물이라 하여 태공망太公望이라고도 한다.

《사기》〈제태공세가齊太公世家〉편에 주나라 문왕이 강상을 만나는 장면에서 문왕이 말하는 태공이 누구인지에 대해서는 논란이 있다. 태공의 정체에 관해서는 문왕의 부친인 계력季歷설, 조부인 고공단보古公亶父설, 증조부인 공숙조류公叔祖類설 등이 있다. 이 논란은 한나라 이후부터 계속 있었던 것으로 현재 우리나라에서도 학자마다 그 주장이 다양한 상황이다. 하지만 이 문제는《사기》이전에 기록된, 획기적인 신뢰성을 가진 사료가 새롭게 등장하지 않고서는 결론이 나지 않을 논쟁으로 보인다. 어찌되었건 태공의 바람이 이루어진 것인지 무왕을 천자로 만든 강상은 주나라 건국의 공을 인정받아 제나라의 후侯로 봉해진다. 춘추시대 다섯 패자春秋五覇 중 첫 번째 패권 국가이자 전국칠웅의 하나가 되는 제齊가 바로 이 나라이다.

강태공은《육도六韜》라는 병서를 저술한 것으로 알려져 있는데 실제로는

모든 지식의 시작 전문세

후대에 저술된 가탁假託으로 보는 것이 일반적이다. 가탁이란 기록물의 권위와 신뢰성을 높이기 위해 지명도가 높은 인물을 저자로 올리는 것을 말한다.

▎동양의 봉건제도

주나라는 은나라와 비교해 영토가 크게 넓어진다. 고대의 초기 국가들이 그랬듯이 영토가 조금만 넓어져도 중앙의 권력은 전체를 통치하기가 그만큼 어려워진다. 역사적으로 국가의 지배체제는 지역과 권력을 나누어 다스리는 시스템에서 점점 중앙의 단일권력에 의한 직접 통치형태로 발전한다. 주나라는 넓어진 영토를 다스리기 위해 지역을 나누어 왕실 사람들과 공신에게 지배권을 주었는데 이것이 봉건제封建制의 시작이다.

여기서 다스린다는 말은 두 가지의 의미가 있다. 우선 외적을 방어하는 것, 그리고 내부 반란을 막는 것이다. 봉건제는 봉토封土를 나누어 지배하게 하고 일정한 의무를 부과하는 것이다. 서양의 봉건제가 군신 간의 쌍무적 계약관계에 기초했다면 그보다 2000년이나 앞서 시작된 주나라의 봉건제도는 혈연에 기반을 둔 제도이다. 이는 종가宗家와 방가傍家의 형태를 이룬다.

서양은 철저한 '기브 앤 테이크Give and Take'의 상호의무를 지지만 주나라의 봉토를 받은 제후는 일방적으로 주나라의 왕실을 보호하고 공납을 제공하는 의무를 졌다. 한마디로 집 한 채 얻은 대가로 독립한 일가친척들이 종갓집에 대소사가 있을 때마다 힘도 쓰고 용돈도 내놓으면서 종손을 모시는 형국이다. 이것은 모두 능력보다 과한 영토를 지키기 위해 짜낸 방법이다.

본가이자 종가인 주周에 의해 책봉된 봉건 제후들은 자신의 봉토에서는 왕과 다름없는 존재로 경卿, 대부大夫, 사士 등의 지배계층과 행정조직을 만

| 주나라 순장 발굴유적 |
순장殉葬 유적은 전 세계적으로 광범위하게 발견되고 있다. 중국에서는 주나라 이후로 이 풍습이 감소한다.

들어 봉토를 다스렸다. 경卿과 대부大夫는 제후 아래의 고위직 귀족이고, 사士는 실무직에 해당하는 관리라 보면 될 것이다. 지식인 집단이라고 할 수 있는 사士의 개념이 생긴 것이다.

이렇게 지배계층에게 다시 분배된 토지는 자유민인 농민과 예속된 노예에 의해 경작되었다. 이때 경작지는 일정한 구역의 토지를 아홉 등분하여 1/9은 공전公田으로, 나머지는 사전私田으로 하여 공전의 수확물은 조세로 납부하고 사전의 수확물은 경작자가 갖도록 하였다.

이 제도를 정전제井田制라 한다. 토지를 우물 정井자의 모양으로 나눈다는 뜻으로 하상주夏商周 삼대三代에 실시되었던 제도로 알려져 있는데 삼대를 이상적인 시대로 보듯이 정전제도 이상적인 토지제도로 본다.

전국시대의 맹자에서부터 조선시대의 정약용에 이르기까지 정전제 실시를 주장하는 학자들이 매우 많았다. 제후가 천자에 대해 지는 군사부역과 공납의 두 가지 의무는 부역과 조세라는 형태로 농민에게 부여된다. 이 조세와 부역은 봉건제가 무너지고 난 이후에도 20C 초까지 아시아 국가의 재정을 받치는 기본적인 요소가 되었다.

이런 역사를 통틀어 주나라는 중국의 정신적인 틀을 마련하였다는 평가를 받는다. 물론 후대의 한漢제국이 기여한 바도 매우 크지만 통치자를 천자天子라고 부르며 하늘의 명을 받아 다스린다는 천명天命 사상이나 주의 세력권에 들지 못한 민족을 오랑캐라 부르던 존왕양이尊王攘夷 사상, 그리고

모든 지식의 시작 전문세

예의禮儀 관념과 중화 사상中華思想 등의 개념을 만든 주나라는 또 다른 의미를 가진 나라였다. 그래서 중국의 정신적인 근원을 주周에서 찾는 것은 어쩌면 당연한 일일지 모른다.

| 정전제 |
토지를 우물 정井자 형태로 분배하여 중앙을
공동으로 경작하는 제도를 말한다.

▌주周의 쇠망

주나라는 BC 12C~BC 11C에 건국되었다. 건국된 해는 여러 가지 관점에 따라 BC 1122년부터 BC 1046년까지 다양하며, 주의 건국을 다룬 시중의 역사서마다 그 연도가 제각각이고 그 이유가 있다.

그중에서 BC 1046년을 주장하는 근거는 이때가 주周무왕이 은殷주왕을 꺾은 목야牧野 전투가 있었던 해이기 때문이다. 그러므로 이 해는 주나라가 건국한 해가 아니라 은나라가 없어진 해라고 해야 맞다. 다시 말해 주나라가 천하의 주인이 되고 주周무왕이 천자가 된 해가 바로 BC 1046년인 것이다.

하지만 주는 그 이전부터 존재했다. 목야 전투가 있었던 그해 갑자기 뚝딱 생긴 것이 아니라 비록 제후국에 지나지 않았지만 국가로서 이미 존재했고 힘을 기르고 있었다. 당연하겠지만 국가라는 기틀을 갖추고 있었기에 군사를 모으고 추종자도 받아들일 수 있었던 것이다. 따라서 BC 1046년 이전의 어떤 해에 주나라는 세워졌으며, 우리는 그중에 가장 외우기 쉬운 걸로 골라도 좋을 것 같다.

그래서 본서에서 선택한 주나라의 건국연도는 BC 1111년이다. BC 1111년은 BC 1122년에 시작한 주나라의 정복전쟁에서 가장 강력한 국가로 떠오른 시기로 추측된다. 이미 세상 민심을 잃은 은나라를 대신할 실질적인 강자가 된 것이다.

아마 중세 서유럽의 위대한 왕 샤를마뉴Charlemagne의 대관식이 있었던 AD 800년과 금나라가 멸망하고 《상정고금예문詳定古今禮文》이 발간된 AD 1234년과 더불어 가장 외우기 쉬운 연도가 아닌가 한다. 주周는 기원전 일일일일, BC 1111년이다.

BC 1111년에 세워진 주나라, 중국인들의 마음의 고향 주나라는 세 번 망한다. 처음 망한 시기는 견융犬戎에 의해 서주시대가 막이 내린 때를 말한다. 주나라는 이 사건을 기준으로 서주西周와 동주東周로 나뉘는데 서주의 도읍인 호경鎬京이 함락당하고 낙읍洛邑으로 천도하면서 동주로서 생명을 이어간다.

서주의 마지막 왕은 유왕幽王이었는데 유왕은 삼대三代에 속한 마지막 나라의 마지막 왕답게 망국의 파트너가 있었다. 바로 포사褒姒라는 미녀이다. 《사기》에 기록된 바로는 유왕의 애첩이었던 포사는 '차가운 고대국가의 여자'였는지 웃음이 없었다고 한다.

유왕은 포사의 웃음을 보기 위해 별의별 짓을 다 했는데, 계속 실패하다

| 은과 주의 세력 범위 |
주周는 봉건제도라는 일종의 권력분배형
통치제도를 통해 넓어진 영토를 다스렸다.

모든 지식의 시작 전문세

가 딱 한 번 성공한 적이 있었다고 한다. 그것은 바로 나라의 위급을 알리는 봉수를 올려 천하의 제후를 불러모은 때였다. 황급히 군사를 일으켜 달려온 제후들은 유왕의 장난이었음에 허탈해했는데 그 모습에 포사가 웃었던 것이다. 유왕은 본국이 위험에 처했을 때 제후국에 구원을 요청하는 봉수 시스템을 이렇게 사용했다.

이후 유왕은 애첩을 웃기기 위해 천하제후들을 대상으로 이 '양치기소년' 게임을 거듭하였다. 당연한 결과로 견융이 진짜 수도에 침입하여 도륙할 때 아무도 달려오지 않았다. 호경이 함락되면서 유왕은 살해되었고 포사는 포로로 잡혀갔다. 겨우 살아남은 주 왕실의 사람들은 동쪽으로 피신하여 나라의 명맥을 이어가게 된다.

주나라의 두 번째 멸망은 춘추시대가 끝나고 전국시대가 열렸을 때이다. 전국시대는 서주의 멸망 이후 계속된 혼란 중에 있었던 어떤 큰 사건을 기준으로 전반기인 춘추시대에 대비되는 후반기를 말한다. 전국戰國이란 말은 전한의 왕족이자 학자 유향劉向이 쓴 《전국책戰國策》이라는 사서에서 따온 말이다. 춘추시대와 전국시대를 나누는 큰 사건이란 춘추시대의 강력한 제후국이었던 진晉이 한韓, 위魏, 조趙의 세 나라로 나뉘지는 사건을 이른다. BC 453년이나 BC 403년의 일이다. 이상하게 들릴 수 있겠지만 전국시대의 시작은 이렇게 두 가지 연도의 주장이 있다. BC 453년과 50년 뒤의 BC 403년이다.

주는 춘추시대 때까지만 해도 명목상이지만 천하의 주인으로 존경받았다. 진이 세 나라로 분열되는 것도 세 가문에 대한 주 왕실의 인정이 있었기에 가능했다. 이 시기까지만 해도 주의 권위가 명목상으로나마 힘을 발휘했던 때인데 전국시대가 되면서 주는 완전히 뒷방 늙은이가 된다. 많은 사람들이 전국시대가 되면서 주가 망해 사라졌다고 알고 있는데 주는 엄연

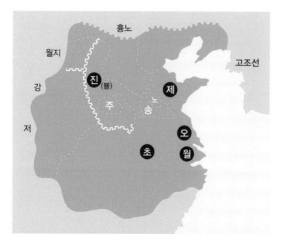

| 중국의 춘추시대(5패) |

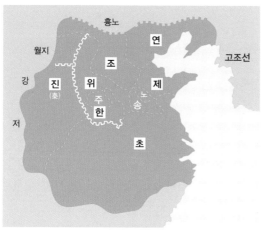

| 전국시대(7웅) 판도 |

▌ 춘추오패에서 전국칠웅으로 살아남은 나라는 제齊와 초楚뿐이었다.

히 존재했다. BC 403년 동주의 위열왕威烈王이 한, 위, 조를 제후로 인정한 이후에도 주는 6대에 걸쳐 왕위를 이어간다. 다만 뒷방 늙은이라도 춘추시대에는 자식들이 와서 인사 정도는 하는 수준이었지만 전국시대에는 아예 거들떠보지도 않는 독거노인으로 전락하게 된 것이다.

주의 세 번째 멸망은 진秦나라에 의해 완전히 사라지는 것을 말한다. 가

모든 지식의 시작 전문세

늘게 이어지던 명맥마저 끊어진, 그야말로 제대로 소멸한 것이다. 진은 진시황에 의해 전국시대를 통일하기 직전까지 주나라를 살려놓는다. 진의 입장에서는 아무 힘도 없는 천자를 미리 없애 민심을 잃을지도 모를 모험을 할 필요가 없었기 때문이다. 그러나 드디어 이름뿐인 천자의 존재마저 거치적거린다고 생각해 쓱 지워버려도 되는 때가 온 것이다. 천하를 통일하기 직전 자신감이 넘치던 진은 BC 250년경 주周를 역사에서 지워버린다. 주는 더 이상 천하를 대표해 제사를 지낼 수 없게 되었다. 한恨 많은 나라의 질긴 명줄이 드디어 잘리게 된 것이다.

과거 서주를 몰락하게 한 견융은 중원의 서쪽에 있던 이민족의 하나였던 융戎족이다. 융족은 종류가 많이 있는데 《사기》에 서이西夷 견융犬戎이라고 나와 있는 것으로 보아 융戎은 특정 민족을 뜻하다가 후에 오랑캐라는 의미로 바뀐 것으로 보인다. 차라리 융戎보다 황제 헌원이 물리쳤다는 이夷족의 이夷가 오랑캐를 뜻하는 일반명사였던 것으로 추정된다. 중원의 동쪽에 있었던 이민족이 큰大 활弓을 갖고 있어서 이夷가 되었다는 설이 있지만 이에 대한 명확한 근거는 없다.

하지만 융戎 앞에 붙은 개犬를 붙여 견융犬戎이라 한 이유는 주周를 무너뜨린 집단에 대한 응징의 차원이었다. 개犬는 경멸의 의미로 덧붙인 일종의 접두사다. 방위를 붙여 오랑캐를 디테일하게 나눈 것은 춘추시대에 들어선 이후이다.

이때 비로소 이夷라는 문자는 오랑캐 전체를 이르는 뜻에서 동쪽 오랑캐만 담당하는 의미로 축소되었고, 서쪽 오랑캐에 대한 업무는 융戎이란 글자로 남쪽은 만蠻이란 글자로 넘어가게 된다.

이夷의 의미

여담이지만 네 오랑캐 중에서도 대표 오랑캐였던 이夷는 처음부터 나쁜 뜻을 가졌던 것은 아닌 모양이다. 한자란 원래 일자다의—字多意의 문자이고, 또 주나라 때의 한자는 그 의미가 현대와는 다소 차이가 있을 것이다.

이夷 또한 '온화하다', '평탄하다'라는 좋은 뜻을 품고 있다. 그래서 이夷는 오랑캐라는 의미를 가졌음에도 당시 사람의 이름으로 자주 사용되었다. 명재상으로 추앙받는 관중의 이름(夷吾)에도 이夷가 있다. 특히 주나라의 역대 왕 중에도 이夷라는 이름을 가진 왕이 있는데《사기》주본기에 등장하는 제23대 왕, 동주東周시대로만 따지면 10대 왕인 간왕簡王의 이름이 이夷이다.

주 왕실의 성은 희姬인데 당시에는 성과 이름을 같이 쓰는 이른바 성명姓名의 형식이 정착되지 않았던 시절이지만 성명을 쓰자면 희이姬夷가 된다.

글자 하나에 여러 의미가 있다 할지라도 오랑캐夷에게 망한 나라에서 오랑캐夷라는 글자를 왕의 이름에 붙일 수 있었을까. 물론 주나라 왕들 중에는 현대의 기준으로 보았을 때 더 민망한 뜻의 글자를 이름으로 가진 경우도 있기에 크게 의미를 둘 바는 아니지만 이夷라는 글자에 왠지 모를 호감이 생기기에 해본 생각이다.

서양

동양

맥을 짚어 주는 연대표

서양		동양
	BC 1111	무왕 주 건국
그리스 폴리스시대	BC 8C	
	BC 771	동주 멸망 춘추시대 시작
로물루스 로마 건국	BC 753	
페르시아 전쟁	BC 492	
	BC 453	전국시대 시작(삼가분진)
펠로폰네소스 전쟁	BC 431	
포에니 전쟁	BC 264	
	BC 221	진시황 전국 통일
	BC 206	진 멸망 초한 전쟁
2차 포에니전쟁 끝 로마 대제국 기초 세움	BC 202	유방 한 건국

III

인류의 본격적인 행보와 충돌

인류 문명의 태동 이래 수천 년간
오리엔트에 있었던 세계 문명의 주도권은
그리스, 즉 유럽으로 넘어갔다

그리스의
폴리스시대와
중국의 춘추시대

1

中국이 춘추시대에 접어들 무렵, 유럽은 그리스 본토가 문화의 중심으로 자리를 잡게 된다. 본격적인 그리스 문명에 대한 이해를 돕기 위해서 크레타에서 그리스 본토로 문화가 전해지는 과정을 잠시 설명하면 이러하다.

에게 해와 그리스, 소아시아에까지 세력을 떨친 크레타 문명은 이후 자신들이 문명을 전해준 미케네 문명에게 그 주도권을 넘겨주게 된다. 아마도 거대한 문명을 담기에는 크레타라는 섬이 다소 버겁지 않았을까 생각한다. 오히려 경기도보다 작은 섬에서 그토록 높은 수준의 문명을 일구고 오랫동안 그리스와 에게 해 전체를 지배했다는 사실이 놀랍기 그지없다.

이런 과정으로 BC 15C~14C경에 크레타 문명은 그리스 본토의 아카이아인에게 멸망한다. 테세우스가 미노타우루스를 처치한 설화는 그리스인들이 크레타를 제압했음을 나타내는 것이라 여겨진다.

아카이아Achaea인은 도리아인 침입 이전의 그리스인을 지칭하는 말로 BC 8C에 호메로스에 의해 쓰인 《일리아드》에 등장한다. 사실 그리스Greece라는 용어도 애초에 그리스인들은 모르는 말이었다. 아마 그리스인

모든 지식의 시작 전문세

자신들이 '그리스'라고 불린다는 것을 처음 알았을 때에는 꽤 의아해했을 것이다. 이 말은 로마인들이 붙인 것으로 추정된다.

그리스인들은 한때 지중해 연안 곳곳에 식민도시를 건설하였다. 이탈리아 반도 남부해안에도 여러 도시를 개척하였는데 로마인들은 그들을 그라이코이Graikoi라고 불렀고, 그들의 도시를 마그나 그라이키아Magna Graecia라 불렀다. 마그나Magna는 '위대한Great', '훌륭한'이란 뜻인데 당시 로마인의 눈에는 이탈리아 반도의 남쪽에 건설된 그리스인들의 식민도시가 매우 훌륭해 보였던 모양이다.

후에 헬라어를 쓰는 모든 부족을 그라에키Graeci, 그들이 사는 곳을 그라이키아Graecia라고 부르게 되었고 이것이 그리스Greece로 굳어졌다. 비유를 하자면 해외교포가 외국에서 불리던 별명이 모국의 국호가 되어버린 것이다. 이것은 크레타가 멸망하고 나서 천 년도 더 지난 후의 일이다.

이 추정대로라면 BC 8C경에 쓰인 것으로 알려진《일리아드》에 그리스라는 용어가 보이지 않는 것이 설명된다. 그렇다면 고대 그리스인들은 자신이 사는 곳을 무엇이라고 칭하였을까. 그것은 헬라스Hellas이다.

헬라스는 그리스인들이 스스로를 헬렌의 자손이라는 뜻의 헬레네스Hellenes로 부른 데서 기인했다. 즉 헬라스는 헬렌의 자손들이 사는 땅이라는 의미가 된다. 그래서 알렉산드로스가 오리엔트를 정복하고 나서 인도에까지 불었던 문화가 헬레니즘Hellenism 문화인 것이다. 동양에서 그리스를 지칭하는 한자어 희랍希臘 또한 헬라스의 발음에서 온 것이다.

이후 지중해 동부를 아우르는 에게 문명은 크레타를 무너뜨린 미케네 문명이 주도하는 가운데 이오니아Ionia가 살짝 끼어서 발전한다. 이오니아라는 지역은 역사적으로 매우 묘한 곳이라고 할 수 있다. 이곳은 동서양 문명의 교집합으로서 교역의 매개가 되기도 하였고 분쟁의 씨앗이 되기도 하였다. 특히 페르시아가 메소포타미아를 통일한 이후로 이오니아는 역사에 항

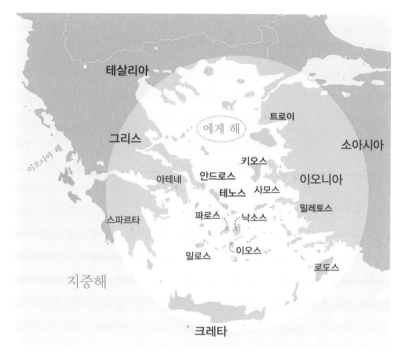

| 에게 해의 섬들 | 에게 해는 크레타 섬과 그리스 그리고 이오니아가 있는 소아시아로 둘러싸인 바다이다.

상 감초처럼 등장하여 씬 스틸러(영화에서 눈길을 끄는 주연 못지않은 조연)로 서 톡톡히 존재감을 과시한다.

이오니아는 그리스인들이 소아시아 연안에 개척한 식민지들을 말한다. 이들의 시초는 그리스가 도리아인의 침입을 받았을 때 피신한 사람들이 만들었다는 설과 페니키아의 식민도시들을 그리스가 점령해 자신들의 도시국가로 발전시켰다는 설이다. 아마 둘 다 맞는 이야기일 것이다. 시초는 페니키아의 식민지였을 가능성이 높고, 이후 그리스인들에게 점령되어 그리스 본토의 영향을 받아 발달한 도시국가들이었을 것이다.

그러나 최근에는 완전히 다른 학설이 제기되기도 하였다. 그리스인들이 이오니아를 개척한 것이 아니라 반대로 이오니아인들이 그리스에 폴리스

모든 지식의 시작 전문세

를 건설하였다는 것이다. 물론 이에 대한 고고학적 근거 또한 제시되고 있다. 어쨌든 그리스가 문명사의 전면으로 등장한 이후 이오니아는 항상 따라다녔고, 이곳은 정치, 경제, 전쟁, 문화, 사상 등 그리스로부터 영향을 받음과 동시에 그리스 본토에도 큰 영향을 준다.

《일리아드》로 유명한 트로이는 일반적으로 이오니아 지방에 포함시키지는 않지만 그리스의 이오니아 개척과정을 단적으로 보여준다. 호메로스의 《일리아드》는 '일리온의 이야기'라는 뜻으로, 일리온Ilion이란 그리스인들이 트로이를 이르는 말로서 그리스 신화에 등장하는 일루스Ilus라는 인물이 세운 도시라는 의미이다. 트로이라는 명칭은 일루스의 아버지 트로스Tros에서 왔다. 역사적인 관점에서 트로이 전쟁은 바다를 통한 교역의 이권을 놓고 일어난 분쟁이고, 그리스인이 페니키아인의 도시를 점령하여 식민화하는 과정이다. 이후 12개의 도시국가로 결성된 이오니아 동맹이 생기면서 이오니아라는 이름은 역사에 본격적으로 등장하게 된다.

현재 그리스와 터키의 지도를 보면 터키의 해안에 붙어 있는 섬들 중에 그리스 영토로 표시된 섬들이 줄줄이 있다. 최종적인 국경은 세계2차대전과 같은 현대의 사건에서 기인한 것이겠지만, 터키 해안지역에 대한 그리스 영토의 역사는 이미 3000년 전부터 있어왔다는 것을 알아야 한다.

참고로 그리스 철학의 아버지 탈레스Thales도 이오니아 사람이다. 그의 고향인 밀레토스Miletos가 이오니아 동맹에 속하는 소아시아의 도시국가였다.

▎폴리스시대

크레타를 무너뜨린 미케네 문명은 약 400년 동안 그리스와 에게 해를 지배하게 된다. 그들의 무력은 매우 강했고 그들이 세운 도시는 요새처럼 단단했다. 하지만 400년이란 세월은 그들의 힘이 무뎌지기에 충분한 시간이었다.

미케네 문명의 지배체제는 크레타와 마찬가지로 전제왕정이었다. 하지만 지리적으로 미케네의 지배영역은 강력한 왕정이 되기에는 무리가 따랐다. 산지가 많은 육지와 바다의 여러 섬, 곳곳에 산재된 도시들은 중앙집권 체제를 만들기에 적합하지 않았기에 강력한 왕국이 아닌 느슨한 연맹체가 될 수밖에 없었다. 그렇게 그리스의 남쪽 지방을 중심으로 발전하던 미케네 문명은 도리아Doria인의 남하로 도시들이 차례로 파괴되면서 멸망하게 된다.

그리스를 논함에 있어 매우 중요한 사람들인 도리아인Dorians. 도리아인은 도리스Doris 지방에서 왔다고 하여 붙여진 이름으로 아리안의 한 갈래로 알려져 있다. BC 12C경에 본격적으로 남하를 시작한 도리아인은 이미 철기를 보유하고 있었던 것으로 보아 육로를 통해 메소포타미아 문명의 영향을 받은 것으로 추정된다.

도리아인은 철기를 바탕으로 한 강력한 무력으로 결코 약하지 않았던 미케네 문명을 멸망시킨다. 하지만 그리스 전체를 장악하지는 못한다. 질풍처럼 내려와 그리스의 많은 부분을 점령했으나 기존의 아카이아인들은 아테네를 중심으로 다부지게 저항해 도리아인으로부터 세력을 지켜냈고 일부는 이오니아로 피신해 정착하게 된다.

한편 북쪽에서 내려와 한바탕 몸을 푼 도리아인들은 그리스 전역을 차지하는 것을 포기하고 펠로폰네소스Peloponnesos를 중심으로 옹기종기 살림을 차리게 된다. 나중에 스파르타Sparta라고 불리게 되는 도시가 가장 대표적인 도리아인의 폴리스이다. 도리아인은 미케네 문명을 멸망시키면서 에게 문명의 주도권을 그리스 본토로 완전히 옮겨오게 되었고, 이는 본격적인 그리스 문명을 탄생시키는 계기가 되었다.

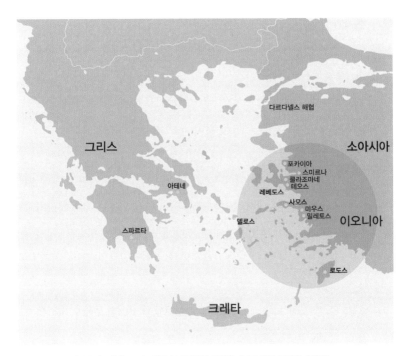

| 그리스와 이오니아 | 이오니아는 그리스인들이 소아시아에 개척해 놓은 도시들을 통칭하는 말이다.

이후 도리아인은 아카이아인들과 함께 그리스 문화의 일원이 되어 공존하며 발전하게 된다. 다만 이들이 같은 그리스인으로서 현대인들이 알고 있는 찬란한 그리스 문화를 함께 만들기 시작하는 시기는 꽤 오랜 시간이 흐른 후로 보인다. 왜냐하면 미케네 문명 멸망 이후 그리스는 300년이 넘는 암흑의 시기로 접어 들었기 때문이다.

'그리스의 암흑기'라고 불리는 이 시기는 기록은 물론이거니와 유적 또한 파괴된 흔적만이 보일 뿐 학문적으로 건질 것이 별로 없다. 역사가 쏙 빠진, 이른바 역사적 공백기라 하겠다.

도리아인들에 의해 미케네 문명이 파괴되던 무렵 동지중해 연안의 많은 도시들도 파괴되는데 이는 히타이트의 멸망 이후 혼란에 빠진 메소포타미아와 시기가 겹친다. 그렇기 때문에 이 시기는 그리스뿐만이 아니라 지중해를 둘러싼 연안지역 대부분이 비슷한 처지가 아니었을까 하는 추정을 할 수 있다. 육지에서는 어느 한 지역도 강력한 지배력을 쥐고 있지 않은 채 그저 고만고만한 도시들끼리 치고받는 상황이고, 바다에서는 혼란한 육지를 약탈하는 세력이 기승을 부렸을 것이다. 마치 전국시대와 같이.

그 후 아시리아에 의해 메소포타미아가 정리되어 가던 BC 8C경에 이르러서야 그리스도 질서를 잡아가게 된다. 그 가운데 기념비적인 사건이 BC 776년 올림피아Olympia에서 열린 제전祭典이다. 본격적으로 폴리스가 건설되기 시작한 것도 이때이다. 동시대 동양에서도 역사의 한 페이지가 넘어가는데 서주시대가 끝나고 동주시대이자 춘추시대가 시작되고 있었다.

폴리스는 이오니아 지방에서부터 그리스 본토로 퍼져 나간다. 바다를 건너간 세력이 해안지역에 만든 도시인만큼 메소포타미아 내륙으로부터의 위협에 대항하기 위해 요새화한 것이 그 시작이었을 것이다.

도시 또는 도시국가로 번역되는 폴리스Polis의 원래 뜻은 방책防柵 또는 요새要塞이다. 방어시설을 말하는 것이다. 이러한 도시방어의 개념은 도리아인의 위협에 놓여 있던 아티카의 그리스인들에게도 전해져 그리스 전역에서 폴리스가 건설되기 시작했다. 아티카Attica란 아테네를 포함한 주변지역을 일컫는 말이다.

펠로폰네소스에 자리 잡은 도리아인은 그들 나름대로 방어와 통치에 용이한 독특한 형태로 폴리스를 건설했다. 이렇게 생겨난 폴리스는 가장 최근 연구에 따르면 BC 6C에서 AD 3C까지 1,000여 개에 달했다. 그리스 본토에서만 700여 개 이상이었고 크레타 섬에만도 50여 개가 존재하였다. 사실 폴리스의 숫자에 대해서는 기간과 범위에 따라, 폴리스 여부의 결정에 따라 차이가 있었으나 현재는 대부분 1000개로 일치하고 있다.

| 그리스 주요 폴리스의 위치 |

그리스의 폴리스는 당시의 관점에서 보았을 때 매우 독특한 집단이었다. 우선 그들에겐 왕이 없었다. 물론 발전과정의 초기에는 왕이 존재했던 시기도 있었다. 강력한 왕권이 있었던 미케네 문명의 후예들이 만든 폴리스인데 왕정이 없었겠는가. 아리스토텔레스 또한 〈아테네 정치제도사〉의 첫머리에서 아테네에도 처음엔 왕이 있었다고 말하고 있다. 그리고 왕정이 없어진 후에도 시간이 흐르면서 참주僭主라는 이름의 실질적인 왕이 나타나기도 했으며, 도리아인에 의해 건설된 폴리스에서는 왕이 지배하는 것을 당연히 여기기도 했다. 하지만 그리스 세계의 대세는 왕정이 아니었다. 당시로서는 선진국이었던 이집트나 메소포타미아 제국의 입장에서는 왕도 없는 덜 발달된 집단이 분열되어 있는 상황으로 보였을 것이다.

| 아테네 폴리스의 구조 |

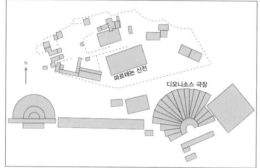

| 아크로폴리스 확대도면 |

대표 폴리스, 아테네

그리스 폴리스의 대표는 뭐니뭐니 해도 아테네Athens이다. 현재 그리스의
수도가 아테네인 것도 이러한 이유에서일 것이다. 그래서 예나 지금이나
폴리스의 표준과 그리스인의 기준을 아테네와 아테네인에게서 찾는다.

아테네는 발칸 반도의 맨 아래쪽 아티카 반도 중간 정도에 있는 해안도
시이다. 육지는 산으로 둘러싸여 있고 바다는 사로니크 만海의 살라미스 섬
을 앞에 두고 있는 천연의 요새이다.

그리스에서 폴리스들은 각각의 독특함을 가지고 있었지만 아테네를 비
롯한 대부분의 폴리스 구성원은 시민과 평민 그리고 노예로 구분된다.

시민이란 폴리스의 성립시기에 강력한 권력과 재산을 지닌 계층을 말한다. 시민이라는 말에서 평범함을 떠올릴 수 있으나 당시 권리와 지위만 놓고 본다면 중세시대의 귀족에 가깝다고 볼 수 있다. 단 의무를 다할 때 해당하는 이야기이다. 사실 아테네에서 시민이란 정치에 관여할 수 있는 계층을 말하였는데 초기에는 실질적으로 귀족만을 뜻하는 것이었다.

그리고 노예는 주로 포로나 약탈에 의해 끌려온 사람들로서 생산의 의무를 졌다. 시민과 노예 사이에 평민이 있었다. 평민은 노예는 아니지만 정치에 관여할 권리는 없는 계층이다. 즉 아테네인이면서 재산이 없어 정치적 참여는 고사하고 생활이 어렵고 사회적 지위마저 불안한 자유민을 말한다.

중등교과서에는 아테네 정치체제의 발전과정을 왕정에서 시작해 귀족정, 금권정, 참주정, 민주정의 순서로 싣고 있다. 이것은 매우 표면적이고 단순한 분류이지만 평민이 시민으로 합쳐지는 과정을 보여준다. 즉 노예를 제외한 모든 사람들이 정치에 참여하게 되는 과정, 정치에 참여하는 사람이 많아지는 과정이 곧 아테네 정치체제[政體]의 발전단계이다.

플라톤은 이 모든 것이 이루어지는 아테네 사회를 '폴리테이아Politeia'라고 하였다. 《폴리테이아》는 일반적으로 '국가國家'로 번역되고 있는 플라톤의 저서이다.

아테네의 정치에서 여자는 배제된다. 대신 폴리스를 구성하는 주요 집단 중에 하나가 외국인이었다. 흔히 폴리스는 평야가 없는 그리스 지형상 폐쇄적이고 교류가 적었기 때문에 만들어진 국가의 형태라고 알려져 있지만 이것은 매우 단순하고 표면적인 설명이다.

폴리스들은 독자적으로 발전하였지만 교류가 활발했다. 도리아인의 침입 이전의 그리스인을 일컫는 아카이아인들은 기본적으로 교역을 주로 하던 사람들이었다. 물론 해적으로 변해 약탈을 할 때도 많았지만 바탕은 교역이었다. 당연히 그들은 이동에 대한 거부감이 없었다. 게다가 BC 8C부터는 폴리스들이 연합해 4년마다 올림피아에서 제례를 열었다. 아마 세계사에서 이보다 더 활발한 교류를 한 국가들을 찾기는 쉽지 않을 것이다. 이러한 폴리스 간의 다툼과 협력은 그리스 역사의 기본 줄기가 된다.

이런 환경이다 보니 대부분의 폴리스에는 많은 외국인들이 거주했고, 그들은 폴리스의 인구 구성에 적지 않은 비중을 차지하게 되었다. 대부분의 외국인들은 교역을 위해 왕래하던 타 폴리스 사람들이거나 오랜 세월 거주했으나 폴리스 성립 이후에 합류해 시민에 포함되지 못했거나 여러 가지 이유로 아테네에 한시적으로 머물던 사람들이었다. 이들은 거류민이란 의미의 메토이코이Metoikoi라고 불렸다. 메토이코이는 아테네에서만 1만 명 정도가 있었는데 이는 폴리스 중 최대 규모였다고 한다. 그들은 노예나 여성과 마찬가지로 폴리스의 정치에 참여할 권리가 없었다.

아테네의 정치체제를 보면 어떤 나라에서도 볼 수 없는 특징을 발견할 수 있다. 바로 참주정僭主政이다.

참주僭主라는 말은 폭군, 독재자라는 뜻의 영어 '타이런트Tyrant'의 어원 티라노스Tyrannos를 번역한 것이다. 티라노스도 처음엔 그냥 왕을 의미하는 말이었다. 그러다가 BC 4C에 들어서 티라노스는 '왕은 왕인데 별로 안 좋은 왕'이라는 뜻으로 살짝 의미가 변화한다.

사실 참주정이란 말에는 고대 그리스, 특히 아테네의 정치체제를 경외하는 의미가 포함되어 있다. 어느 나라에서든 왕정이 있으면 좋은 왕과 나쁜 왕이 있게 마련인데 왜 굳이 그리스에만 '나쁜 왕의 정치체제'라는 뜻의 말이 생겼을까. 그것은 그리스인들이 왕정의 본질을 타 민족과는 전혀 다르게 이해하고 있었기 때문이다. 그들은 왕정이라는 체제 자체에 거부감을 갖고 있었던 것이다. 그렇기 때문에 '왕정이란 본질적으로 나쁘게 변질될 수 있는 체제'라는 뜻의 참주정이라는 자신들만의 어휘를 만들게 되었다.

참주의 참僭은 '참람하다', '분수를 모르고 주제를 넘는다'는 뜻이다. 그러나 참주 중에는 참주라고 폄하되지 않아도 될 만큼 괜찮은 사람들도 있었다. 반면에 세상의 왕들 중에는 참주보다 몇 백 배 악한 왕들이 차고 넘쳤다. 그러나 아무리 선정을 베풀어도 그리스에서 그들은 그저 참주일 뿐이고 다른 나라에서는 아무리 악해도 그냥 왕이다. 이렇듯 고대 그리스 전역에서 나타났던 참주정은 형태상으로는 일반적인 왕정과 크게 다를 바가 없다. 그러나 이것을 그리스만의 것으로 인정하는 것은 아마도 민주정이라는 가장 성공한 정치시스템을 탄생시킨 고대국가에 대한 예우가 아닌가 생각해 본다.

법의 발전

아테네의 경우 초기에 이루어졌던 왕정은 폴리스 성립 이후 얼마 지나지 않아 흐지부지 사라지게 된다. 시기적으로는 BC 8C에서 BC 7C 사이에 해당한다.

왕정이 와해되고 난 권력의 공백은 귀족들의 집단 지배체제가 채우게 된다. 대개 과두정寡頭政이라고 불리는 체제가 만들어진 것이다. 과두정은 그리스어로 올리가르키Oligarchy라고 하는데, 이는 '지배하는Arkhos 소수Oligo'의 합성어로 현재는 타락한 귀족집단이나 그리스, 러시아의 특권계급을 이르는 말로 사용된다.

이 시기 아테네인들은 아레오파고스Areopagos라는 의사결정기관과 아르콘Archon이라 불리는 임기제 집정관을 두고 폴리스의 모든 것을 결정했다. 그러나 귀족정의 시대는 그리 오래가지 못하였다. 그것은 평민들의 힘이 급속히 강해지면서 정치참여에 대한 요구도 커졌기 때문이다. 이에 아테네 귀족들은 타협안을 찾는 과정에서 법전을 만들게 되는데 이것이 유럽 문명 최초의 성문법인 드라콘 법전이다. BC 7C 말에 제정된 이 드라콘 법으로 평민들은 귀족들의 자의적인 의사결정과 고무줄 판결을 막을 수 있었다. 하지만 아테네 사회는 이 법으로 부작용을 맞게 된다.

드라콘 법을 한마디로 요약하면 '웬만하면 사형'이다. 고금의 많은 법에서 사형은 살인에 대한 처벌이다. 하지만 드라콘 법에서는 살인은 물론 사람을 다치게만 해도 사형이다. 강도짓을 하다가 잡히면 당연히 사형이고 좀도둑도 사형이다. 소도둑도 사형이고 바늘도둑도 사형이며 심지어 일 안하고 빈둥거려도 사형이다.

AD 19C 프랑스의 사회주의 철학자 폴 라파르그Paul Lafargue는 '게으를 수 있는 것도 권리'라고 하였지만 드라콘 법에서 이 권리를 주장했다가는 모가지가 날아갈 판이다. 하지만 사형일 것 같은데 사형이 아닌 사안도 있다. 바로 빚을 갚지 못하는 것이다.

채무변제를 하지 못한 사람은 죽이지 않았다. 다만 노예가 되었다. 채무자를 죽이게 되면 채권자의 손해이므로 사회적 손실이 발생하는 것을 고려했을 것이다. 노예라는 것이 어쩌면 죽느니만 못한 것일 수도 있는데 드라콘 법에서는 이 정도의 처벌이 가벼운 축에 속하였던 것이다. 그래서 드라콘 법이 시행되고 난 후 가난한 평민들은 노예가 되기 일쑤였다고 한다. 당시 그리스는 상공업의 발달로 부유한 평민들이 생기기도 했지만 빈부격차가 커져 가난에 시달리는 평민들도 많았기 때문이다. 이런 연유로 드라콘 법은 서양에서 'Draconian Code'라 하여 엄벌주의를 나타내는 대명사가 되었다. 드라콘 법 체제에서 평민들의 불만은 이만저만이 아니었다. 그러자 솔론Solon이라는 인물이 이 폐단에 대한 해결책을 제시한다. BC 6C 초의 일이다.

정치인이기도 하고 시인이기도 했던 솔론은 그리스에서 현자로서 폭넓은 존경을 받고 있었다. 그는 새로운 법을 만들어 자신의 이름을 붙인 '솔

| 드라콘 |　　　　　　　　　　| 솔론 |

▌ 드라콘은 그리스에서 처음으로 법을 만들었고 솔론은 처음으로 법을 보완했다. 하지만 최초이기에 많은 허점을
　가지고 있었다.

론의 개혁'을 하게 되는데, 이때서야 아테네는 엄벌주의에서 탈피하게 되어 평민의 노예화를 막을 수 있었다. 또한 정치에 참여하는 시민을 재산에 따라 네 계층으로 나누는 신분제를 도입하였다.

　이 조치는 자연스럽게 재산의 정도와 정치적 영향력이 비례하게 만들어 아테네는 금력이 곧 권력이 되는 사회로 변화하게 되었다. 이른바 금권정치가 시작된 것이다. 결국 솔론의 개혁은 폴리스 사회를 겉으로는 안정시키는 데 기여를 하였으나 귀족과 평민 모두가 만족할 수 없는 불안요소를 안고 있었다. 개혁 초기에는 양쪽 모두 크게 반대할 명분이 없었기에 시행은 되었지만 지속되기에는 근본적인 한계를 가지고 있었던 것이다. 시간이 흐를수록 경제력을 갖춘 평민들의 등장에 귀족들의 정치적 입지가 좁아졌고, 평민은 평민대로 정치에서 소외되는 빈민계층이 증가하였다. 결국 솔론의 개혁은 얼마 지나지 않아 금권정Timocratia이라는 새로운 정치체제를 낳게 된 것이다.

그러나 금권정치도 얼마 가지 않아 중단된다. 금권정은 시스템 자체가 처음부터 귀족에게 유리한 체제였다. 일단 귀족의 재산이 더 많았기 때문이다. 어쩌면 금권정은 귀족정의 연장을 위한 꼼수라고 볼 수 있다. 하지만 금세 귀족에 버금가는 경제력을 갖춘 평민들이 등장하게 된다.

부유한 평민의 증가는 귀족에게 있어 기득권을 잃는 것과 같다. 권력을 나눌 생각이 없었던 귀족들에 의해 금권정은 자연스럽게 중단되고 대신 나타난 것이 참주정이다. 금권정에서 참주정으로 변화하는 과정을 단순하게 보면 이러하다.

금권정은 재산이라는 열쇠만 있으면 언제든지 권력의 문을 열 수 있는 시스템이다. 그러나 권력을 손에 쥐게 된 자들은 부유한 다른 사람에게도 권력의 문이 쉽게 열리는 것이 탐탁지 않아 보였을 것이다. 자연스럽게 기득권을 지키려는 몇몇에 의해 권력의 문이 잠기는 순간 금권정은 과두정이 되고 그중에서도 두각을 나타내는 인물에 의해 독재, 즉 왕정의 형태로 변한다. 참주정이라고 불리는 왕정이었던 것이다. 게다가 참주에 오른 인물들은 권력을 세습하려고도 했다.

최초의 참주는 페이시스트라토스Peisistratos라는 인물이다. 사실 이 인물이 통치를 잘만 했더라도 참주라는 어휘가 생겨나지 않았을 것이다. 페이시스트라토스는 솔론 가문 출신이며 무력으로 참주에 오른 인물이다. 당시 평민과 귀족 사이에 불만이 팽배해 어수선해진 사회 분위기를 틈타 개혁이란 이름 하에 힘으로 권력을 잡았다.

이때가 BC 546년으로 세 번째 쿠데타로 정권을 잡은 때였다. 대단한 권력욕이었다. 하지만 최고 권력자가 된 후 페이시스트라토스의 모습은 다소 묘한 점이 있었다. 자신의 뜻에 반한 인물들을 추방하면서도 귀족의 재산

을 빈곤한 평민에게 나누어주
는 양면적인 모습을 보였던 것
이다. 하지만 나누어준 귀족의
재산은 제도의 개선에 따른 것
이 아니라 무단으로 몰수한 것
이었다. 또한 페이시스트라토
스는 개혁을 빌미로 권력 유지
를 위해 여러 가지 무리한 작업
을 하였는데 그의 업적에 대한
후대의 평가는 상반된 시각이
존재한다.

| 최초의 참주 페이시스트라토스 |
집권기간 동안에는 칭찬이 자자했으나 사후 두고
두고 비난을 받는 인물이다.

　　우선 권좌를 얻는 과정과 유
지하는 방법은 옳지 못하였다.
그러나 결과적으로는 그리스를 안정시키고 발전시켰다는 것이다. 독재자
로서 이만하면 긍정적인 평가라고 볼 수 있다. 페이시스트라토스에 대한
위태로운 평가는 자신이 권력을 놓으면서 땅에 떨어지게 된다. 권력에 대
한 욕심을 버리지 못하고 아들에게 세습을 한 것이다.

　　진정한 참주가 탄생하는 순간이었고 참주정이 곧 왕정이라는 등식이 성
립하는 계기가 된다. 또한 페이시스트라토스의 권력세습 사건은 그리스 역
사에서 매우 좋지 않은 상황을 불러오게 된다. 바로 영원한 라이벌 스파르
타와 제대로 엮이게 된 것이다. 아테네와 스파르타의 라이벌 관계가 시작
되는 순간이었다.

　　어찌되었건 아테네 역사에서 두고두고 악평을 듣는 페이시스트라토스와
그의 아들들은 그리스인들에게 깊이 잠재되어 있던 왕정에 대한 거부감을
깨운 사람들이었다.

고대 그리스의 자본주의

예나 지금이나 정치와 경제를 떼어놓고 보기는 쉽지 않다. 그중에서도 금권정은 정경유착을 넘어 정경일체에 해당하는 정치 시스템이라고 할 수 있으니 더욱 그러하다.

정치학적 관점은 물론이고 경제학적 관점에서 눈여겨보아야 할 정체政體가 아테네의 금권정金權政이다. 문자 그대로 재산으로 권력을 얻는 금권정은 평민이 시민계급에 편입되는 큰 계기가 된다. 귀족정이 힘을 잃기 시작한 것은 경제력을 갖춘 평민계급의 급속한 확대가 원인이었음을 앞서 언급한 바 있다.

중국의 정치경제적 발전을 가져온 춘추시대가 한창이었던 BC 7C를 전후해 그리스 또한 급속한 발전을 하게 되는데 그중에서도 아테네는 전통적으로 바다를 통한 교역으로 부를 일구어왔다.

그리스 대부분의 폴리스에서 농경과 목축은 평야가 적은 지리적인 한계로 큰 발전을 할 수 없었는데 그마저도 모두 귀족들의 차지였다. 아테네는 바다와 접했던 관계로 평민들은 자연스럽게 밖으로 눈을 돌릴 수밖에 없었던 것이다.

신분에 관계없이 그리스인들, 특히 아테네인들이 바다를 일터로 삼은 것은 자연스러운 일이었다. 그들의 조상은 이미 오랜 세월 지중해를 누벼왔고 나아가 이오니아와 이탈리아 지방의 식민지까지 개척해 놓았기 때문이다. 게다가 활동범위는 점점 넓어져 에스파냐에까지 이르게 된다.

이즈음 아테네에는 메소포타미아의 화폐가 전해져 상업이 더욱 발달하였다. 발굴된 당시의 주화는 현대의 주화와 비교해 품질과 디자인이 결코 뒤지지 않을 만큼 발달하였음을 알 수 있다.

이 시기 메소포타미아에서는 아시리아가 급격히 쇠퇴하고 4국 시대가 열린 시기였다. 그리스는 그 4국의 하나였던 리디아Lydia를 통해 화폐를 받아들이게 된다. 정작 메소포타미아는 일찍이 화폐를 만들었으나 그것이 활발하게 사용될 만한 환경을 조성하지 못한 데 비해 교역을 주로 하는 그리스 경제에서 화폐제도는 꽃을 활짝 피우게 된다.

지중해 전역을 아우르는 활발한 교역은 폴리스의 수공업도 크게 발달시키게 된다. 아테네를 예로 들면 도자기와 무기, 갑옷 등은 공장 수준의 대량생산을 했던 것으로 보인다.

고대 그리스의 공동묘지였던 케라미코스Keramikos라는 곳은 도자기라는 뜻의 그리스어 케라모스Keramos에서 비롯된 지명이다. 이곳은 고대 아테네의 도자기 공장이 있었던 곳으로 그 유물이 대량으로 발굴되고 있다. 도자기를 뜻하는 세라믹Ceramics의 어원이 케라모스에서 비롯되었음은 어렵지 않게 알 수 있다.

아테네 도자기 산업의 발달은 그리스의 어떤 농산물의 수출을 가능하게

| 아테네의 귀 큰 항아리 암포라Amphora |

하였는데 그것은 바로 올리브유였다. 토지가 좁고 척박한 그리스에서는 농경이 한정될 수밖에 없었다. 그러나 도자기 산업의 발달은 그 올리브유의 포장과 운반을 용이하게 만들어준 것이다. 그리스 특유의 손잡이가 큰 '귀 큰 항아리', 암포라Amphora는 올리브유를 담아 운반하기 쉽게 하기 위한 디자인이었음을 알 수 있다.

교역의 확대는 폴리스 내수와는 비교할 수 없을 정도의 수요를 만들어 내었고, 상공업의 발달은 자유롭고 개방적인 사회 분위기를 만들어 신흥부유층을 등장시키게 된다.

신흥부유층의 대부분은 평민계급이었다. 하지만 이러한 경제 규모의 성장은 자연스럽게 빈부의 격차를 만들었다. 현대에서 볼 수 있는 자본주의의 폐해가 고대 그리스에서 이미 나타났던 것이다.

금권정Plutocracy이란 이런 와중에 생겨난 것으로 부를 소유한 사람들이 자연스럽게 권력을 거머쥐게 되는 과정을 보여준다. 돈을 벌면 출마를 생각하고, 가난하면 정치에 관심을 둘 여유조차 없는 현대사회의 모습과 별반 다르지 않다.

모든 지식의 시작 전문세

서양		동양
그리스 폴리스시대	BC 8C	
	BC 771	춘추시대 시작
아테네 드라콘법 제정	BC 7C	제환공 재위
아테네 솔론 개혁	BC 6C	
	BC 506	오자서 복수 성공
페르시아 전쟁	BC 492	
	BC 453	전국시대 진晉의 분열

그리스 폴리스의 쌍두마차, 아테네와 스파르타

2

고대 그리스를 대표하는 강력한 두 폴리스인 아테네와 스파르타는 처음부터 끝까지 사이가 좋지 않았다. 도리아인이 남하하여 스파르타를 세운 이래 알렉산드로스에 의해 그리스가 통일될 때까지 이 둘은 줄기차게 치고받았다. 물론 공동의 적이 생겼을 때 일시적으로 손을 잡았던 적은 종종 있다. 하지만 그것은 예나 지금이나 국제사회란 영원한 적도 아군도 없는 정글임을 보여주는 것이었을 뿐 기본적으로 아테네와 스파르타가 사이가 좋을 이유는 별로 없었다.

역사적으로 그리스를 침략해 미케네 문명을 무너뜨리고 펠로폰네소스 반도에 넓게 자리를 잡은 이후 도리아인들은 스파르타를 중심으로 세력을 형성하였고, 원주민인 아카이아인들은 아테네를 중심으로 세력권을 형성하고 있었다. 물론 300여 년의 암흑기를 지난 BC 8C경 이후부터 그들은 같은 그리스인이라는 의식이 있었던 것으로 보인다. 하지만 조상이 다르고 기질이 다른 만큼 아테네와 스파르타는 정치 형태부터 다른 폴리스였다.

가장 자유로운 아테네와 가장 엄격한 스파르타. 아마도 아테네는 스파르타를 무식한 도리아놈이라고 업신여겼을 것이고, 스파르타 또한 빼질빼질

한 아테네가 굉장히 아니꼬웠을 것이다.

아테네는 고대 그리스 그 자체라고 보아도 무방하다. 고대 그리스 문화라고 알려진 대부분은 아테네의 그것이다. 세계사에서 중요한 위치를 차지하는 정치제도나 문화, 영웅과 역사적 사건, 파르테논 신전을 비롯한 유적과 유물의 대부분이 아테네의 유산이다. 때문에 수백 개의 폴리스가 있었다고 하지만 그리스가 곧 아테네라는 등식에는 크게 무리가 없다.

이런 아테네와 비교할 만한 국력을 가졌던 폴리스가 스파르타이다. 그러나 사회 전반적으로 골고루 선진화된 아테네에 비해 스파르타의 파워는 오직 군사력에서 비롯된 것이었다. 흡사 냉전시대에 군사력만 강한 소련이 경제 및 군사력에도 막강한 미국에 대항해 한동안 대등한 위치에 있었던 것과 같은 경우이다.

전사의 나라 스파르타

스파르타Sparta의 공식적인 명칭은 스파르타가 아니다. 라케다이몬Lacedae-mon, 이것이 정식 국호이다. 라케다이몬은 그리스 신화 속의 인물인데 부인의 이름이 스파르테이다. 당연히 스파르테에서 스파르타라는 이름이 나왔고, 라케다이몬이라는 나라의 수도가 스파르타라고 보는 것이 맞을 것이다.

그리스 신화에 따르면 라케다이몬은 장인으로부터 왕위를 물려받은 인물이다. 장인은 라코니아의 왕 에우로타스로서 라케다이몬은 소위 장가 잘 가서 팔자 고친 남자였다. 나라를 꿀꺽해 국호도 자기 이름으로 바꾼 게 미안했던지 수도의 이름에는 아내의 이름을 붙여주었다. 물론 신화상의 이야기라고는 하지만 라케다이몬이란 남자가 쥐뿔도 없이 별안간 왕이 되었을 리는 없다.

그리스 신화에는 능력은 출중하나 근본이 불명확한 인물이 영웅이 되는 경우에 항상 써먹는 장치가 있다. 바로 제우스의 아들이라는 것이다. 신의 아들이니 어떤 능력이 있어도 상관이 없고 연대가 어느 때라도 문제가 없다. 이 라케다이몬 또한 사우디아라비아의 왕자 수만큼이나 많은 제우스의 'One of 아들들'이다.

스파르타의 건국신화는 이렇게 되어 있지만 역사적으로 스파르타는 8C경 남하한 노리아인이 펠로폰네소스 반도의 남서부에 세운 폴리스의 하나이다. 스파르타라는 말이 몬테소리와 더불어 기초교육계에서 드날린 이름이라 제법 빡센 교육을 시켰겠거니 미루어 짐작이 될 것이다. 실제로 스파르타는 현대 일반인의 상식을 가뿐히 초월해주는 군사국가였다.

그들은 전 국민을 전사로 키웠는데 아이는 태어나는 순간 허약하다는 판정을 받으면 곧바로 버려졌다. 당시 아이를 버렸던 아포테타이Apothetai 계곡을 보면 도저히 살아날 수 없을 것 같은 깎아지른 절벽이다. 안 될 사람은 비용 절감 차원에서 없애버린 것이다.

세계적으로 유명한 격투기 선수들 중에는 미숙아로 태어나 피나는 훈련을 통해 만들어진 경우도 많은데, 스파르타 사람들은 그런 요행은 가볍게

'아 고개' 들지 말라고 이것들아!

모든 지식의 시작 전문세

| 아포테타이 계곡 |

무시해버리는 상남자들이었다. 일단 모든 국민은 7세가 되면 교육과정에 입문한다. 입문이 아니라 입대라고 해야 맞는 표현일 것이다. 스파르타의 공교육을 아고게Agoge라 하였는데 이것을 스파르타인들은 교육이라 부르지만 다른 나라 사람들은 훈련이라고 부른다. 그것도 지독한 훈련.

▌스파르타의 교육 시스템

스파르타의 소년소녀들은 병영과도 같은 공교육장에서 엄격한 규율에 따라 단체생활을 한다. 교육의 내용은 오로지 전사를 만드는 과정이었으며 교육의 목표는 최고의 전사가 되기 위한 용맹과 인내, 그리고 복종심을 기르는 것이었다. 말이 좋아 용맹과 인내지 여섯 살 난 아이들에게 신발도 주지 않았다. 겨울에도 한 겹의 옷만으로 지내게 하고 아무것도 없이 야영을 시켰으며, 절도와 강도짓을 하는 것도 서슴지 않게 만들었다.

병영 내에서 보급되는 음식은 '스파르타의 검은 죽'이라고 불리는 돼지피로 만든 선짓국이었다. 영양의 균형은 함부로 논할 수 없겠지만 배급량은 턱없이 부족했다. 전사가 되기는커녕 골병부터 들 상황이었다. 일설에는 그것을 본 아테네 사람이 아테네의 돼지도 이것보다는 좋은 걸 먹는다는 말을 했다고 한다. 물론 그 말을 들은 스파르타 사람 왈 "아테네의 돼지도 이걸 먹으면 최고의 전사가 될 거요."라고 받아쳤다고 한다. 플루타르코스의 기록에 의하면 스파르타의 학문교육은 매우 효율적이었고 스파르타인들의 수사Rhetoric 수준은 매우 높았다고 한다. 이러한 간결하고 비유적인 스파르타식 말투를 라코니아식Laconic이라고 한다.

아무튼 스파르타인들이 다른 폴리스의 시민들과는 비교도 할 수 없이 거친 삶을 살았던 것만은 확실하다. 지난한 경쟁과 가혹한 처벌, 그리고 혹독한 훈련을 거친 스파르타의 시민들은 강력한 전사로 거듭났고, 자연스럽게 스파르타는 그리스 최강의 군대를 보유하게 되었다. 사실 이 정도의 훈련을 시키고도 최강이 못 되면 그것이 이상한 일이 아닌가.

훈련을 마치고 전투에 참여할 수 있는 나이는 19세이다. 전투에 나갈 수 있다는 것은 교육을 끝냈다는 것으로 일종의 졸업과 같은 것이다. 이때 스파르타의 부모들은 자신의 아이가 무사히 교육을 끝냈다는 것을 신에게 감사하며 돌에 축문을 새겨 바치기도 했다. 죽거나 불구가 되는 경우가 부지기수였으니 무사하기만 해도 부모는 감사의 눈물을 흘렸을 것이다. 그러나 훈련과정이 끝나도 정식 전사가 되는 것은 24세로, 무려 17년간의 훈련을 무사히 마쳐야만 겨우 제대로 된 전사가 될 수 있었다.

그러면 이것으로 끝일까? 천만의 말씀이다. 정식 전사가 되면 비로소 제대로 된 병영에 입대하게 된다. 신입병사로서의 생활을 해야 하는 것이다. 병영생활까지 마치고 나서 집으로 돌아갈 수 있는 나이는 30세. 7세에 들어와서 30세가 되어서야 집으로 갈 수 있었다는 얘기다. 무려 23년간의 군대생활이다. 그것도 생사를 담보할 수 없는 혹독한 과정으로 꽉 찬 23년을 보내야만 자신의 삶을 영위할 수 있었다니 정말 북한군 특수부대가 울고 갈 일이다.

물론 이것으로도 끝나는 것이 아니다. 한국의 예비군과 같은 의무가 60세까지 지워진다. 예비군이라고는 하지만 툭하면 전쟁을 하던 시대였기에 병영생활만 하지 않을 뿐 병역의 의무는 고스란히 이행해야 했다. 당사자 또한 병역이 끝났다는 생각을 하지 못했을 것이다. 60세가 지나야만 진정으로 제대한다고 말할 수 있지 않았을까.

2년 남짓한 군복무를 하고도 다시 끌려가는 꿈에 식은땀을 흘리는 한국 남자들에게는 그야말로 상상만 해도 질려버릴 일이다. 더욱 놀라운 것은 여성도 비슷한 훈련을 한다는 것이다.

스파르타식이 괜히 스파르타식이겠는가. 스파르타인들은 여성은 강한 남자를 잉태해야 하는 의무가 있기 때문에 남자 못지않게 강한 육체를 가져야 한다고 생각했다. 출정한 남자를 대신해 집안을 지키고 심지어는 남자가 자리를 비운 사이 일어난 반란과 폭동을 진압한 적도 있었다고 하니 스파르타는 여자도 전사였던 것이다.

이러한 결과로 스파르타에서 여성의 지위는 그리스 전체를 통틀어 가장 높았다고 한다. 남자를 대신해 가정을 꾸리고 재산을 지켜야 했으며 왕족은 통치에도 관여해야 했으므로 여성의 권리는 클 수밖에 없었다. 심지어 우수한 여자에게는 남자를 선택할 권한까지 있었다고 하니 그런 상황에 맞은 스파르타 남자들은 웃어야 할지 울어야 할지 몹시 난감했을 것이다.

그럼에도 불구하고 스파르타도 다른 폴리스와 같이 규모는 작지만 아크로폴리스가 있었고 사람들이 모이는 성소와 스토아도 있었으며 문화생활을 하는 극장도 있었다. 어린시절부터 극도의 군사교육을 받아야 했지만 시민생활에 필요한 최소한의 음악과 시, 서, 대화에 대한 교육과정이 있었다. 또한 왕이 존재하였지만 원로원Gerousia과 민회Apella를 구성하고 민선 장관을 뽑았으며, 그 과정에서 토론과 의견수렴의 과정을 거쳤다. 하지만 복종을 미덕으로 하고 엄격한 훈련을 받는 스파르타 시민들이 아테네의 민주주의와 같은 정체政體를 가지기는 어려웠다.

헤로도토스의 《역사》에는 스파르타인은 왕의 출정명령을 어길 수 없었다고 나와 있다. 오직 명령과 복종의 군대식 체제가 국가 전체를 움직이는 기본적인 가치관이었던 것이다. 그러나 스파르타가 처음부터 이런 사이코 수준의 군국주의 국가는 아니었다.

스파르타가 스파르타가 된 이유

오늘날 '스파르타'라는 말이 연상케 하는 캐릭터는 먹고사는 문제에서 기인한 것이다. 군대를 방불케 하는 무지막지한 공교육 시스템인 아고게가 갖춰지기 전부터 스파르타는 군사력으로 한가락 하던 폴리스였다. 이것은 대단히 호전적이었던 도리아인이 건설한 나라인 만큼 당연히 유추할 수 있는 사실이다. 하지만 나라 전체가 하나의 군부대가 되어버린 것에는 당시의 시대상황에서 원인을 찾을 수 있다.

고금의 국가가 대부분 그러하듯이 고대 그리스도 전체적으로 인구에 비해 물자 생산이 턱없이 부족했다. 안정적인 식량의 보급은 모든 폴리스들에게 있어 가장 큰 과제였다. 그래서 큰 하천도 없이 국토의 70% 이상이 산지와 구릉지로 이루어진 반도에서 폴리스들은 약간의 평야를 놓고 치고받기 일쑤였다. 그나마 아테네는 해상 교역을 통해 문제를 어느 정도 해결했던 것으로 보인다. 그러나 배 타는 재주도 장사하는 재주도 없었던 스파르타는 어떻게 하였을까.

스파르타가 짜낸 해결책은 바로 전쟁이었다. 힘쓰는 것 하나는 자신 있는데다 주야장천 갈고닦은 주먹이 근질근질하지 않았겠는가. 스파르타가 자리 잡은 펠로폰네소스 반도에는 메세니아Messenia라는 넓은 평야가 있는데 스파르타는 정복의 첫걸음을 일단 이 메세니아 평야로 내디뎠다. 스파르타가 펠로폰네소스 반도 전역을 장악하고 맹주로 군림할 수 있었던 것은 이곳을 차지함으로써 가능했던 것이다.

　　　　　　　　　　　　　　모든 지식의 시작 전문세

| **스파르타와 메세니아 평야** | 메세니아 평야 획득은 스파르타가 도약하게 된 첫 번째 계기였다.

스파르타의 지배구조는 세 계층으로 이루어져 있었다. 지배자계급인 시민과 노예에 해당하는 헤일로타이Heilotai, 그리고 시민과 헤일로타이의 중간계급인 페리오이코이Perioikoi이다.

페리오이코이는 참정권만 없을 뿐 어느 정도의 자치권까지는 인정받는 계급이었다. 위급할 때는 전투에 참여할 수 있는 권리도 있었다. 고대에는 전쟁에 나설 수 있는 것이 일정한 지위에 이를 수 있음을 뜻하는 것이었다.

스파르타 시민과 페리오이코이는 큰 갈등 없이 지내게 된다. 그런데 중요한 것은 헤일로타이이다. 영어로 헬로트Helots라 불리는 이 노예계급은 스파르타가 메세니아를 정복하는 과정에서 패배한 사람들이었다. 이 헬로트와 지배층과의 관계가 바로 스파르타의 정체성을 결정하는 핵심이었다. 일단 스파르타의 지배층은 헬로트에게 눈곱만큼의 자비도 베풀지 않았다. 힘든 노동은 이들의 의무였고 가혹한 세금 또한 이들의 몫이었다. 이주의 자유가 없었으며 노동에 필요한 이상으로 힘이 센 자는 사형에 처해지는 어

스파르타 시민 Homoioi | 라케다이몬
페리오이코이 Perioikoi | Lakedaimon

2%
6%

92%　　헤일로타이 Heilotai, 헬로트

| 스파르타 인구 구성 |

스파르타는 반목하는 90%를 10%가 강압적으로 다스리는 이해하기 힘든 지배구조를 갖고 있었다. 인구구성 비율은 시기에 따라 차이가 있으나 일반적으로 스파르타 시민은 대게 헤일로타이의 1/20 정도로 알려져 있다.

이없는 일이 벌어졌다. 심지어는 정기적으로 위험하다고 판단되는 헬로트를 죽이는 관습까지 있었다고 하니 그 혹독함이 상상 이상이었던 것이다.

플루타르코스를 비롯한 많은 역사가들이 스파르타의 잔인함에 대한 기록을 남겼다. 당연히 이러한 정책은 헬로트들의 반발을 불렀고 실제로 많은 반란으로 이어졌으며 스파르타군은 이로 인해 장기간 원정을 하는 데 많은 어려움을 겪었다.

헬로트는 스파르타 인구의 90%를 차지했다. 스파르타의 지배층은 자신의 몇 배에 달하는 적을 내부에 두고 사는 셈이었다. 현재의 상식으로 보았을 때 도저히 이해할 수 없는, 무모하기 짝이 없는 정책을 썼던 스파르타인의 패기가 가상하다.

사정이 이러하니 스파르타인들은 남녀를 불문하고 모조리 특급전사가 되지 않을 수 없었던 것이다. 실제로 헬로트들이 반란을 일으키는 족족 일당백의 스파르타인들에 의해 진압되었다.

일반적으로 소수의 지배층이 다수의 피지배층을 다스릴 때는 당근과 채

　　　　　　　모든 지식의 시작 전문세

찍을 적절히 섞어 사용해 어떻게든 융화시키려고 하는 게 보통인데 스파르타인들은 이런 상식과는 상반되는 통치를 한 것이다. 자신을 위험하게 만들고 그 상황을 이용해 더 강해지려고 했던 것일까. 만약 그렇다면 이 방법은 효과가 있었다.

어쨌거나 스파르타인들은 안팎으로 적을 두고 항상 팽팽한 긴장상태 속에서 스스로를 단련하며 살았다. 이렇게 메세니아 정복 이후 스파르타는 급격히 군사국가가 되었는데 참으로 역사에서 보기 드문 별종 국가임에 틀림없다.

▌아테네와 스파르타, 꼬이기 시작하다

달라도 너무 다른 아테네와 스파르타는 그리스 남부의 동과 서에 각각 군림하게 된 가운데 두 폴리스가 처음으로 맞서게 되는 사건이 생긴다. 그것은 앞서 언급했던 아테네의 참주 페이시스트라토스와 그 아들들로 인해서이다.

앞서도 언급하였지만 페이시스트라토스Peisistratos는 악명과 위명을 동시에 날린 인물이다. 협잡과 폭력으로 정권을 잡아 참주가 되었으나 그는 아테네를 발전시킨다. 이것은 역사적으로 흔치 않은 케이스로서 비겁한 쿠데타로 권력을 탈취한 독재자가 백성들에게 의외의 선정을 베푼 것이다.

페이시스트라토스가 진정으로 노렸던 것이 무엇이든 간에 정권을 잡은 이후에는 민중을 위하는 정책을 펼쳤다. 농민을 보호하고 농업을 장려하여 생산량을 증대시켰고 평화적인 방법으로 무역을 확대해 아테네의 산업이 비약적으로 발전하였다. 이렇게 늘어난 수입으로 신전을 건축하여 종교적인 안정도 이끌어내었다.

이러한 정책의 결과로 문화와 예술 분야도 덩달아 꽃을 피우게 되는데,

아테네라는 폴리스가 불쑥 솟아 그리스 전체를 주도하기 시작한 때가 바로 이때이다. 이런 업적으로 페이시스트라토스는 집권 중에 아테네 시민의 절대적인 지지를 받게 된다. 그러나 아테네 사람들의 기질상 그는 여기에서 멈췄어야 했다. 박수칠 때 떠났으면 이보다 더 좋을 수는 없었을 텐데 권력에 대한 욕심이 누구보다 강했던 페이시스트라토스였기에 잘못된 선택을 하고 만다. 바로 과욕으로 권좌를 아들에게 물려준 것이다. 결국 페이시스트라토스 가문은 세습왕조의 모양새가 되고 말았다.

아버지의 뒤를 이어 참주가 된 아들은 히피아스로 페이시스트라토스의 두 아들 중 장남이다. 페이시스트라토스의 용의주도한 일처리로 참주가 된 히피아스는 아버지의 뜻에 따라 개혁을 이어 나갔다. 그런데 어느 날 히피아스의 동생 히파르코스가 살해되는 사건이 발생한다.

이성을 잃은 히피아스는 이 사건을 처리하는 과정에서 귀족들에 대한 광범위한 처형과 추방을 행하고 이후 귀족과의 격한 대립 끝에 강압적인 독재정치를 펼치게 된다. 히피아스는 귀족들의 반발을 '아래' 사람들의 반항이라고 생각한 모양인지 광폭한 독재자로 변하고 만 것이다.

아테네의 귀족가문 중에는 알크마이온Alcmaeon이라는 가문이 있었다. 헤로도토스의 《역사》에 줄기차게 등장하는 이 가문은 아테네의 유명인들을 많이 배출한 명문가였으나 페이시스트라토스 가문에 의해 추방된 상태였다. 당시 페이시스트라토스에 의해 추방된 귀족가문은 알크마이온 가문 외에도 상당히 많았는데 하나같이 아테네로 복귀하기 위한 노력을 하고 있었다. 그래서 히파르코스의 죽음 이후 히피아스의 폭정에 시달리고 있는 아테네의 상황이 알크마이온 가문에게는 호재였던 것이다.

폭발 직전이었던 아테네의 사회 분위기에 불을 댕길 기회를 노리던 알크마이온 가문 사람들은 히피아스의 독재를 타도하기 위해 외세를 끌어들이게 되는데 그것이 바로 스파르타였다.

우선 알크마이온 가문은 델포이 신전의 무녀를 매수한 후 거짓 신탁을 이끌어내었고, 그 신탁을 이용해 스파르타의 왕 클레오메네스로부터 군대를 빌리는 데 성공한다. 이렇게 힘을 얻은 알크마이온 가문은 스파르타군으로 아테네를 공격하였고, 이에 히피아스는 실각하여 추방되기에 이른다. 그리고 쫓겨난 히피아스는 후에 세계사를 뒤흔드는 사건의 중심에 서게 된다.

아테네는 참주라는 독재자를 타도하였지만 그 과정에서 외부세력을 끌어들인 오점을 남긴다. 그것도 다름 아닌 라이벌 스파르타를 말이다. 이후 한동안 스파르타는 아테네의 내정에 간섭하게 된다.

한편 히파르코스를 살해한 인물은 하르모디오스와 아리스토게이톤이라

| 하르모디오스와 아리스토게이톤 |
두 청년은 얼떨결에 민주투사가 되어
사후 아테네 시민의 추앙을 받게 된다.

는 외우기 쉽지 않은 이름을 가진 청년들이었는데 이 둘은 동성 연인 사이였다. 물론 한 명은 청년보다 장년에 가깝지만 어쨌든 두 청년은 지극히 사적인 일로 참주 히피아스의 동생 히파르코스를 죽이고 허무하게 잡혀서 형장의 이슬로 사라지고 만다. 하지만 그들은 사후 뜻하지 않게 아테네 시민의 추앙을 받게 된다. 그것도 두고두고 말이다. 이유는 참주정을 무너뜨리고 민주정의 초석을 깔았다는 것인데 얼떨결에 민주화에 온몸을 불사른 투사가 된 것이다.

사실 이들이 히파르코스를 죽이게 된 배경은 정치와는 아무 상관없는 것이었다. 히피아스의 동생 히파르코스는 하르모디오스라는 잘생긴 남자를 애인으로 삼으려다 동성 애인을 빼앗기지 않으려는 아리스토게이톤에게 죽임을 당한 것이다.

히피아스는 동생을 죽인 범인들을 처결하는 과정에서 귀족들과 갈등을 빚게 되었고, 현직 최고 권력자의 친동생을 살해한 이들은 사형에 처해진 뒤에 국민적 영웅이 되는 반전을 얻었다. 이 동성애자들이야말로 본의 아니게 스타가 된, 이른바 '포레스트검프식 입신양명'의 최초 사례가 아닌가 한다.

아테네와 스파르타가 이렇게 성장하고 있을 무렵 페르시아는 다리우스 1세에 의해 전성기를 맞고 있었다.

오리엔트로부터 전해진 문명이 크레타에서 꽃을 피웠고 다시 바다를 건너 그리스에 이르러서 열매를 맺게 된다. 유럽 문명의 시작이라 부를 수 있는 이 시기의 그리스 문명은 이미 페르시아에 결코 뒤지지 않는 수준에 이른다. 장구한 오리엔트 문명의 역사와 비교하면 짧은 기간에 이룬 비약적인 발전이라고 할 수 있다. 각각 팽창일로에 들어선 BC 5C의 두 문명은 이제 부딪힐 일만 남게 된 것이다.

페르시아와 그리스, 오리엔트와 유럽은 이렇게 충돌하게 된다.

서양

동양

페르시아 전쟁 — **BC 492**

BC 453 — **진晉** 한·위·조로 분열

펠로폰네소스 전쟁 — **BC 431**

BC 403 — **주왕실** 한·위·조 공식 인정

포에니 전쟁 — **BC 264**

BC 260 — **장평대전**

한니발 출생 — **BC 247** — **유방** 출생

BC 221 — **진시황** 중국 통일

동서양 문명의
최초 충돌

3

▌페르시아 전쟁

　　페르시아와 그리스의 전쟁을 페르시아 전쟁이
라고 하지만 정확하게는 페르시아와 아테네의 전쟁이라고 해야 맞을 것이
다. 이 전쟁은 통산 세 번이었다고 보는 것이 일반적이지만 가끔은 두 번이
었다고 주장하는 경우도 있다. 논란이 되는 것은 1차에 해당하는 전쟁인데
다소 모호하게 끝났기 때문이다.

　　서양 최초의 역사가이자 역사의 아버지로 불리는 헤로도토스는《역사
Historiae》라는 저술을 남겼는데 이 기록에서 가장 많은 부분을 차지하는 것
이 바로 페르시아 전쟁에 관한 서술이다.

　　헤로도토스의 생몰연도는 정확하지는 않지만 대체로 2차와 3차 페르시
아 전쟁 사이에 태어난 것으로 본다. 헤로도토스가《역사》를 저술하기 시작
한 시기가 30대이므로 그는 페르시아 전쟁의 당대를 경험한 사람이었다.

　　헤로도토스는 대단한 여행가이기도 했는데 역사를 기록하기 위해서는
긴 여행을 하지 않을 수 없었을 것이다. 그는 여행 과정에서 수많은 사람들
을 만나 인터뷰하였고 그것을 바탕으로 기록을 남겼다. 헤로도토스가 만난
사람들 또한 대부분 페르시아 전쟁을 직접 겪었을 가능성이 높다. 물론 헤

로도토스의 기록은 과장이 심한 부분도 있다. 그러나 페르시아 전쟁에 대해 후세에 쓰인 어떤 역사서보다 정확할 확률이 높다. 다시 말하지만 당대의 기록이기 때문이다.

여기에서도 페르시아 전쟁은 헤로도토스의 기록을 중심으로 기술하되 투키디데스, 파우사니아스, 플라톤, 플루타르코스 등의 기록을 참고하였다.

페르시아 전쟁의 일반적인 이미지는 다윗과 골리앗의 싸움이다. 거대한 나라 페르시아와 그리스의 도토리 같은 도시국가들이 벌인, 도저히 상대가 될 수 없는 다툼이 이 전쟁에 대한 선입견이다. 하지만 페르시아 전쟁은 단순히 대국 페르시아가 힘이 남아돌아 소국 그리스를 침략한 것이 아니다. 사실 '그리스=상대도 안 되는 약자'라는 시각은 유럽인들이 '그러기를 바라는' 바람에 따른 것일 뿐 잘못 알려진 이미지라고 할 수 있다.

당시 세계 최강국이었던 페르시아에 비하면 서양의 어떤 나라도 약자였다. 그리스 또한 마찬가지로 페르시아에 비하면 객관적으로 약자임에 틀림이 없다. 그러나 상대적으로 약할 뿐이지 그리스는 어떤 세력에게도 한 주먹에 날아갈 약자가 아니었다. 오히려 페르시아를 제외한다면 나머지는 모조리 누를 수 있었던 명백한 랭킹 2위의 강자라고 할 수 있었다. 실제 그때까지 수백 년 동안 그리스인들은 온 지중해 연안을 약탈하고 다녔던 민족으로 추정됨은 여러 차례 언급하였다. 또한 당시에도 강한 해군과 능력 있는 상인들의 활약으로 온 바다를 누비고 다니던 상황이었다. 그런 그리스를 작고 약하며 불쌍하게 묘사한 것은 동양에 대한 서양의 승리를 조금이라도 더 극적으로 보이고 싶었던 후세 사가들과 이야기꾼들의 바람이라고밖에 생각되지 않는다.

역사적으로 그리스인들은 메소포타미아에서 어떤 세력이 나타났을 때에도 위축된 적이 없었다. 그것은 바다를 잘 알고 있다는 자신감에서 비롯된 것으로 보인다. BC 15C 전후부터 선진문명의 오리엔트는 동양의 왜구倭寇와 같은 그리스인들에게 지속적으로 시달리다 해안지역을 포기한 경우까지 있었다. 하물며 강국이었던 이집트에서마저 그러하였다.

　이런 그리스인들의 식민지 경영은 지중해 전역을 아울렀는데 이오니아라고 불리는 소아시아에 건설된 많은 식민도시들도 그리스인들의 강력함을 보여주는 것이다. 이탈리아, 아프리카에 건설된 도시들 또한 그러하다. 그래서 페르시아와의 사이에서 전운이 감돌 때에도 그리스인들은 결코 공포에 질려 판단력을 상실하는 모습을 보여주지 않았다. 싸울 것인가 아니면 조공을 바치고 평화를 얻을 것인가를 놓고 논쟁을 벌일 만큼 기본적으로 그리스인에게 있어 페르시아는 '어쩔 수 없다면 한판 붙어도 될 만한' 상대였던 것이다.

▎페르시아 전쟁이 일어난 이유

페르시아 전쟁의 원인은 그리스가 소아시아에 건설한 식민도시들인 이오니아였다. 많은 전쟁이 소소한 영토분쟁에서 시작되는데 이런 영토분쟁은 접경지역에 대한 서로의 이해관계에서 비롯된다. 페르시아와 그리스, 즉 동양과 서양의 접경지역이 바로 이오니아였던 것이다.

　이오니아는 도리아인에 의해 미케네 문명이 무너지던 시기에 그리스에서 건너간 사람들에 의해 소아시아에 건설된 도시국가들이다. 한마디로 이오니아는 지리적으로 동양의 땅에 서양이 꽂아놓은 빨대였던 것이다. 그것도 오래전에 말이다.

　실제로 그리스인들은 이 이오니아라는 빨대로 엄청난 부를 챙겼다. 그리스인들이 오랜 세월 에게 해를 주름잡을 수 있었던 것도 바다 건너에 세워진 이 도시들이 큰 기여를 했음은 말할 것도 없다.

수백 년간 존재하면서 오리엔트에 전혀 동화되지 않았던 이오니아의 도시국가들은 그리스 세력에게는 대륙을 들락날락하는 관문이 되었지만, 오리엔트 세력에게는 해양진출의 큰 장벽으로 작용했다. 한마디로 메소포타미아를 제패한 세력으로서는 이오니아의 도시국가들이 눈엣가시 같은 존재였던 것이다.

긴 세월 혼란에 빠져 있었고 웬만해선 통일된 세력이 나타나지 않았던, 메소포타미아의 변방에서 끈질기게 이권을 챙겨왔던 이오니아는 BC 6C경 처음으로 제대로 된 임자를 만나게 된다. 그는 메소포타미아 정복을 눈앞에 둔 키루스 2세Cyrus II, 즉 키루스 대왕이었다.

이오니아는 키루스 2세에 의해 새롭게 떠오른 페르시아에 끽소리 못 하고 편입된다. 키루스 2세는 자신이 점령한 이오니아의 도시국가에 왕을 파견하여 다스린다.

여기서 왕이라고 표현한 것은 그 지역의 자치를 인정했다는 뜻이다. 그런데 이들이 왕이면 키루스 2세는 무엇인가 하는 의문이 생길 것이다. 이때 페르시아는 이미 제국을 자처하고 스스로 군주를 왕 중의 왕 샤한샤Shahanshah라 칭하고 있었다. 그러니 키루스 2세는 왕보다 한 레벨 위의 왕, 중국으로 치면 천자이고 황제였던 것이다. 반면 그리스인들은 페르시아에서 파견된 왕을 왕이 아닌 참주라고 불렀다. 앞서 그리스의 정치체제의 발전과정에서 참주정에 대해 기술한 대로 참주라고 칭하는 그 자체로 이 파견 왕에 대한 그리스인들의 인식을 짐작할 수 있다.

페르시아의 키루스 2세와 아테네의 페이시스트라토스는 완벽하게 같은 시기를 살았던 인물들이다. 페르시아의 키루스 2세가 BC 585~BC 529, 페이시스트라토스가 BC 600~BC 527. 그러므로 그리스인들에게 있어 왕정을 바라보는 시각과 참주정이라는 말이 생기게 된 요인에는 이오니아를

| 페르시아 제국의 최대 영역 |
막강한 페르시아 제국의 한 귀퉁이에 그리스인들은 자신들의 세력을 심어 놓았다. 그것이 바로 이오니아이다.

지배한 페르시아의 '파견 왕'이 많은 영향을 주었을 것이다.

이오니아는 키루스 대왕에 의해 페르시아의 치하에 들어간 지 40여 년이 지나 다리우스 1세 때 반란을 일으킨다. 사실 키루스 2세 사후 이오니아는 페르시아의 지배권에서 거의 벗어나 있었다. 파견 왕, 즉 페르시아에서 이오니아 지배를 위해 파견한 왕들이 줄줄이 배신을 한 것이다. 아마도 키루스 대왕 사후 페르시아의 정정이 불안해졌고 또 광대한 영토 통치에 있어서 이오니아의 존재는 페르시아 중앙정부의 관심에서 다소 벗어나 있었을 것이다.

이들은 각각 독립된 국가로서 행세하며 이익에 따라 페르시아와 그리스 중 어느 세력과도 손을 잡을 수 있는 상황에 이르게 된다.

이오니아의 도시국가들은 대체로 페르시아보다 그리스와 더 친밀한 경향을 보였는데 그것은 구성원들의 민족적 동질성과 이권 때문이었다. 여기서 이권이란 해상무역에서 나오는 이익으로 당시 페르시아의 해상무역은 페니키아가 거의 독점하고 있었기 때문에 이오니아가 페르시아에 붙어서는 남는 것이 별로 없는 상황이었다. 게다가 다리우스 1세는 이미 통치권에서 벗어나 있다시피 한 이오니아를 탐탁지 않게 보고 있었으므로 본격적인 무력 사용에 앞서 도시국가들의 분열을 꾀하였다.

예상과 다르지 않게 이오니아의 참주들은 아테네와 결탁하여 반란을 일으키게 된다. 이들은 페르시아의 허를 찔러 한때 페르시아 내륙도시까지 차지하며 기세를 올리기도 하였다. 그러나 5년 가까이 끌었던 이 반란은 밀레투스 함락을 마지막으로 진압되기에 이른다.

역사적으로 BC 499년에 일어난 이 반란은 이오니아 회복을 위한 그리스인의 의지를 보여준 사건이다. 당연히 다리우스 1세는 이를 간과하지 않았다. 제국 내 분란을 모조리 잠재운 다리우스 1세는 이오니아 반란의 원인이 아테네에 있다고 간주하고, 오랜 종양의 근본적인 해결에 나서게 되는데 이것이 페르시아 전쟁의 시작이다.

1차 페르시아 전쟁은 BC 492년 페르시아군이 헬레스폰트 해협(현재 다르다넬스 해협)을 출발하면서 시작되어 트라키아와 마케도니아 지방을 점령하는 것으로 끝난다.

트라키아는 그리스 반도의 북서부, 즉 소아시아에서 헬레스폰트 해협 너머 그리스로 이어지는 지역을 말하고 마케도니아는 그리스의 북쪽에 위치한 지방이다. 후에 알렉산드로스 대왕이 태어나는 곳이 바로 마케도니아이다.

물론 다리우스 1세는 파죽지세로 트라키아를 지나 마케도니아까지 접수하였기에 여세를 몰아 아테네까지 치고 갈 생각이었다. 아테네만 복속시킨다면 그리스 전체를 정복하는 것과 다름없었기 때문이다. 그러나 아토스Athos 곶岬에서 폭풍을 만나 해군이 전멸하는 사건이 발생한다. 당시 페르시아군은 육군과 더불어 해군이 해안을 따라 전진하는 수륙병진책을 쓰고

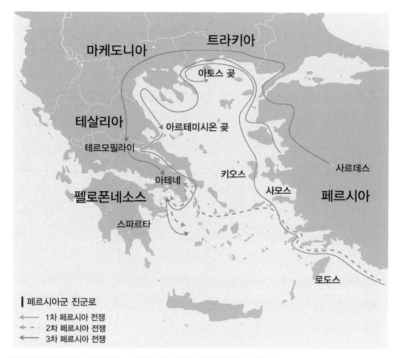

| 페르시아 전쟁 양상 | 페르시아는 세 차례에 걸쳐 그리스를 다양한 경로로 침략했다.

있었다. 그러나 300척의 배가 2만 명이나 되는 병사를 태우고 용왕님을 만나러 바닷속 깊숙이 가버렸기 때문에 페르시아군은 전쟁을 지속할 수가 없었다.

역사에 만약은 있을 수 없지만 아토스 곶의 폭풍은 분명 하늘이 아테네를 보살핀 사건이었다. 페르시아 전쟁의 정의를 아테네–페르시아 전쟁이라고 하였을 때 1차전을 페르시아 전쟁으로 부를 수 있는가 하는 논란이 생긴 이유는 이렇게 페르시아군이 아테네를 구경도 못했기 때문이다. 그야말로 다리우스 1세의 억장이 무너져 내리면서 페르시아 전쟁의 1차전은 막이 내린다.

▎마라톤 전투에 대한 오해

2차 페르시아 전쟁은 BC 490년에 일어난다. 1차 페르시아 전쟁이 실패로 끝나고 2년이 지난 때였다. 2차 페르시아 전쟁은 한마디로 마라톤Marathon 전투로 대표된다.

1차전이 깔끔하지 못했다는 아쉬움이 있었던 다리우스 1세는 그야말로 1차전이 끝나자마자 다시 대군을 일으켰다. 헤로도토스의 기록에는 정확한 병력이 나오지 않으나 플루타르코스에 의하면 30만 명, 플라톤에 의하면 50만 명으로 알려져 있다. 핵심은 1차전보다 훨씬 규모가 컸다는 것이다.

다리우스 1세는 1차전처럼 해안을 따라 돌아가는 것이 아닌, 에게 해를 직통으로 가로질러 진군할 것을 명한다. 아마도 1차전에서 폭풍을 만났던 기억이 정신적 외상Trauma으로 남았을 것이다. 게다가 이번에는 안내를 맡은 그리스인 한 명을 대동하는데 그는 바로 히피아스Hippias이다.

기억하는지. 아버지 페이시스트라토스로부터 권력을 세습하여 폭정을 일삼다가 추방당한 참주로 아테네에서 쫓겨난 전직 참주 히피아스는 페르시아에 귀순하여 복수를 도모하게 되는데 바로 조국을 치러 가는 페르시아군의 길잡이가 된 것이다.

소아시아에서 그리스 반도까지 오면서 에게 해의 여러 섬을 어렵지 않게 점령한 페르시아군은 아테네의 코앞에 상륙하게 된다. 그리스 본토에 상륙한 페르시아군은 일단 짐을 푸는 장소로 마라톤 평원을 선택한다. 사실 페르시아가 마라톤 평원에서 싸우고자 했는지 안 했는지는 알 수가 없다. 전쟁의 결과를 놓고 본다면 페르시아가 이 평원에서 진짜 싸우고자 했는지 아니면 무력시위만 하고자 했는지는 반반이라고 할 수 있다. 왜냐하면 실제로 싸우려고 했다면 마라톤과 같은 평야는 수적으로 우세한데다 기병을 주력으로 삼고 있는 페르시아에게 절대적으로 유리한 환경이기 때문이다.

따라서 페르시아군의 지휘관으로서는 마라톤에서 전투가 일어나리라고는 생각하지 않았을 것이다. 아테네군이 평야로 나올 리가 없을 테니 말이다. 그렇다면 아테네가 바다와 멀지 않은 도시임에도 페르시아군이 곧장 아테네로 가지 않고 아테네에서 42.195km 떨어진 곳을 선택한 까닭은 무엇일까. 일반적으로 알려진 작전상 이유는 이러하다.

먼저 대군의 위용을 과시하여 아테네에게 항복을 논의할 시간을 주는 것, 그리고 혹시라도 넓은 평야에서 전투가 벌어진다면 아테네군을 섬멸하여 그리스 전역에 공포를 퍼뜨리려는 것이다.

여기에는 아테네를 배신해 적군을 인도해 온 히피아스의 의견이 반영되었을 것이다. 실제로 페르시아군이 마라톤에 당도했을 때까지 아테네는 싸우느냐 마느냐를 놓고 치열하게 대립하고 있었다. 결국에는 싸우는 것으로 결론이 났는데 그 이유는 간단했다. 히피아스가 있는 이상 항복을 해도 목숨을 부지하기가 힘들 것이라는 예상에서였다. 결과를 말하자면 페르시아에게 있어 히피아스는 이래저래 아무 도움이 되지 못한 것이다.

스파르타가 원군을 거절하여 거의 홀로 싸워야 했던 아테네는 본국과 속국에서 모은 1만 1,000명 정도의 보병으로 마라톤 평원에 진을 친다. 이곳에서 벌어진 전투를 마라톤 전투라고 부르는 것과 전투의 결과가 아테네의 승리라는 것은 대부분 알고 있을 것이다.

마라톤 전투는 막연히 페르시아의 엄청난 대군을 소수의 아테네군이 기적적으로 무찌른 전투라고 알고 있는 경우가 많은데 이것은 사실과 다르다. 기적이라고

| 마라톤 평야 |
마라톤 평야에서 펼쳐진 마라톤 전투는 세계에서 가장 유명한 이름을 가진 전투이다.

모든 지식의 시작 전문세

불리게 된 건 아테네의 승리를 숭고하게 만들기 위한 후세의 과장, 특히 서양인의 과장에 의해서이다.

우선 양 진영의 병력은 한쪽이 중과부적衆寡不敵의 상황이 아니었다. 마라톤 전투에 대해 알 수 있는 유일한 기록인 헤로도토스의 《역사》에는 전사자만 나올 뿐 총 병력의 수는 나오지 않는다. 다만 양군의 진의 폭이 거의 같았다고 기록했다. 진영의 선두와 후위의 거리 또한 작전상 중앙은 얇게 하였고 양익은 매우 두껍게 하였다고 되어 있어 억지로 폭을 비슷하게 맞춘 것이 아님을 알 수 있다.

여러 가지 사료를 근거로 한 전문가들의 추정치로 보았을 때 이 전투에 임한 페르시아육군은 1만 5,000명에서 2만 명 정도이다. 1만 명 대 1만 5,000명, 또는 1만 1,000명 대 2만 명으로 수치상 아테네가 불리한 것은 맞지만 고금의 전쟁사에서 이 정도는 결코 얼토당토않은 차이가 아니며 기적은 더더욱 아니다. 더구나 아테네군이 오히려 유리할 수도 있는 것이 아테네의 중보병은 전쟁사에 있어서도 인정받는 강군이었다. 게다가 페르시아의 침략 직전까지 아테네는 주변 폴리스들과 주야장천으로 싸우고 있었기에 이때의 아테네 보병들은 백전노장의 베테랑이었을 가능성이 높다.

이런 중보병이 주력인 아테네군에 비해 기병이 주력인 페르시아군의 보병은 가벼운 무장의 경보병으로서 기병의 도움 없이 아테네군을 맞아 싸우기에는 무리가 있었다. 게다가 당시 페르시아군은 작전 면에서도 패하는데 아테네군이 선제공격을 할 것이라고는 예상하지 못했던 것이다. 더구나 아테네군의 전력을 얕보고 평원에서 회전會戰이 일어날 것을 생각조차 못한 관계로 기병을 아테네 성으로 옮기려고 주된 전력을 뺀 상황이었다.

아테네군의 지휘관은 이런 뜻밖의 기회를 놓치지 않았다. 페르시아의 기병이 없는 틈을 타 아테네 중장보병은 전격전을 펼친 것이다. 앞서 언급한 1만 대 1만 5,000의 전력은 순전히 보병 대 보병의 대결로 병사의 질 그리고 지휘관의 우수성을 고려했을 때 아테네의 승리는 결코 의외의 결과가 아니었다.

또 하나, 당시 아테네는 무기산업이 매우 발달했는데 아테네의 무기와 갑옷은 지중해 전역으로 수출되는 히트 상품이었다. 그런 'Made in 아테네' 갑옷으로 무장한 중보병에 맞서 허술한 패브릭Fabric을 입은 페르시아의 '알'보병은 그야말로 학살을 당한다.

헤로도토스는 아테네군이 192명, 페르시아군이 6,400명 전사하였다고 전한다. 후세 그리스 역사가들이 침을 튀기며 강조한 50만 명에 달했다는 대군은 다 어디 갔는지, 또한 오리엔트 전역을 휩쓸었던 강군 중의 강군 페르시아 전사들은 다 어디 가고 달랑 1만 5,000명의 보병만이 순식간에 봉변을 당한 것인지 마라톤 전투는 참으로 측은지심마저 우러나오는 전투이다.

마라톤 평원에서 승리한 아테네군은 숨 돌릴 여유도 없이 급하게 아테네로 복귀한다. 이유는 거의 전군이 마라톤으로 동원된 바람에 아테네의 수비가 허술해져 있었기 때문이다.

그때 페르시아 해군은 아테네 앞바다에서 육군의 승전보만을 기다리고 있었다. 가능하면 전투를 치르지 않고 아테네의 항복을 받아내려고 했기에 바다에서 무력시위를 하며 느긋하게 시간을 보내고 있었을 것이다. 만약 마라톤 평야에서의 전황을 제대로 파악하고 있었다면 페르시아 해군은 수비병이 없다시피 한 아테네 성을 서둘러 공격해 함락시켰을 것임에 틀림없다.

상황이 이러하니 아테네 육군은 페르시아 해군이 '마라톤 전투보병 전멸'이라는 패전보를 받기 전에 아테네에 입성을 해야 했다. 그리고 본대의 복귀에 앞서 조금이라도 발이 빠른 전령을 보내 승전소식을 알리려 했다. 이는 승리의 기쁨을 전하기 위함이 아니라 지금 육군이 달려가고 있으니 적에게 항복하지 말 것을 알리고, 조금이라도 빨리 아테네 성의 수비태세를 갖추게 하기 위함이었다.

전속력으로 달려가 마라톤 전투의 승리 소식을 전한 전령은 오버페이스로 숨을 거두고 마는데 이 전령의 이름은 페이디피데스Pheidippides이다. 그가 마라톤 평원에서 아테네까지 단숨에 달려간 거리는 42.195km로 현대인에게 알려져 있다. 덕분에 아테네군은 페르시아 해군이 움직이기 전에 아테네 입성에 성공한다. 육군의 패배를 예상치 못한 페르시아 해군은 이렇다 할 공격을 해보지도 못하고 퇴각하면서 2차 페르시아 전쟁은 끝이 나게 된다.

3차 페르시아 전쟁은 2차전이 발생하고 정확히 10년 후인 BC 480년에 일어난다. 3차 페르시아 전쟁은 한마디로 테르모필라이Thermopylae 전투와 살라미스Salamis 해전이라고 할 수 있다.

테르모필라이 전투는 300명의 스파르타군이 테르모필라이 협곡에서 수만 명의 페르시아군을 맞아 싸운 전투로서 할리우드 영화로 더욱 유명하다. 살라미스 해전은 아테네 해군이 살라미스 섬 앞바다에서 페르시아 해군을 물리친 해전이다.

▌제3차 페르시아 전쟁, 수많은 이야기를 낳다

두 번의 전쟁에서 어이없이 패배한 다리우스 1세는 곧장 3차 침공을 계획한다. 삼세 번이라고 하지 않았던가. 그러나 앞서 감행했던 두 번의 그리스 원정으로 페르시아 제국 내부의 사정이 달라졌다. 반란이 잇달아 일어났던 것이다.

이집트와 바빌로니아 등지로 번진 반란은 그리스 원정의 발목을 잡았다.

그 사이 다리우스 1세는 사망하게 되는데 페르시아의 전성기를 이끈 왕 중 왕의 인생은 이렇게 깔끔하지 않게 막을 내리고 말았다.

다리우스 1세의 뒤를 이은 왕은 크세르크세스 1세Xerxes I이다. 크세르크세스 1세는 이집트와 바빌로니아의 반란을 진압한 후 선왕의 유지를 이어받아 본격적인 그리스 원정을 준비했고, BC 480년 페르시아군은 그리스로 다시 출정한다.

2차 전쟁까지 병력의 규모에 대해서 자세한 언급을 하지 않던 헤로도토스는 3차 페르시아 전쟁에 대해서만은 과하다 싶을 정도로 정확한 수치를 남긴다. 《역사》에 따르면 3차 전쟁에 동원된 페르시아군의 수는 전투병만 무려 264만 1,610명이라고 한다.

264만 명이면 당시의 인구가 아니라 현대의 인구에 대비해서도 입이 떡 벌어질 숫자인데 여기서 한술 더 떠 비전투원까지 합치면 총 병력의 수가 528만 3,220명이라고 적었다. 이 숫자는 전투병의 수에 정확히 2를 곱한

| 크세르크세스 |

| 영화 《300》의 크세르크세스 |

모든 지식의 시작 전문세

값이다.

군인 528만 명은 현재 지구상 군사강국 상위 5위까지 랭크된 국가들의 병력을 모두 합친 수와 맞먹는다. 숫자에 대한 개념이 부족했거나 아니면 과장이 도를 넘었거나 둘 중 하나였겠지만 어느 쪽이든 헤로도토스는 꽤나 심각했던 것으로 보인다.

그가 《역사》 전반에 걸쳐 기록한 모든 수치는 나름의 근거를 제시하고 있는데 어디에서 정확히 몇 명을 징발했고 또 정확히 몇 척의 배에서 몇 명이 내렸다는 식이다. 기록의 정확성을 강조하고 싶었던 모양인지 숫자에 과하게 집착한 것 같긴 한데 허풍을 치셔도 너무 치셨다. 2400년 전에 군인이 500만 명이라니 말이다.

헤로도토스의 허풍이 무색하게도 현대의 역사가들은 3차전에 동원된 페르시아군을 10만에서 30만 명 정도로 추정하고 있다.

진군방식은 트라키아 마케도니아의 육로와 해안을 육군과 해군이 같이 진군하는 수륙병진책을 채택하였다. 1차 페르시아 전쟁에서 선왕 다리우스 1세가 시도했다가 실패했던 방식으로, AD 16C 임진왜란에서 일본군이 시도했다가 이순신 장군에 의해 실패로 끝난 전략이기도 하다. 하지만 이번에도 페르시아 해군은 날씨의 도움을 받지 못한다.

1차전과 같이 큰 폭풍을 만나 400여 척에 달하는 군함이 침몰하게 되는데 이번에는 곧장 퇴각하지 않고 그대로 밀고 나간다. 아직 싸울 만한 전력이 남아 있었기 때문이다.

헤로도토스에 따르면 페르시아 해군이 출정할 때 구축했던 온전한 전력은 1,200여 척이었다. 그중 1/3이 적을 구경하기도 전에 용왕님을 만나러 해저로 가버린 것이었다. 애초에 엄청난 병력을 끌고 왔기에 전쟁 수행이 가능했던 것이지만 불필요한 전력 손실은 크세르크세스를 매우 뼈아프게 했을 것이다. 다행히 육군은 테르모필라이 협곡이라는 곳까지 무사히 도달하게 된다. 테르모필라이 협곡은 북쪽에서 아테네가 위치한 아티카 지방으로 들어가는 관문이라고 할 수 있다.

테르모필라이Thermopylae는 온천을 의미하는 테르모스Thermos와 문을 뜻하는 필라이Pylae의 합성어로 문과 같은 작은 '입구'를 의미한다. 이름처럼 이곳은 병풍처럼 이어진 절벽의 틈으로 난 작은 통로이다. 이 테르모필라이에서 페르시아군은 스파르타가 이끄는 그리스 연합육군을 만나게 된다.

허풍 헤로도토스 옹翁에 따르면 200만 명에 달하는 페르시아 육군에 맞선 그리스 연합군의 수는 4,250명에다가 플러스 알파로 이 또한 작정한 듯 정확한 근거를 대고 있다. 그중의 주력은 스파르타군이며 그 유명한 숫자 '300'도 이분이 정확히 기술한 숫자에서 비롯된 것이다. 플러스 알파는 테르모필라이 지역을 다스리던 포키스인들의 수로 그들만은 정확하게 기록되어 있지 않다. 다만 로마시대에서는 이를 1,000명 정도로 추정한다.

결론적으로 200만 명 대 4,250+α명. 역사가이기 전에 이야기꾼으로 유명한 헤로도토스 옹은 초超드라마틱한 이야기를 남기고 싶었던 모양인 듯 어처구니없는 숫자를 또 써놓았다. 하지만 이 수치도 실제로는 20만 명 정도의 페르시아군을 1만 명 정도의 그리스 연합군이 좁은 지세를 이용해 방어했던 것으로 보고 있다.

　사실 허풍을 줄이고 줄여도 그리스군이 엄청난 열세였음은 틀림없다. 어찌됐든 스파르타의 레오니다스 왕이 이끄는 300명의 스파르타군과 4,000명 남짓한 그리스 연합군은 7일간이나 페르시아군의 진격을 저지하다가 전멸당한다. 그렇지만 이것도 페르시아군이 온전히 그들의 힘으로 이긴 것이 아니라 그나마 그리스인 중에 배신자가 나왔기 때문에 천신만고 끝에 거둔 성과였다.

　여기서 잠시 짚어봐야 할 것이 있다. 아마 많은 사람들이 이 테르모필라이 전투의 역사적 진실성에 의문을 가질 법하다. 왜냐하면 양군의 병력 차이가 상식의 선을 넘어서기 때문이다.

　그리스가 육로와 해로를 나누어 지키는 전략을 짜고 아테네가 해로 방어를, 스파르타가 육로의 방어를 맡았다고는 하지만 스파르타군이 동원한 병력 300명은 실로 의문스럽기 짝이 없다. 아무리 적군에 대한 정보가 없었다고 할지라도 상대가 페르시아군인데다가 왕이 친정을 하는 상황에서 스파르타군이 고작 300명밖에 동원되지 않은 것, 그리고 그리스 여기저기서 모은 오합지졸까지 합쳤음에도 만 명이 채 되지 않은 것은 매우 이해할 수 없는 일이다.

　2차 페르시아 전쟁은 아테네가 단독으로 페르시아와 대결하였음에도 육군 중장보병만 1만 명이 넘었다. 하지만 3차전은 전 그리스의 폴리스가 연합하였다면서 왜 병력이 이 정도밖에 되지 않았던 것일까. 과연 그리스인들은 이 한 줌의 병력으로 페르시아의 대군을 막을 수 있을 것이라고 생각했던 것일까. 아니면 두 차례의 대결을 펼치면서 페르시아군을 가볍게 본 것일까. 쉽게 이해가 되지 않는 상황이다. 헤로도토스 스스로도 과했다고 생각한 모양인지 테르모필라이를 방어할 수 있었던 이유를 여러 가지로 대

| 페르시아 전쟁의 주요 전투 |
이 전쟁에서 페르시아는 메소포타미아에서 떨쳤던 위용을 단 한 번도 보여주지 못했다.

고 있기는 하다.

먼저 테르모필라이의 지형인데 협곡으로 난 길의 평균 너비가 10m에서 15m, 가장 좁은 곳은 4m 정도로 수적 우위가 그다지 유리하게 작용하지 못했다는 점이다. 다음으로는 이곳에서 실제 전투가 이루어진 시간은 7일 중 절반인 3일 반 정도로 짧았다는 점이다.

또한 병력이 적었던 이유로는 스파르타를 포함한 모든 폴리스들이 축제로 인해 군사징발에 한계가 있었다는 점을 대고 있다. 여기서 말하는 축제란 먹고 마시는 의미의 축제가 아니라 경건한 제사의식을 의미한다. 하지

모든 지식의 시작 전문세

만 아무리 이해의 여지를 두려고 해도 300명은 심했다는 생각을 지울 수가 없다.

테르모필라이 전투의 그리스 연합군 총대장 레오니다스 또한 각 폴리스로 전령을 보내 지원을 요청한다. 하지만 어떤 폴리스에서도 지원군은 보내지 않았다. 페르시아군의 전력을 감안했을 때 지원요청을 받은 폴리스의 입장에서는 망망대해에 물 한 바가지 보태듯 의미 없는 짓이라고 생각했을 것이다.

실로 영화 같은 전투를 치르고 테르모필라이를 어렵게 통과한 페르시아군은 순식간에 아테네를 공격한다. 그러나 아테네는 텅 비어 있었다. 아테네의 지도자들이 이미 시민 전체를 살라미스 섬으로 옮겨놓은 후였기 때문이다. 물론 남아 있다가 변을 당한 사실을 묘사한 기록도 있다.

살라미스는 아테네와 사로니코스 만Saronic Gulf을 사이에 두고 있는 울릉도보다 약간 큰 섬이다. 위기에 처한 아테네인들이 세운 대책은 바다를 이용한 방어로써 이는 배수진과 같은 최후의 전략이었다. 이를 주장하고 실행에 옮긴 인물은 테미스토클레스Themistocles였다.

페르시아 육군이 스파르타군을 물리치고 테르모필라이를 통과할 때 페르시아 해군은 아르테미시온Artemision 곶에서 아테네 해군에 고전하고 있었다. 아르테미시온 곶은 육지의 테르모필라이와 같이 바다의 최후 저지선이었다. 아테네 해군은 선전하고 있었으나 테르모필라이가 뚫렸다는 소식을 듣고 즉시 후퇴하게 된다. 그리고 아테네 앞바다까지 퇴각해 살라미스 해전이라 불리는, 아테네의 명운을 건 전투에서 페르시아군을 막아낸다.

살라미스 해전은 세계 해전사에 길이 남은 유명한 전투이다. 물론 그리스의 입장에서 볼 때 그렇다는 것이다. 살라미스에서의 승전은 폭이 좁은 바다로 다수의 적을 유인해 물리친 작전의 승리였다. 그리고 아테네가 보유했던 기동성이 뛰어난 3단 도선Trireme이 페르시아 해군의 느리고 큰 군함보다 우수했던 점도 크게 작용했다.

어쨌거나 그리스를 정복하겠다는 페르시아의 의지는 다시 한 번 아테네 군에 의해 꺾이고 만다. 이때가 BC 480년이다.

헤로도토스는 그 이듬해인 BC 479년 세스토스 함락을 이 전쟁의 끝으로 보았지만 살라미스 해전으로 사실상 페르시아 전쟁의 승패는 결정되었다. 한편 헤로도토스를 제외한 대부분의 기록에서는 페르시아 전쟁의 끝을 30년이나 뒤인 BC 448년으로 규정하고 있다. 이것은 BC 448년 칼리아스 화약Callias 和約에 의한 것으로 실제 페르시아 전쟁과는 상관이 없는 것이었다.

▌페르시아 전쟁의 의미

페르시아 전쟁은 역사상 최초의 동서양 문명 충돌이라는 의미를 지니고 있다. 물론 이 동서양의 구분은 지중해 주변을 세상 전부로 생각하던 당시 세계관에서의 구분이다. 현대의 시각에서 이들의 충돌은 서양, 그중에서도 지중해 세계 내에서의 동서 충돌이다. 현재까지 이 전쟁을 동양과 서양의 충돌로 보는 것은 다분히 서구의 시각이라고 할 수 있다.

또한 이 전쟁은 회를 거듭할수록 페르시아가 점점 많은 병력을 이끌고 가서 더 크게 두들겨 맞고 퇴각했다는 특징이 있다. 아울러 믿지 못할 기록에 의한 수치이지만 수십, 수백만 명을 데리고 가서는 실제 전투에는 달랑 몇 명밖에 투입하지 않은 특징도 있으며, 막대한 손실을 입었다고는 하지만 총 병력의 10%도 되지 않는 피해에도 페르시아군 전체가 모래성처럼 허물어지고 도망친 특징도 있다. 그에 비해 그리스 측의 병력은 너무도 현실적이라고나 할까. 그래서 양측의 차이가 터무니없이 크다는 특징까지, 참으로 불가사의한 점이 많은 전쟁이다.

굳이 전쟁의 전개와 결과를 억지로라도 이해를 하자면 페르시아군 지휘관의 능력에서 원인을 찾을 수 있겠다. 무능한 사령관으로 인해 대오가 무너진 가운데 한바탕 공포가 휩쓸고 갔을 경우 수십만의 대군이 일거에 오합지졸로 변한 사례는 많이 있으니까 말이다. 하지만 가장 큰 원인은 뭐니 뭐니 해도 기록상의 과장이 아닌가 생각한다.

대부분의 기록이 그리스인에 의해 전해진 만큼 페르시아군은 그리 대단한 규모가 아니었고 그리스군은 기록만큼 왜소하지 않았음을 짐작할 수 있다. 그래서 한쪽이 일방적으로 강한 상태가 아니라 양쪽 다 한번 해볼 만한 상태였음을 추정할 수 있다.

종합해 보았을 때 단 한 번의 총력전에 패배한다면 어느 쪽이라도 재기불능이 될 수 있는 대등한 전쟁에서, 누가 이겨도 이상할 것 없는 전쟁에서 페르시아가 패배한 것이다.

이 전쟁의 2차전 중 마라톤 전투에서 마라톤이라는 종목이 탄생했다는 것은 익히 알려진 사실이다. 페르시아의 후손이라고 자처하는 나라인 이란에서는 마라톤이 금지되어 있다. 사실 이 전투에서 아테네 병사의 기념비적인 고생으로 마라톤이라는 종목이 만들어졌다고 알려져 있는데 만약 그런 식으로라면 페르시아 병사들은 철인 18종 경기 정도는 만들어야 할 만큼 고생을 하지 않았을까 생각한다. 2500년 전의 일이라지만 마라톤 금지라는 이란의 결정은 충분히 이해가 간다.

그렇다면 당시 아테네는 전령을 보내면서 왜 말을 이용하지 않았나 하는 의문이 생길 것이다. 여기에는 여러 가지 설이 있으나 결론은 같다. 말을 타는 것보다 사람이 달리는 것이 더 나았기 때문이다. 바로 험한 산지가 많은 그리스의 지형에서 그 원인을 찾을 수 있다. 사실 그리스에도 말은 있었다. 마라톤 전투를 지휘한 밀티아데스만 해도 올림피아 제전에서 전차경주

│ **승전보를 전하고 숨을 거두는 페이디피데스** │ L. O. 메르송, 1869년

로 이름을 날린 사나이였던 것으로 보아 아테네인들도 말을 다루는 데에는 문제가 없었던 것으로 보인다.

　그럼에도 많은 학자들이 추정하는 이유로는 그리스는 지리적으로 말을 이용하기에 적합하지 않았다는 것이다. 이것은 폴리스들의 군대운용에 있어 기병이 거의 없는 이유이기도 한데 기병은 보병에 비해 유지비용 대비 효과가 그리 크지 않았음을 알 수 있다. 그 결과 그리스 대부분의 폴리스들은 보병을 주력군으로 삼고 있었다.

　2차 페르시아 전쟁에서 살짝 짚고 넘어갔던 히피아스는 마라톤 전투 이후로 기록에서 이름을 찾아볼 수가 없다. 그리스인들은 히피아스가 전투에 휩쓸려 죽었을 것으로 보고 있다.

　아테네의 새로운 시대를 열었던 솔론과 참주이면서도 아테네를 발전시

컸던 페이시스트라토스, 세습권력으로 통치자가 되었다가 매국노로 변신한 히피아스는 모두 한집안 사람이었다. BC 6C와 BC 5C를 걸친 아테네의 100년 역사가 한집안에 고스란히 걸쳐 있었던 것이다. 더불어 히피아스는 앞에서 여러 차례 언급된 것으로도 알 수 있듯이 역사에 길이 이름을 남긴다. 인류 역사상 최초의 매국노로서 말이다.

나라 팔아먹고도 대대로 호의호식하는 매국노들의 천국인 대한민국의 입장에서 본다면 히피아스 정도는 매국노 축에도 못 낄 터이지만 히피아스라는 이름은 그리스를 넘어 서양사 전반에 걸쳐 나라 말아먹은 자의 심벌Symbol로 남아 있다.

🔯

마라톤에 대하여

마라톤이라는 스포츠에 대해 좀 짚고 넘어가자.

마라톤 평원과 아테네와의 거리로 알려진 수치는 아시다시피 42.195km이다. 본의 아니게 최초의 마라토너가 되어버린 아테네의 병사 페이디피데스가 이 거리를 뛰고 작고 했다는 것은 다 아는 스토리다. 실제로 42km는 운동과 담을 쌓은 초보자가 한 번에 뛰었다가는 저승으로 직행하기 적당한 거리이다. 그러나 이 드라마틱한 스토리에는 일단 두 가지의 실망스런 사실이 있다.

하나는 이 병사가 '이겼다'는 말을 하고서 죽었다는 것이 후세에 만들어졌다는 것이다. 헤로도토스의 기록에서도 페이디피데스의 신상과 관련해 스파르타에 전령으로 오갔다는 기록은 있어도 마라톤 평원에서 달려왔다는 얘기는 없다. 동서고금의 많은 위인들의 이야기와 세계사의 에피소드들은 대부분 후세에 지어진 허무하고도 맹랑한 소설이라 마라톤 스토리도 충분히 그럴 수 있다고 생각한다.

또 하나는 42.195라는 숫자의 거리도 역사적 사실과는 별로 상관이 없다는 것이다. 그 수치가 정확성과 거리가 멀다는 사실은 마라톤 종목의 거리가 계속 왔다 갔다 했다는 것으로 알 수 있다. 제1회인 아테네올림픽의 마라톤 코스는 36.75km, 2회 파리올림픽에서는 40.26km, 3회 세인트루이스올림픽에서는 39.91km였다가 4회 런던올림픽에서 42.195km가 된다.

이만하면 대한민국의 엿장수가 취급하는 엿가락에 필적한다. 특히 지금의 마라톤 거리와 일치하는 런던올림픽의 42.195km도 당시 영국 국왕 에드워드 7세가 구경하기 좋은 곳으로 출발선을 옮기라고 하는 통에 결정된 것이다. 이렇게 기준도 뭐도 없는 마라톤 거리는 7회 대회까지 늘였다 줄였다를 반복하다가 8회 파리올림픽에 와서야 42.195km로 굳어진다. 4회 올림픽을 치렀던 영국의 입김이 작용한 결과다.

어찌되었건 40km 전후를 뛴 것으로 추정되는 페이디피데스는 아테네에서 장거리를 뛰는 직업을 가진 사람이었다고 한다. 장거리주자를 직업으로 한다는 것은 그가 폴리스 간의 소식을 전달하는 직업적인 전령이었음을 짐작케 한다. 국가가 백척간두의 위기에 처한 당시의 상황으로 보아 전시동원령에 의해 군인의 신분을 갖고 있었을 것이니 병사라고 해도 무방하겠다.

그는 이 마라톤 전투를 전후해 주야장천 달리고 달린 것으로 역사에 기록되어 있다. 그는 먼저 원군을 얻기 위해 스파르타로 출발해 230km를 이틀 만에 달린다. 그리고 스파르타의 원군을 얻지 못했다는 소식을 전하기 위해 다시 230km를 달린다. 아마 갈 때보다 더욱 빨리 달렸을 것이다. 더 급한 소식이니까 말이다. 그러고 나서 그는 출정하는 전투부대와 같이 마라톤 평원까지 간다. 페이디피데스가 마라톤으로 갔다는 기록은 없다. 하지만 전설 속에서 마라톤 평야에서 달려와 소식을 전했다고 하니까 당연히 그곳으로 갔다는 추정이 가능하다. 물론 마라톤 평야로 갈 때의 속도는 혼자 달릴 때처럼 빠르지는 않았겠지만 그래도 달렸을 것이다. 그리고 마지막으로 승전보를 전하기 위해 달린다. 이번에는 최고로 혼신의 힘을 다해 달렸을 것이다. 무방비에 놓인 아테네를 페르시아군이 공격하기 전에 도착해야 했으니까 말이다.

이렇게 페이디피데스가 며칠 사이에 전력으로 질주한 거리는 어림잡아도 540km가 넘는다. 그것도 구릉과 산지가 대부분인 그리스의 험한 길을 말이다. 흡수가 빠른 음료도 없던 시절에 몇 날 며칠을 이 정도로 달리고 나서 살아 있을 사람이 몇이나 될까. 죽지 않는 것이 이상할 정도이다. 그러니 얼마를 달렸건 마지막에 장렬하게 숨을 거두었다는 것만큼은 완전히 얼토당토않은 이야기는 아닌 듯하다. 다만 기록에 스파르타를 오가긴

했지만 마라톤에서 달려온 것은 확인할 길이 없다는 게 그 숭고함에서 김을 살짝 빠지게 할 뿐이다.

어찌되었건 국가를 위해 혼신을 다해 달렸던 그의 노고에 경의를 표하는 바이다. 그리고 애국심을 자극하기 위해 이 스토리를 쥐어짜낸 이름 모를 작가에게도 경의를 표한다.

서양		동양
	BC 591	초장왕 사망
키루스 2세 페르시아 건국	BC 550	
페르시아 다리우스 1세 즉위	BC 522	
	BC 494	부차 구천에게 복수
페르시아 전쟁	BC 492	
마라톤 전투	BC 490	
헤로도토스 출생	BC 484	오자서 사망
3차 페르시아 전쟁 테르모필라이 전투 살라미스 해전	BC 480	
헤로도토스 페르시아 전쟁 종전 판단	BC 479	
	BC 473	구천 오나라 부차에게 복수
칼리아스 화약	BC 448	

맥을 짚어 주는 연대표

중국의 본질을 찾아가는 과정, 춘추와 전국시대

4

▌춘추시대, 봄에 피어 가을에 지다

다시 시계를 주周가 첫 번째로 망한 때로 돌려보자. 정확하게는 서주西周가 멸망하고 시작된 동주東周시대, 즉 춘추시대春秋時代가 열린 BC 771년이다. 이때 그리스는 도리아인의 남하 이후 암흑기가 지나 폴리스 시대가 열렸던 때였고, 이탈리아 반도에서는 로마라는 작은 나라가 세워지려고 할 때이다.

춘추시대는 중국 역사상 최초의 분열기였다. 물론 이때에는 분열할 것도 없었기 때문에 분열기라고 말하는 것에 무리가 있다고 주장하는 학자도 있다. 하지만 하, 은, 주 삼대三代를 지날 때까지 천하는 하나의 세계로 평온했다는 중국의 역사관으로 보았을 때 춘추시대는 최초이자 최대의 분열기라고 할 수 있다.

《삼국지연의三國志演義》 나관중 본의 첫 구절인 '분구필합 합구필분分久必合 合久必分'의 의미대로 중국의 역사는 분열과 통일을 거듭한다. 춘추시대는 그 분열의 첫 장이었다.

서주시대에도 제후국들이 존재하기는 했다. 그러나 주가 강성했을 때 이들은 주의 명에 따르는 봉건영주에 지나지 않았기에 서주시대는 통일시대로 본다. 주의 동천東遷 이후 실질적인 통제력이 사라지게 되면서 수많은 국가들이 스스로 생겨나고 사라지기를 반복한다. 이러한 크고 작은 나라들 중 이름이 남아 있는 것만 해도 140개에 이르고 이들 중에는 힘이 빠진 주를 능가하는 제후국도 있었다.

이른바 이 모든 나라들이 자유경쟁을 벌이게 되는, 바야흐로 국가가 봄에 섰다가 가을에 지는 춘추春秋시대라 하겠다. 영어 표기로는 'Spring and Autumn Period!'

이 시대에는 국가가 발전하지 못함은 곧 멸망을 의미하였다. 그래서 모든 나라들이 생존이 달린 발전을 위해 치열하게 역량을 키워 나갔다. 부국강병富國强兵이라는 용어가 출현하게 된 것도 이때였다. 이런 각국의 부국강병책 덕분에 중국 전역은 모든 분야에서 빠른 속도로 발전을 이루게 되었다.

효과적인 통치 시스템의 개발, 가문이 아닌 능력에 따른 인재등용, 농경의 발달로 인한 수확량의 증가, 화폐경제의 발달로 인한 상업의 활성화, 사상과 학문의 발전 등이 이루어진 시기였다. 특히 제자백가諸子百家라는 말로 표현되는 수많은 학자와 학파의 출현은 전국시대까지 이어져 중국의 학문과 사상을 비약적으로 성장시켰다. 이 시기에 등장하여 발전한 사상들은 동양철학의 근본을 이루게 되는데 현대에까지 영향을 미치고 있다.

춘추시대의 국제관계는 제후국 중에서 하나의 강력한 국가가 나머지 제후국들을 주도하는 모양새를 보였다. 강력한 국가들이 차례로 나타나 천하를 호령하는데 그중 주요한 다섯 나라를 춘추오패春秋五霸라고 한다.

춘추오패에 대한 설은 여러 가지가 있는데 주의 동천 이래 시기 순으로 보면 대체로 제齊, 진晉, 초楚, 오吳, 월越. 이 다섯 나라로 볼 수 있다. 첫 번째 패자 제齊는 주나라 건국공신 강상을 시조로 하는 제후국이다.

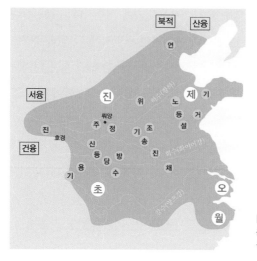

| 춘추오패를 비롯한 수많은 제후국들 |
춘추오패는 시간적인 순서로 패권을 잡은
국가들이다.

　제의 전성기를 이끈 군주는 환공桓公이다. 환공은 주 왕실을 받들고 군소
국가들을 지원하는 등의 서주시대의 질서를 유지하기 위해 노력하는 모습
을 보여준다. 제의 뒤를 이은 진의 문공文公 또한 별반 차이가 없다. 그러나
세 번째 패자인 초에 이르러서는 성격이 달라진다.

　초는 우선 주나라 질서 영역의 밖, 즉 중원 밖의 국가였다. 물론 후에 왕
족은 족보갈이를 하여 오제五帝 중 하나인 전욱顓頊의 후손이라고 하지만
실제로 서주시대까지는 거의 오랑캐蠻에 속하던 국가였다. 그래서 군주의
호칭도 제와 진의 공公이 아닌 일찍부터 왕王을 채용할 수 있었던 것이다.

　오와 월 또한 마찬가지라고 할 수 있다. 주周라는 초기질서 밖에 존재하
다가 춘추시대라는 확장기에 중원의 울타리로 아슬아슬하게 편입된 것이
다. 드디어 오랑캐라는 딱지를 떼어내고 중국 역사의 일원이 되었으며 이
때로부터 수백 년 뒤에 부여되는 한漢이라는 아이덴티티를 갖게 된 것이라
고 할 수 있다.

　지금의 인도차이나 반도의 베트남을 월남越南이라고 부르는 것은 월나라

　　　　　　　　　　　　　　　　　　　모든 지식의 시작 전문세

의 남쪽이라는 뜻으로 남쪽 오랑캐蠻에 대한 중국의 경계가 월越에서 그 이남으로 내려간 것임을 의미한다. 이때가 춘추시대이다.

오패五霸에 대해서는 많은 이견이 존재한다. 위에서 언급한 다섯 패자霸者는 세력을 기준으로 한 것으로 후세의 의견에 따른 분류이다. 그러나 공자의 《춘추》에 따르면 오吳의 합려와 월越의 구천 대신 진秦 목공, 송宋 양공이 들어간다. 이것은 명분에 따른 분류로서 공자는 오와 월을 중원의 국가로 보지 않았던 것이다. 중원이라는 공간적 영역이 확장하는 시기에 충분히 일어날 수 있는 견해 차이이다.

춘추시대에서 패자霸者라고 하는 것은 그저 무력이 가장 강한 나라의 군주를 의미하지 않는다. 모든 제후국들은 회맹會盟이라는 실질적인 모임을 가져 주나라를 대신해 천하를 주도할 맹주를 뽑았는데 이 맹주를 패자라고 하였다.

춘추오패는 많은 패자들 중에서도 가장 뛰어났던 인물들을 일컫는다. 패자를 선정하는 이 회맹이라는 모임은 명목상으로나마 주 왕실을 인정하는 의식이면서 패자에게 권위라는 실질적인 완장을 채워주는 의식이었다.

주 왕실은 비록 이름뿐이지만 권위를 인정받아 제사를 지내고 패자는 실질적인 힘에 형식적인 명분을 얻어 질서를 유지했던 것이다. 이것은 춘추시대와 전국시대의 가장 큰 차이점으로서 경쟁을 하면서도 질서와 룰Rule이 있었음을 보여준다. 춘추시대에서는 이 질서를 존왕양이尊王攘夷와 계절존망繼絶存亡이라는 말로 표현한다.

존왕양이는 존주양이尊周攘夷라고도 하는데 주나라를 보존하며 오랑캐를 물리친다는 것이고, 계절존망繼絶存亡은 글자 그대로 해석을 하면 잇고 끊어짐과 존재하고 망함을 뜻하는데 단절과 멸망을 함부로 결정하지 않았다는 것이다. 가급적 기존의 질서를 그대로 유지해 나가자는 의미로 해석할 수 있다.

　실제로 춘추오패의 첫 번째 패자였던 제 환공은 이민족의 침입으로 거의 멸망한 위魏와 형邢 두 나라를 구해주고 종묘를 다시 세워준 적이 있다. 이는 계절존망의 대표적인 사례로 알려져 있다. 물론 무조건 낭만적이었다는 것은 아니다. 아무리 계절존망의 정신이 있었다 하지만 이 시대도 엄연한 국가 간의 경쟁이 있었다.

　《사기》에 따르면 춘추시대에 멸망한 나라가 60여 개국, 시해된 군주가 40여 명에 달하고 목숨을 보존하기 위해 도주한 군주는 셀 수가 없을 정도라고 하니 현실은 현실이었다. 다만 춘추시대에는 적어도 분위기만은 달랐던 것이다.

　중국역사에는 소설보다 재미있는 이야기가 많다. 《삼국지》는 말할 것도 없고 항우와 유방의 《초한전楚漢戰》, 누대에 걸쳐 등장하는 수많은 미인 이야기, 요순시대 이야기, 신화에서 역사로 넘어가는 단계의 황제 헌원과 치우의 대결에 관한 이야기, 걸주桀紂의 나라 말아먹은 이야기와 주나라 문왕과 무왕 그리고 강태공 이야기 등의 숱한 드라마가 있다.

　그중에서 춘추오패는 본격적인 드라마다운 드라마의 시작이라고 할 수 있다. 그 앞의 이야기까지는 '옛날 옛적이니까' 하는 생각에 판타지 같은 이야기도 먹혔을 법한 단계이지만 춘추시대에 펼쳐지는 오패에 관한 스토리는 현대에 대입해도 결코 촌스럽지 않은 수준으로 발전한다.

　그리고 정치, 경제, 사회, 국제관계, 충, 효, 의리, 배신, 욕망 등 세상사의 가장 근본적인 요소들이 뒤섞인 복합구성으로 현재 회자되는 고사성어들이 쏟아져 나온 것도 바로 이 시기이다.

춘추오패와 파트너들

관포지교管鮑之交의 고사로 유명한 관중은 오패의 첫 번째 패자인 제환공이 거두어준 인물이다. 하루 종일 불을 피우지 않는 한식寒食의 풍습은 두 번째 패자인 진문공과 그의 신하였던 개자추介子推의 고사에서 비롯되었다. 날지도 울지도 않는 새는 한 번 날면 매우 크게 날 것이라는 불비불명不飛不鳴, 관끈을 끊고 놀았다는 절영지연絕纓之宴은 세 번째 패자 초장왕楚莊王에 얽힌 고사다.

섶에 눕고 쓸개를 씹는다는 뜻으로, 원수를 갚으려고 온갖 괴로움을 참고 견딘다는 와신상담臥薪嘗膽, 뜻이 전혀 다른 사람들이 한자리에 있다는 오월동주吳越同舟, 자기 분수를 모르고 남의 흉내를 낸다는 효빈效嚬, 복수라 할지라도 도가 지나친 것을 말하는 굴묘편시堀墓鞭屍, 갈 길이 멀어 도리를 역행할 수밖에 없음을 뜻하는 도행역시倒行逆施, 길은 먼데 해는 저문다는 일모도원日暮途遠 등과 같은 고사도 역시 춘추오패에 속했던 오나라, 월나라와 관련이 있는 고사다.

춘추오패에 대해 부연하고자 한다. 제나라 환공은 넓은 아량으로 인재를 받아들여 첫 번째 패자에 오른 인물이다. 훌륭한 신하 없이 훌륭한 왕은 없다.

제환공에게는 관중이라는 인물이 있었으니 환공이 천하의 패자에 오른 것은 전적으로 관중이란 인물의 공이었다. 그러나 관중은 원래 환공의 적이었다. 왕자시절의 환공을 죽이려고 활을 쏘아 명중시킨 바 있는 인물로서 보통의 경우라면 처단 제1순위였을 것이다. 관중이 쏜 화살이 청동 버클Buckle에 맞는 바람에 환공은 목숨을 부지할 수 있었는데 그런 관중을 천거한 사람은 영혼의 친구 포숙아鮑叔牙였다. 관중은 포숙아라는 세상에서 보기 드문 '절대 이타심'의 소유자를 친구로 둔 덕분에 인생이 풀린다.

친구가 처음 풀어준 인생을 관중은 실력으로 활짝 꽃피웠고, 그런 관중으로 인해 환공은 무려 40여 년을 천하의 패자로 군림할 수 있었다. 관중은 중국 역사상 최고의 명재상 중 한 명으로 추앙받고 있는데 이는 대중적으로 알려진 것 이상의 수준이다. 하지만 관중이 죽은 후 환공은 간신들에 의해 고립되어 굶어 죽는 비참한 운명을 맞게 된다. 특정 인물을 콕 찍어서 '멀리 하시라'고 한 관중의 족집게 유언을 따르지 않았던 것이다.

그리하여 춘추시대 첫 번째 패자이자 춘추시대 최고의 영웅이었던 환공은 비참하게 죽은 것도 모자라 죽고 나서도 두 달 넘게 장사를 치르지 못했다. 시체가 썩어 문드러져 구더기가 문 밖으로 나올 지경이 되어서야 겨우 수습이 되는데 환공의 일생은 군주의 자리가 진정 만만치 않음을 보여주는 좋은 예가 되었다.

환공에 이어 두 번째 패자가 된 진나라의 문공은 19년의 망명생활 끝에 62세에 군위에 앉은 불굴의 노익장 아이콘이다. 당시의 평균 수명으로 보았을 때 62세이면 내일 당장 서거하셔도 이상하지 않을 나이였다. 생명을 위협하는 적을 피해 오랜 세월 동안 천하를 떠돌았지만 문공은 훌륭한 인품의 소유자였기에 그를 따르는 신하들이 많았다. 무려 19년 동안이나 보장된 미래도 없이 비루한 생활을 함께했던 그야말로 의리 충만한 전우들이었다.

개자추介子推도 그 그룹의 일원으로서 진문공을 19년 동안이나 모셨던 인물이다. 한번은 문공의 일행이 노자가 떨어져 문공까지 끼니를 거를 정도로 곤궁해진 때가 있었다. 그때 개자추는 자신의 넓적다리살로 고깃국을 끓여 문공의 배를 채워주었다. 실로 대단한 충성심이었다. 그러나 문공은 권좌에 앉은 후에 놀랍게도 그런 개자추를 저버리는 실수를 저지른다. 생살을 떼주었는데도 시간이 흐르면 잊게 되는 것이 인지상정이던가.

| 능력의 관중 |　　　　　　| 인품의 포숙 |

　문공이 나라를 얻은 후에 개자추는 어머니를 모시고 면산綿山에 들어가 버리는데 단단히 심사가 뒤틀렸는지 아니면 속세를 초월해 버렸는지 알 수는 없다. 뒤늦게 자신의 잘못을 깨달은 문공은 애타게 자추를 부르지만 자추는 그 부름에 응하지 않는다. 돌아오지 않는 개자추에 대한 문공의 간절함은 산에 불을 놓게 만든다. 불이 나면 어쩔 수 없이 나오게 될 것이라는 계책을 좇았던 것이다. 그러나 개자추는 밖으로 나오지 않고 어머니를 안고 불에 타 죽는 선택을 한다.

　산이 모조리 탄 후 찾아낸 모자의 처참한 모습에 문공은 목 놓아 울었고 자추가 불타 죽은 이날은 전국에 불을 쓰지 못하게 하여 찬 음식을 먹게 되었다. 이것이 한식寒食의 기원이며 그 다음 날은 청명절淸明節이 되었다.

　덜떨어진 기억력 덕분에 개자추를 자신보다 더 유명한 신하로 만들어버린 문공은 9년이라는 짧은 재위에도 진晋을 강국으로 변화시킨다. 그리고 19년 동안 떠돌아다니며 입었던 은혜와 당했던 원수를 모조리 갚는 집념도 보여준다.

세 번째 패자는 초나라의 장왕이다. 장왕의 아버지 목왕은 자신의 부왕인 성왕을 죽이고 왕좌에 앉은 사나이다. 물론 이유 없이 왕좌만을 노리고 살부의 죄殺父之罪를 범한 것은 아니다.

동서고금의 왕가에서 부왕을 죽인 왕자들을 보면 대부분 이유는 한 가지이다. 바로 아버지가 새장가를 들어서 본 늦둥이. 그 늦둥이에게 왕위를 물려주려고 하다가 사달이 나는 것이다. 가까이 조선 태종 이방원의 예도 있듯이 초장왕의 아버지 목왕도 그 아비지인 성왕이 자신의 태자 자리를 빼앗아 후궁 소생의 어린 왕자에게 주려고 하자 반란을 일으킨 것이다.

갑작스럽게 왕자의 반란군에 포위된 성왕은 죽기 전에 곰발바닥 요리를 먹게 해 달라고 한다. 곰발바닥은 삶는 데만 3일 정도의 시간이 걸리는 요리라고 한다. 조금이라도 시간을 끌어 상황을 반전해 보려는 잔머리였던 것이다. 하지만 바보가 아니었던 목왕은 이를 받아들이지 않는다. 그렇게 부왕을 자결케 하고 권좌에 앉은 목왕은 성왕이 이루어놓은 국력을 한껏 떨친다. 짧은 재위기간에도 주위의 소국들과 중원 제후국을 쳐서 초의 판도를 크게 넓힌다.

그 목왕의 뒤를 이은 인물이 장왕이다. 장왕은 그런 초나라를 이어 받았다. 하지만 이상하게도 장왕은 어렵게 왕위에 올랐지만 아무것도 하지 않았다. 분명 초나라는 대국이었고 강국이었다. 특히 성왕에 이르러서는 패자를 넘보았을 정도의 세력이었으며 아버지 목왕이 나라를 잘못 다스린 것도 아니었다. 이런 건실한 강국 초나라를 이어받았지만 장왕의 알 수 없는 행동으로 국사는 혼란에 빠졌고 충신은 사라졌으며 간신들은 넘쳐나게 되었다. 그야말로 나라가 순식간에 개판이 된 것이다.

관리는 대놓고 부정을 일삼고 신하들은 팔을 걷어붙이고 사리사욕을 채웠다. 감사 시스템이 이토록 발전한 오늘날에도 부정부패가 끊이지 않는데 고대국가에서 국정이 멈추었을 때의 상태란 가히 상상불허가 아니겠는가.

모든 지식의 시작 전문세

장왕은 말에 대한 사랑이 각별했다고 한다.

초나라에서는 이런 상태가 3년이나 지속되었다. 이때 오거伍擧라는 충신이 낸 수수께끼에서 비롯된 고사성어가 3년 동안 울지도 날지도 않는다는 새, 불비불명不飛不鳴이다. 장왕으로 하여금 이제 날아오르기를 간하는 것이었다. 그때가 왕위에 오른 지 3년이 되던 어느 날이었다.

드디어 장왕은 놀기를 멈추고 정사를 돌본다. 사실 장왕은 그 3년이란 세월을 그냥 보내지 않았다. 겉으로는 노는 척했을 뿐 실제로는 깨어 있는 눈으로 3년간 충신과 간신을 가려낸 것이었다.

장왕은 평소에 정리해 두었던 수백 명의 간신을 일거에 처형하고 충신을 등용하여 초나라는 금세 다시 강국이 된다. 속으로야 무슨 생각을 하였던 간에 3년 동안이나 아무것도 하지 않고 놀기만 한 왕도 대단하지만 그런 3년을 보내고도 망하지 않은 초나라도 대단하다. 초성왕이 잘 다져놓았거나 당시 초나라의 초급 공무원들이 일을 아주 잘했거나 둘 중 하나일 것이다.

▌오와 월

공자가 중원 국가로 인정하지 않았던 오나라와 월나라는 치열한 대결을 펼치면서 후세에 의해 오패의 마지막 두 자리를 차지한다. 이 두 나라의 대결에는 천재 전략가 오자서, 손자병법의 손무孫武, 절세미녀 서시西施가 등장한다. 파노라마 같은 이야기가 펼쳐지는 오와 월의 대결이지만 실제로는 실컷 치고받고 엎치락뒤치락하다가 월나라의 승리로 결말을 맺는다.

춘추시대는 서주시대까지만 해도 오랑캐라고 불리던 민족들이 한족으로 포함되느냐 아니면 계속 오랑캐로 남느냐가 결정지어지던 시기였다. 이때까지 편입의 기회가 열려 있었던 것이다. 엄밀하게 따지면 오월동주吳越同舟의 오나라와 월나라도 오랑캐蠻였다. 그랬던 것이 혼란의 춘추시대를 거치면서 이들은 이른바 중화中華에 끼게 된 것이다. 물론 그 지배집단은 후에 자신의 조상을 제전욱(秦, 楚), 우임금(越)이라고 족보갈이를 하였다.

후에 진시황이라는 인물을 배출하여 중국의 역사를 바꾼 진秦은 춘추시대 초기에만 해도 서주를 멸망시킨 융戎과 다를 바 없는 취급을 받았다. 진이 자리한 곳이 서주시대에 융의 판도에 속했던 지역이기 때문에 틀린 말도 아니었다. 그러나 일찍부터 중원과 접한 덕에 진은 얼마 가지 않아 오랑캐에서 벗어나 당당한 중국의 일원이 되었다.

초와 오, 월은 춘추시대 중기부터 진秦과 같은 과정을 겪게 된다. 만蠻이라 업신여김을 받던 세력이었으나 이들도 국력을 키워 점점 중원세계에 융화되기 시작한다.

중국이라는 세계는 영토의 측면에서 보았을 때 이러한 방식으로 확장되었다. 중원세력이 영토를 점령하여 넓히면 오랑캐로 분류되던 해당 지역 사람들이 제후국의 백성으로 편입되는 식이었다. 그러니 앞서 족보갈이라고 표현하기는 하였으나 진이나 초, 오, 월 등의 나라에서 지배층만은 오제五帝의 자손이라는 주장이 완전히 틀리다고는 할 수 없다. 이런 과정을 거쳐 중국의 일원이 된 초는 세 번째 패자를 차지하게 되었고, 네 번째와 다섯 번째 패자를 오와 월이 차례로 차지하게 된 것이다.

모든 지식의 시작 전문세

춘추전국시대를 춘추와 전국으로 나누는 것에 대해 학자들의 의견은 나누어져 있다. 두 시대를 나눈 것은 의미가 없다는 쪽과 두 시대는 분명 차이가 있다는 쪽으로 말이다.

두 의견 모두 일리가 있지만 현재는 나누어서 보는 것이 대세이다. 나누는 쪽의 시각에서 보면 춘추와 전국 두 시대는 왕조가 달라지듯 다른 성격을 갖는다. 춘추에서 전국으로 넘어가는 분기점은 오패 중 두 번째 패자인 진문공의 나라 진晉이 제공한다.

진晉은 문공의 사후에 나라 크기는 대국이면서도 세력을 떨치지 못하며 점차 쇠퇴한다. 오히려 치열한 내분 끝에 나라를 잃으며 신하였던 한韓, 위魏, 조趙의 가문들에 의해 세 나라로 나누어지기까지 한다. 이것이 유명한 삼가분진三家分晉의 변으로 춘추시대가 막을 내리고 전국시대의 시작을 알리는 사건이 된다.

앞서 전국시대가 시작된 해를 BC 453년이라고 하였는데 학자에 따라서 BC 403년을 주장하기도 한다. 이것은 진晉이 실질적으로 나누어진 BC 453년과 주 왕실로부터 후侯의 승인을 받은 BC 403년 중 어느 것을 기준으로 할 것인가 하는 관점의 차이일 뿐이다. 이렇게 중국은 전국시대라는 한층 더 혼란한 시기를 맞게 된다.

▌모든 동양사상의 탄생, 제자백가

공자孔子, 노자老子, 맹자孟子, 묵자墨子 등에서 자子는 스승이나 학자를 뜻하는 말이다. 이들은 제각각 학문적인 일가를 이루었는데 가家란 지금의 시각에서 보면 스쿨School, 즉 학파學派에 해당한다고 볼 수 있다.

제자백가諸子百家란 수많은 학자와 학파를 말한다. 이런 제자백가가 등장한 것이 춘추시대이다. 수많은 나라가 명멸했던 만큼 학문도 수없이, 기술도 수없이, 인물도 수없이, 사건도 수없이 일어났기에 춘추라는 시대는 풍성하고 흥미진진한 역사를 남긴 것이다.

당시는 기존의 가치가 무너진 혼란의 시기였다. 새로운 가치관의 확립이 시급해진 것이다. 가장 먼저 생겨난 사상은 음양가陰陽家로 추정된다. 음양가를 최초로 보는 주된 이유는 《역경易經》의 존재이다.

《역경》은 중국에서 지금까지 전해지는 가장 오래된 사료 중의 하나로, 주나라에서 국가적 차원에서 사용되어 《주역周易》이라는 이름이 붙었다. 초창기 제자諸子의 존재가 주 왕실의 붕괴로 인한 학자들의 실직에서 비롯되었다고 보았을 때 그들은 주로 《역경》을 다루던 사람들이었을 것이다. 자연스럽게 가장 먼저 생겨나 앞서 갔던 학파는 전 왕실 학자들인 음양가였음을 짐작할 수 있는 대목이다. 또한 이들의 제자들이 세대를 지나면서 다른 사상을 파생시켰을 가능성이 크다.

한나라 시대 이후로 현대에 이르기까지 일반적으로 제자諸子 중에서는 공자가, 백가百家 중에서는 유가儒家가 가장 중요하게 여겨져 왔다. 이유는 유가가 한漢대의 통치이념이 된 이래 동양세계에 끼친 영향이 가장 컸기 때문이다.

유가는 도가를 비롯한 몇 개의 사상과 더불어 음양가 이후 1세대 사상이라고 할 수 있다. 속세의 시스템과는 별로 상관이 없는 도가를 제외하면 국가경영에 영향을 미치는 사상을 이끈, 즉 제자백가 출현의 신호탄을 올린 사상이 바로 유가인 것이다. 그래서 중국철학 사상이 시작되는 시기를 공자가 태어난 BC 6C경부터로 본다. 그런 공자를 시조로 하는 사상이 유가인데 유가의 기본은 인仁이다. 혼란스러운 세상을 인仁으로 잡아보자는 것이 주된 맥락으로 모든 사람들이 '어진 마음'을 갖게 된다면 세상이 평안해진다는 아주 당연한 내용이다.

인仁이 구체화된 질서가 예禮이다. 예는 여러 상황에서 여러 형태로 구

|노자|　　|공자|

▌ 제자백가의 두 거인. 노자는 실존 여부에 논란이 있다.

현되는데 왕과 신하 사이에서는 충忠, 부모와 자식 사이에서는 효孝 등으로 나타난다.

　유가에서 예를 벗어나는 행위를 한다는 것은 사회적 질서에 반하는 것을 의미한다. 실현만 된다면 군주의 입장에서 보았을 때 유가는 더할 나위 없이 좋은 사상이다. 왜냐하면 유가의 충효사상과 예사상은 기존의 신분제를 기반으로 자신이 처한 위치에서 도리를 다해야 하는 것이기 때문이다. 근본적으로 차별의 질서라도 각자가 처한 입장에서 최선을 다한다는 명목 하에 그저 안정되기를 바라는 성격이 농후하다. 이것은 공자가 안정된 사회의 모델로 삼은 것이 다름 아닌 주나라이기 때문이다. 생각의 출발이 서주시대의 시스템에 있기 때문에 그 한계를 벗어나기가 쉽지 않았을 것이다.

　독일의 실존주의 철학자 카를 야스퍼스Karl Jaspers가 말한 기축시대Axial

| 카를 야스퍼스 |　　　　　　　| 묵자 |

야스퍼스가 명명한 '기축시대'는 그의 철학사상 이상으로 유명한 말이다.

Age가 바로 중국의 제자백가가 나타났던 시기와 일치한다. 넓게 잡아 BC 800년에서 BC 200년 사이를 말하는데 탈레스, 붓다, 노자, 공자, 소크라테스 등 동서양의 최고 지성들이 나타나 인류의 사상적 틀을 형성해버린 시기이다.

　교류가 있었을 것이라고 볼 수 없는 시기에 이들이 한꺼번에 나타난 것은 우연인지 모르겠지만 인류의 정신적 발전은 이미 이때에 다 이루어졌다고 해도 과언이 아닐 만큼의 발전을 이룩했다. 어디의 누가 더 나았다고 논할 수는 없겠지만 이 시기 중국의 사상이 수적인 우위를 바탕으로 엄청난 질적 발전을 보였던 것만은 사실이다. 지구상의 어떤 지역과도 비교할 수 없을 정도로 많은 사상가들이 나타나 활동했기 때문이다.

　춘추시대에 가장 먼저 큰 세勢를 모았던 것은 묵가墨家이다. 기본적인 사상은 유가와 가까웠으나 이론을 현실에 적용하는 데에 중점을 두었기에 묵가는 군사조직과 비슷한 모습을 보였다. 실제로 전쟁을 하기도 했던 묵가는 공자의 유가를 정면으로 비판했다. 묵가가 유가를 비판했던 가장 큰 이유는 유가가 기존의 신분제를 기반하고 있다는 것인데, 이는 묵가의 관점에서 보았을 때 차별을 전제로 하는 것이었다.

유가가 이러한 묵가의 세력을 넘어서는 것은 한참 후의 일이다. 공자는 자신을 추종하는 무리와 함께 천하를 돌며 제후들을 설득하는 데에 힘썼다. 무려 15년 넘게 노력했지만 가시적인 성과를 거두지 못하고 고향인 노魯나라로 돌아오게 된다. 물론 공자가 야인으로만 살았던 것은 아니다. 〈사기〉에는 노魯나라에서 재상을 지냈다는 기록이 있다.

하지만 당시에 공자의 유가사상은 왜 크게 빛을 보지 못했던 것일까. 아마도 통치자의 입장에서는 마음에 드는 점과 더불어 곤란한 점이 있었을 것이다. 공자의 말대로 백성과 신하가 효와 충의 정신으로 예를 따라준다면, 그러니까 이론대로 실현만 된다면 군주에겐 더할 나위 없이 좋은 일이다. 그러나 문제는 그 실현이 쉽지 않다는 데 있다. 군주는 어진 마음仁을 가지고 백성들을 다스리는, 이른바 덕치德治를 해야 하는데 현실적으로 덕치라는 게 시간이 너무 많이 걸리기 때문이다.

봄에 선 나라가 가을에 사라지는 이른바 춘추라는 초스피드 경쟁시대에서 어느 세월에 덕德이라는 것으로 인仁을 구현하여 예禮를 세울 수가 있겠는가. 이것은 흡사 내일이 수능시험인데 '넌 인간성부터 바꿔야 돼'라며 윤리교육을 하는 것과 마찬가지인 셈이다.

춘추시대의 제후들에게는 효과가 더딘 근본치료가 아니라 속효성 족집게 과외가 필요한 상황이었다. 부국강병이라는 목표에 가장 빠르게 또 가장 효과적으로 도달할 수 있는 실용적인 통치사상이 필요했던 것이다.

그런 상황에서 제후들의 구미에 딱 맞는 사상들이 나오게 되는데 바로 병가兵家, 종횡가縱橫家, 농가農家, 법가法家와 같은 실용사상들이었다. 바로 써먹을 수 있고 즉시 효과를 볼 수 있는 것을 원하는 구매자의 필요에 맞춰 시장이 내놓은 상품들이었다.

이들 사상 중에서도 신상필벌信賞必罰과 엄벌주의嚴罰主義의 엄격한 법체계를 이용해 빠르게 질서체계를 세우는 수단으로 법가가 그 효과를 인정받았다. 특히 전국시대를 끝낸 진秦이 채택을 하면서 효과를 검증받아 가장 효율적인 통치사상으로 떠올랐다. 뛰어나지도 못했고 촌스럽기 그지없었던 진秦이라는 학생이 법가라는 빨간펜 학습법으로 전국 수석을 한 셈이다. 이후 중국의 모든 제국들은 유학을 표면적으로 내세우면서도 실질적인 통치수단으로는 법가를 채용하게 되었다.

모든 지식의 시작 전문세

오자서와 하희

춘추시대의 이름난 전략가인 오자서伍子胥와 고대의 유명한 음녀인 하희夏姬, 이 둘을 한 쌍으로 엮는 경우는 거의 없다. 그도 그럴 것이 두 사람은 성별도 국적도 다르고 생존 시기도 다르다. 그런데 하희와 오자서는 변방 소국 오나라를 중원의 패자로 만드는 데 있어서 결정적인 역할을 한 인물들이다.

하희는 정나라 사람이고 오자서는 초나라 사람이다. 또한 하희는 오자서보다 100년 정도 앞 시대 사람인데 어찌해서 이 둘이 후진국이자 소국이었던 오나라를 강대국으로 만들게 되었을까. 결과를 놓고 하는 이야기이지만 변방의 소국이었던 오나라가 굴기倔起를 시작하게 된 것은 하희라는 여성의 공이 크다고 볼 수 있다.

하희는 중국 역사상 최고의 음녀淫女로 유명한데 엄청난 미인이었던 그녀는 어려서부터 이복오빠 만蠻과 근친상간을 했다. 추측이지만 이복오빠의 이름이 오랑캐라는 뜻의 만蠻인 것도 후에 바뀐 글자가 아닌가 생각해 본다.

야사에는 하희가 신선으로부터 방중술을 배웠다고 하는데 아마 그 정도로 남자들이 하희의 매력에 사족을 쓰지 못했다는 말일 것이다. 실제로 이복오빠 만은 3년을 버티지 못하고 숨을 거두었는데 하희에게 기를 모조리 빼앗겼기 때문이라고 한다.

그 후 하희는 진陳의 대부 하어숙이라는 인물에게 시집을 간다. 하희夏姬라는 이름 또한 하씨夏氏 남자에게 출가했다고 해서 붙은 이름이다. 하지만 하희를 아내로 맞은 하어숙은 12년 만에 죽는데 그는 하희가 앞으로 관계할 남자를 포함해 가장 오래 버틴 인물이었다. 그리고 그 12년 동안에 하징서라는 아들을 하나 두었다.

남편이 죽자 하희의 음란한 명성은 더욱 높아진다. 오래전부터 하희에게 눈독을 들여왔던 진陳의 실력자 공녕과 의행부가 하희에게 접근하여 놀아나게 된 것이다. 그러다 진의 군주 영공靈公까지 끼어들어 국가 최고 실력자 셋이 한 여자에게 빠져 같이 노는 상황에 이르게 된다.

그러던 중 이들의 난잡한 관계에 참다못한 하희의 아들 하징서가 진영공을 죽이게 되는데 위정자가 신하에게 시해되었다는 것을 빌미로 초장왕이 진陳을 침공한다. 명목은 진의 질서를 회복하는 것이었지만 하징서를 처형하는 데에 그치지 않고 내친 김에 진을 멸망시켜 초에 편입시켜 버린다. 그러나 진의 제사를 끊어서는 안 된다는 신하들의 간언에 초장왕은 진의 종묘를 다시 복원시켰다. 하지만 모든 일의 주된 원인인 하희는 초나라로 붙잡혀 가게 된다.

초장왕은 하희를 죽이려고 했다. 그런데 하희를 직접 보자 마음이 달라진다. 이때 하희는 40세가 훌쩍 넘었으나 너무도 빼어난 그녀의 미모에 장왕은 넋이 나가 첩으로라도 삼고자 했다. 그러나 이를 목숨을 걸고 반대한 신하가 있었으니 바로 대부 굴무屈巫였다.

굴무는 하희가 남편을 해하고 나라를 망하게 할 것이라며 핏대를 세우며 반대했고, 장왕은 굴무의 말에 틀린 점이 없었기에 입맛만 다시며 자신의 뜻을 거두어들이게 된다. 하지만 장왕 말고도 한눈에 하희에게 빠진 이가 있었는데 초의 실력자였던 공자 측側이었다.

측은 왕이 포기를 했기 때문에 자신이 하희를 차지할 수 있을 것이라고 생각했다. 하지만 굴무는 이것도 안 된다며, 그 무엇도 아닌 나라를 위해 안 된다며 쌍심지를 켰다. 굴무의 태도가 어찌나 강경했던지 초장왕은 어쩔 수 없이 공자 측의 요구까지 물리치고 하희를 양노라는 나이 많고 비교적 계급이 낮은 신하에게 첩으로 보내게 된다. 굴무도 이것까지 반대할 수는 없었던지 잠잠히 있었다.

|하희|　　　　　　　　　|오자서|

얼마 후에 양노는 전쟁에 나가 전사한다. 하지만 하희는 양노가 출전한 그 사이를 못 참고 양노의 아들과 통정을 한다. 남편의 다른 부인 소생의 장성한 아들과 근친상간을 벌인 것이다. 다행히 하희는 이것으로 벌을 받지는 않는다. 양노가 전사한 탓에 초나라 조정은 전사자 아내의 자격으로 하희를 고향인 정나라로 돌려보냈기 때문이다.

이것은 굴무가 힘을 쓴 처사인데 실로 초나라를 위한 굴무의 충정은 끝이 없었다. 그 후 8년이 지나 굴무는 자청하여 제나라에 사신으로 가게 되었다. 그러나 제나라를 향해 가던 굴무가 갑자기 사라지는 사건이 일어난다. 그것도 초나라의 충신으로 이름이 높던 사신이 말이다. 바로 굴무가 제나라로 가던 도중에 내뺀 것인데 그 오랜 세월 동안 하희를 잊지 못했던 것이다.

그렇게 정나라로 간 굴무는 하희를 찾아내 혼인을 한 후 진晉나라로 망명을 한다. 굴무는 초장왕이 진나라를 쳤던 그때부터 이미 하희에게 빠져 있었던 것이다.

굴무가 하희를 다시 만났을 때 그녀의 나이가 50이 넘었다고 한다. 그러나 굴무는 아랑곳하지 않고 하희를 취했다고 하니 그 미모가 대단히 출중했음을 알 수 있다. 굴무는 이렇게 장장 10년에 걸친 집념의 하희 탈취작전을 성공리에 끝낸다. 대단한 사랑의 힘이다. 초나라의 장왕을 비롯한 많은 사람들이 펄펄 뛰게 된 것은 당연지사다. 얼마나 황당하였을까 생각하니 웃음이 날 지경인데 이 장대한 러브스토리 덕분에 초나라에 남아 있던 굴무의 일족은 멸문지화를 당한다.

이에 굴무는 초나라에 원한을 품고 초의 변경에 있었던 존재감 없던 소국 오나라를 지원하기 시작한다. 오나라를 이용해 초나라를 멸망시키고자 했던 것이다. 비록 자신이 버린 가족이었지만 가족은 가족이었던 모양이다.

굴무로 인해 오나라는 전법전술을 비롯한 앞선 무기와 제작법 등을 전수받으며 비약적인 발전을 한다. 굴무는 결혼도 복수도 아주 장기적인 계획으로 진행하는 집념을 가진 인간이었던 모양이다. 어찌되었건 오나라가 고개를 들기 시작한 것은 전적으로 굴무를 이 상황까지 오게 한 하희의 공이라고 할 수 있다.

결과적으로 초나라는 굴무로부터 약과 병을 얻은 셈이었는데 사심에 가득 찬 충언(?)으로 인해 경국지색으로부터 나라를 보전했지만 오나라라는 강력한 적을 만나게 된 것이다. 물론 오가 초를 위협하게 된 것은 그로부터 꽤 긴 시간이 흐르고 난 뒤이다.

이 내용은 《사기》의 〈진기세가陳杞世家〉와 〈오태백세가吳泰伯世家〉에 간략히 나와 있는데, 소설적 내용이 다분히 있어 풍몽룡의 《동주열국지東周列國志》와 같은 자료에는 흥미롭게 기술되어 있다. 이렇게 하희로 인해 운 좋게 선진문물을 얻게 된 오나라는 100여 년이 지나 오자서라는 영웅의 망명을 받아들이면서 강대국의 반열에 오른다.

오자서의 가문은 초나라의 명문가였다. 그러나 새로 왕위에 오른 평왕에 의해 아버지 오사와 형 오상이 죽게 된다. 오자서는 평왕에 대한 원수를 간직한 채 오나라에 귀순하여 오의 국력을 키우는 데 공헌한다. 오합려는 이런 오자서의 능력에다 손무의 지략을 더해 춘추오패의 하나로 성장하여 천하를 호령하게 되었다. 말할 것도 없이 그전까지 바라볼 수도 없었던 상대 초나라를 거의 멸망에 이르게 만들고 난 후 이루어낸 성과였다.

이렇게 하희와 오자서는 오나라를 키웠다. 한 명은 얼떨결에, 또 다른 한 명은 가족의 원수를 갚기 위해.

서양

동양

맥을 짚어 주는 연대표

BC	서양	동양
BC 771		**춘추시대** 시작
BC 700	**아시리아** 오리엔트 통일	
BC 685		**제환공** 즉위(42년 재위)
BC 636		**진문공** 즉위(9년 재위)
BC 625	**메디아** 신바빌로니아 건국	
BC 614		**초장왕** 즉위(23년 재위)
BC 610	**아시리아** 멸망	
BC 551		**공자** 출생
BC 550	**키루스 2세** 페르시아 건국	
BC 515		**오합려** 즉위(20년 재위)
BC 496		**월구천** 즉위(30년 재위)
BC 492	**페르시아 전쟁**	

페르시아 전쟁 이후의 그리스

5

▌폴리스, 집안싸움을 멈추고 결속하다

페르시아 전쟁 이후 그리스는 민주정이 점점 더 공고해졌다. 아테네의 민주정이 페르시아 전쟁을 통해 자리를 잘 잡아갔다고 하는 것이 맞겠다. 1차, 2차, 3차전으로 가면서 전쟁에 참여한 평민들의 참정권이 점점 강해졌기 때문이다. 이른바 평민도 제대로 된 시민이 된 것이다.

솔론의 개혁 이후 아테네 시민은 재산에 따라 4개의 계급으로 나누어졌는데 최하위층인 테테스Thetes는 정치에 참여할 수 없었다. 이들은 비록 정치에 참여할 경제적·시간적 여유도 없는 계층이었지만 결코 의지가 없었던 것은 아니었다. 그러나 살라미스 해전에서 테테스 층은 전함의 노병으로 참전해 승리의 결정적인 공헌을 하게 된다.

전쟁의 참여와 승리의 기여도에 따라 권리를 배분했던 아테네에서 페르시아 전쟁 이후 이들의 정치적 입지는 한층 높아졌고, 테테스가 정치에 참여하게 됨으로써 아테네의 모든 시민계급이 정치에 참여할 수 있게 된 것이다. 정치 참여가 제한적이었던 과거에 비해 아테네의 민주주의가 한 걸음 더 나아간 순간이었다.

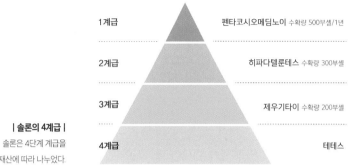

1계급 　　　　　 펜타코시오메딤노이 수확량 500부셸/1년

2계급 　　　　　 히파다텔룬테스 수확량 300부셸

3계급 　　　　　 제우기타이 수확량 200부셸

4계급 　　　　　 테테스

| 솔론의 4계급 |
솔론은 4단계 계급을
재산에 따라 나누었다.

또한 페르시아 전쟁 전에 만들어졌으나 전쟁이 끝난 후에 시행되었던 도편추방제Ostrakismos도 민주주의의 발전에 기여한다. 도편추방제는 도자기 조각Ostracon에 참주가 될 것 같은 인물을 적어내는 시민의 권리행사 제도였다. 여기에서 자신의 이름이 6,000 조각 이상 나오게 되면 묻지도 따지지도 않고 10년간 아테네에서 추방되었는데 이 제도는 70년 정도 유지되다가 폐지된다.

도편추방제는 오랫동안 아테네의 민주정을 대표하는 제도로 알려져 왔다. 이 제도는 언뜻 보기엔 민주주의라는 이념에 잘 맞는 것 같지만 현실적으로는 허점이 많은 제도였다. 흑색선전과 선동으로 얼마 되지 않는 시민들의 눈을 흐리게 만들면 얼마든지 왜곡된 결정을 이끌어낼 수 있었던 것이다.

정의가 아닌 불의와 사적인 이익에 관심이 많은 선동꾼들에게 있어 도편추방제는 제격이었다. 자연스럽게 본래의 취지와는 달리 여론을 왜곡하고 정적을 제거하는 데 사용되는 등 민주주의의 취약점을 악용하는 수단으로 변질되었고 끝내 폐지되기에 이른다. 실제로 페르시아로부터 아테네를 지키거나 아테네를 발전시킨 영웅들도 대부분 이 제도로 추방되는 일이 벌어졌는데 살라미스 해전의 영웅 테미스토클레스도 이것에 의해 쫓겨났다. 완벽한 제도가 있을 수 없겠지만 나라를 위해 헌신했던 영웅의 입장에선 배신감이 컸을 것이다.

여러 가지 장점과 더불어 치명적인 단점을 가졌던 도편추방제는 최초의 투표제도라고 할 수 있다. 민주주의를 발전시키는 데 공헌하였다는 평가와 함께 현대의 투표제도에서 나타나는 병폐 또한 보여주었다.

한편 세 차례의 원정 끝에 패퇴한 페르시아는 에게 해는 물론 어렵게 되찾았던 이오니아의 지배권까지 잃게 되었다. 현재 터키 앞바다에 있는 많은 섬들이 대부분 그리스의 영토가 된 역사적 기원은 이때라고 할 수 있다.

더불어 인류 문명의 태동 이래 수천 년간 오리엔트에 있었던 세계 문명의 주도권은 그리스, 즉 유럽으로 넘어갔다. 그리고 공동의 적이 없어진 그리스는 다시 폴리스끼리 각축을 하게 된다. 페르시아가 코앞까지 쳐들어올 때까지 피터지게 싸웠던 터라 페르시아가 물러난 이후에 이들이 다시 싸우게 될 것은 불 보듯 빤한 일이었다. 오로지 그것이 언제인가 하는 것이 문제였을 뿐이다.

▌폴리스 사이에 다시 감도는 전운

페르시아 전쟁이 실질적으로 끝난 BC 477년. 그리스의 폴리스들은 페르시아의 재침에 대비해 군사동맹을 맺게 된다. 그리스 본토와 이오니아, 에게 해의 폴리스들이 대거 참여한 이 동맹은 아테네를 중심으로 구성되었는데 각 폴리스가 군사적인 부역을 하는 일종의 군사 '계'였다. 물론 맹주는 아테네였다.

설립 시 각국이 맡았던 군사력 부역은 점차 현금으로 대체되었다. 국력이 약한 폴리스의 입장에서는 전함을 만들어 보내고 병사를 징발하는 것

모든 지식의 시작 전문세

| 델로스 섬 |

| 델로스 섬의 풍경 |

보다 현금으로 때우는 것이 수월했던 모양이다. 소위 '곗돈'을 내게 된 것이다.

그리스의 군사동맹은 각국의 부국강병이 아닌 각국이 몰아준 현금으로 아테네가 대표 자격으로 군사력을 키워 페르시아에 대비하는 일종의 '현금계'가 되었다. 동맹은 이 현금을 보관하는 금고를 에게 해 한가운데에 있는 델로스 섬에 두었는데 이 때문에 이 군사동맹을 델로스 동맹Delian League이라고 하였다.

당시에는 아테네를 중심으로 한 동맹이라는 뜻의 아테나이 시마키아Athenai Symmachia라 불렀다. 그런데 군사동맹이 되고자 하였던 이 '현금계'는 계주의 모럴해저드Moral Hazard, 즉 도덕적 해이로 인해 말썽이 생긴다. 델로스 동맹의 맹주 아테네가 델로스 섬에 있던 동맹금고의 곗돈을 마음대로 써버린 것이다.

아테네는 페르시아 전쟁 이전에도, 이후에도 스파르타와 더불어 가장 강력한 폴리스로서 그리스 반도와 에게 해를 휘젓고 있었다. 게다가 페르시아로부터 그리스를 지킨 일등공신이었으므로 아테네가 폴리스 전체의 헤게모니Hegemony를 쥐는 것은 자연스러운 일이었다. 하지만 아테네는 그리스를 대표하여 강력하고 정직한 방어막이 되어주기를 바랐던 폴리스들의 기대에 부합하지 못하였다. 델로스 섬의 현금을 제대로 사용하고 있지 않았던 것이다.

사실 모든 힘과 권한과 명분을 한 손에 쥔 아테네가 부처님이 아닌 다음에야 이 '눈먼 돈'이 바르게 사용되기를 바라는 것은 처음부터 무리였다고 볼 수 있다.

당시 아테네에는 페리클레스Perikles라는 인물이 있었다. 현재 세계사에서 이 인물이 차지하는 위치는 '고대 그리스 최고의 영웅'이다. 물론 신화를 제외한 사람 사는 세상에 한해서이다.

그는 아테네의 권위를 보여주는 파르테논 신전을 건설하는 등 눈부신 경제발전을 이룩했다. 또한 드라콘, 솔론, 페이시스트라토스에서 클레이스테네스를 거치면서 굴곡졌던 그리스 정정이 이 페리클레스에 이르러 민주주의의 꽃을 피웠다고 할 수 있다.

모든 지식의 시작 전문세

이처럼 페리클레스는 온갖 수사로 미화되는, 한마디로 아테네의 전성기를 이끈 지도자이다. 그런데 이 그리스의 영웅 페리클레스가 바로 델로스 동맹의 곗돈을 퍼다 쓴 장본인이다. 그러니까 정확하게는 그리스의 영웅이 아니라 아테네만의 영웅이었던 것이다.

그리스 전체로 보아서는 오히려 도둑이나 횡령범이라고 봐야 옳을 것이다. 아무튼 페리클레스는 파르테논 신전을 비롯한 갖가지 대규모 토목공사를 일으켰다. 파르테논 신전은 그 크기나 질이 일개 도시국가에서 만들 수 있는 수준을 벗어난 규모인데 바로 델로스 동맹의 공금이 있었기에 가능했던 것이다. 페리클레스가 파르테논 신전 건축을 위해 유용한 금액은 전체 기금의 3분의 2에 달했다고 하니 동맹의 자금을 완전히 거덜낸 것이었다. 또한 그는 아테네에서 본인의 인기 유지를 위해 온갖 선심성 정책을 펼쳤는데 투표를 하고 난 시민들에게도 돈을 주고, 재판이나 공연을 보고 나온 사람에게도 수당을 주는 등 사람이 모이기만 하면 돈을 뿌렸다. 이 또한 동맹의 금고를 이용한 것이었다. 실로 흥청망청 그 자체였다.

AD 21C 미국에 연방준비제도이사회FRB 의장이었던 벤 버냉키Ben Bernanke라는 인물이 있었다. 그는 경기부양을 위해 헬리콥터로 돈을 뿌리겠다고 해서 '헬리콥터 벤'이라는 별명을 얻었는데 아테네에서는 2500여 년 전에 이미 '헬리콥터 페리'가 있었던 것이다.

그런 아테네의 영웅 '헬리콥터 페리'는 돈을 가지러 델로스 섬까지 가기도 귀찮았는지 BC 454년에는 아예 아테네로 금고를 옮겨버린다. 그러자 당연히 동맹국들 사이에서는 불만이 터져 나왔다. 그러나 동맹의 눈먼 자금으로 더욱 강력해진 아테네를 나머지 폴리스들로서는 어찌해볼 도리도 없는 처지였다.

이렇게 국력 불균형이 점차 심해지면서 아테네와 나머지 폴리스의 관계는 동맹에서 주종관계로 변질되었고, 결국에는 아테네가 동맹국의 내정에

간섭하는 일까지 생기게 되었다.

페르시아 전쟁이라는 큰 사건 이후 다시 그리스에서는 동맹국끼리 치고받게 될 혼란의 시기가 다가오고 있었다. 이런 상황에서 방아쇠를 당기게 되는 사건이 발생하게 된다.

당시 아테네는 해상무역의 확장을 위해 서부 지중해로 진출하려고 하고 있었다. 그 과정에서 아테네는 기존의 이권을 지키려는 코린토스Corinth와 갈등을 빚고 있었는데, 이때 코린토스의 식민지 코르키라Corcyra가 아테네에 붙어버린 것이다.

기득권과 식민지를 잃게 되어 도저히 물러설 수 없는 입장에 놓이게 된 코린토스는 스파르타를 찾아간다. 아무리 분통이 터져도 그리스 전체에서 최강국인 아테네와 맞짱을 놓을 수는 없었기 때문이다.

그 시기 남부 그리스의 동쪽 지방인 펠로폰네소스 반도의 폴리스들은 대체로 델로스 동맹에 소속되어 있지 않았다. 펠로폰네소스는 일찍이 스파르타에 의해 제압되어 스파르타의 동맹이 되어 있었기 때문이다. 이른바 펠로폰네소스 동맹이라 불리는 펠로폰네소스 시마키아가 오래전부터 결성되어 있었던 것이다. 또한 델로스 동맹 결성 이후 하루가 다르게 강력해지는 아테네에 대해 스파르타 또한 불안과 불만을 갖고 있었던 터라 코린토스 분쟁은 금세 넘버 원투의 싸움으로 번지게 된다. 이것이 펠로폰네소스 전쟁이다.

▮ 처절했던 집안싸움, 펠로폰네소스 전쟁

펠로폰네소스 전쟁은 아테네를 중심으로 한 델로스 동맹과 스파르타를 중심으로 한 펠로폰네소스 동맹의 대결로 BC 431년부터 BC 404년까지 28

년 동안 지속되었다.

전쟁의 개요는 10년 싸우고 8년 쉬고 10년을 싸운다. 대체로 첫 10년을 1기, 쉬는 8년을 2기, 마지막 10년을 3기로 나눈다. 펠로폰네소스 전쟁은 싸우기 전에는 아테네의 델로스 동맹이 우세해 보였고, 싸워보니 비슷했고, 끝나고 보니 스파르타의 펠로폰네소스 동맹이 이긴 전쟁이었다.

개전 초기 델로스 동맹의 폴리스들은 아테네에 대한 불만이 컸음에도 불구하고 동맹을 이탈하지 않았다. 아테네의 우세가 점쳐졌기 때문이다. 그러나 전쟁이 지속되면서 점점 아테네에 등을 돌리는 폴리스가 나오기 시작했다. 사실 마음은 처음부터 아테네를 떠난 폴리스들이었지만 당장의 시류를 무시할 수는 없었던 것으로 보인다.

전쟁이 시작되고 얼마 되지 않아 아테네는 불의의 전염병에 심각한 타격을 입게 된다. 인구의 4분의 1이 사망하고 육군의 3분의 1이 소멸되는 대재앙을 당하게 된다. 게다가 페리클레스마저 이 전염병으로 세상을 뜨고 말았다. 비록 공금 유용의 달인이었지만 탁월한 지도자이자 영웅이었던 '헬리콥터 페리'의 죽음이 아테네로서는 그 어떤 사건보다 뼈아픈 손실이었다.

한때 이 전염병은 흑사병Plague으로 알려졌으나 현재는 천연두나 장티푸스 등 학자마다 의견이 다양하다. 하지만 이러한 피해에도 아테네는 무너지지 않았다. 애초에 월등한 전력을 갖고 있었던 터라 이 정도의 손실이 있고 나서야 전력 균형이 어느 정도 맞춰진 것이다. 그래서 전쟁의 기간은 점차 늘어나게 되었다.

펠로폰네소스 전쟁은 2차례, 28년간 계속된다. 먼저 10년간의 치열한 공방전 끝에 두 동맹은 강화를 맺고 휴전에 들어갔다. 그리고 8년의 휴전, 그 기간은 휴전 아닌 휴전이었다. 언제 다시 전쟁이 터져도 이상하지 않다는 것을 서로가 잘 알고 있었다. 그래서 동맹의 이탈을 막고 비동맹 폴리스를 참여시키고 적의 동맹에서 폴리스를 빼오기 위한 공작을 벌이는 등의

| 투키디데스 |
투키디데스도 《역사Historia》를 썼다. 헤로도토스와의
구별을 위해 《펠로폰네소스 전쟁사》로 불리는 것일
뿐이다.

보이지 않는 군비경쟁과 외교전이 치열하게 벌어졌다. 그리고 다시 전쟁을
하게 된다. 시간의 문제일 뿐 반드시 터져야 할 폭탄이 터진 것이다.

마지막 10년간의 전쟁은 아테네군의 스파르타에 대한 후방공격의 실패,
권력다툼에 의한 총사령관의 망명 등 아테네의 자멸에 가까운 내분, 그리
고 페르시아 해군까지 끌어들인 스파르타의 갈 때까지 간 전술로 끝을 맺
게 된다. 스파르타의 승리로 말이다.

그러나 스파르타로서는 이겼지만 상처뿐인 영광이었고, 그리스 전체를
놓고 보았을 때 이오니아 지방을 페르시아에게 바치는 역적질이 동반된 승
리, 그야말로 '피로스의 승리Pyrrhic victory'였다. 피로스Pyrros는 100년 뒤에
나타나는 그리스인으로서 천재 전략가였으나 '피해가 막심한 승리'로 유명
한 인물이다.

모든 지식의 시작 전문세

《펠로폰네소스 전쟁사》를 쓴 투키디데스Thucydides는 8년의 휴전기를 전쟁에 포함하는 견해를 보여준다. 이러한 시각은 당시로서는 매우 독특한 시각이었다. 앞서 10년간 벌어졌던 전쟁이 제대로 끝나지 않았다는 것을 꿰뚫어본 탁월한 시각이기도 했다. 마치 프로야구에서 정규시즌이 끝난 후 선수 수급에 열을 올리는 스토브리그과 같이 전투를 멈춘 후 아테네와 스파르타 양 동맹의 치열한 암투와 외교전을 투키디데스는 또 다른 전쟁으로 규정했던 것이다. 이른바 냉전Cold War의 개념을 처음으로 적용한 경우라고 볼 수 있다. 역사학자 중에는 《펠로폰네소스 전쟁사》가 걸작인 가장 큰 이유가 여기에 있다고 말하는 이도 있다.

현재의 시각에서 내전이라고 할 수 있는 펠로폰네소스 전쟁은 그리스의 폴리스 전체가 쇠퇴하는 계기가 된다. 오랜 전쟁으로 인해 가뜩이나 볼 것 없던 국토는 더욱 황폐화되었고, 전쟁을 도와준 페르시아에게 이오니아 지방을 내주었으며, 아테네는 스파르타의 속국이 되어 해양무역은 물론 대부분의 산업이 침체하게 된다.

또한 아테네의 자리를 대신해 그리스의 맹주가 된 스파르타는 모든 폴리스에게 '구관이 명관'임을 보여주기에 이른다. 다시 말해 아테네보다 한술 더 뜬 억압과 내정간섭을 한 것이다. 또다시 그리스는 폭탄의 심지가 타들어가는 것처럼 전란의 시간을 기다리는 상황이 되었다. 결국 펠로폰네소스 전쟁은 찬란했던 그리스 문명의 끝을 알리는 징조였던 것이다.

파르테논 신전과 페리클레스

파르테논Parthenon 신전은 아테나 여신을 모신 신전이다. 간혹 파르테논과 로마의 판테온Pantheon을 혼동하는 경우가 있는데 판테온은 온갖 신들을 모아 놓은 만신전萬神殿을 뜻하는 것이고, 파르테논은 아테나 여신이 처녀신임을 뜻하는 아테나 파르테노스Athena Parthenos에서 파생된 말로서 일종의 파르테노스의 형용사형인 셈이다. 그러므로 파르테논 신전이란 '처녀의 신전'이라는 뜻이다.

페리클레스Perikles의 흉상은 항상 투구를 쓰고 있는데 플루타르코스의 기록에 의하면 페리클레스는 머리가 길었다고 한다. 아테네의 시인들도 그의 머리를 '알뿌리 머리'라 부르기도 했다고 한다. 하지만 이 이야기는 사실이 아닐 가능성이 높다. 당시 투구는 집

| 파르테논 신전 |

| 페리클레스 흉상 |

■ 파르테논 신전을 건립한 페리클레스는 아테네의 영웅이지 그리스의 영웅은 아니었다.

정관인 아르콘Archon의 상징과 같은 것으로 페르클레스 외에도 투구를 쓰고 있는 인물들이 많다. 아마도 페리클레스가 아테네 역사상 가장 많은 관심을 받았던 인물이었기에 생긴 루머가 아닐까.

서양

동양

맥을 짚어 주는 연대표

서양		동양
그리스 폴리스시대 시작	BC 8C	
	BC 771	춘추시대
로물루스 로마 건국	BC 753	
	BC 685	제환공 즉위
	BC 632	성복대전
아시리아 멸망	BC 610	
키루스 2세 페르시아 건국	BC 550	
페르시아 전쟁	BC 492	
델로스 동맹 결성	BC 477	
	BC 453	전국시대
펠로폰네소스 전쟁	BC 431	

중국의
전국시대

6

▌춘추와 전국을 나누는 기준

펠로폰네소스 전쟁(BC 431~404)은 중국의 전
국시대 시작과 거의 정확하게 일치한다. 중국의 전국시대는 진晉이 한, 위,
조 세 나라로 나뉘는 이른바 삼가분진三家分晉의 변이 있었던 BC 453년에
서 세 나라가 주 왕실로부터 제후로 인정받는 BC 403년 사이인데 펠로폰
네소스 전쟁은 이 시기에 쏙 들어간다. 서양에서 그리스 문명이 저무는 시
점에서 중국은 전국시대가 시작된 것이다.

삼가분진이란 중국 춘추시대에서 춘추오패의 한 자리를 차지했던 진문
공의 나라인 진晉이 세 조각으로 찢어지는 사건을 말한다.

진晉나라는 문공의 치세 이후로 중원의 강국이 되었다. 넓은 영토에 강
한 군대를 가지고 이웃의 또 다른 강국 진秦을 견제하는 역할을 하고 있었
다. 하지만 문공 사후 우매한 군주의 연이은 실정으로 권력은 신하들의 손
으로 넘어가 춘추시대 말기에 이르러서는 이미 권력을 나누어 가진 신하들
이 내전을 벌이기에 이르렀다. 이때 가장 강력한 여섯 가문이 있었는데 이
들을 6경六卿이라고 불렀다.

6경은 각각 범씨范氏, 중항씨中行氏, 지씨智氏, 한씨韓氏, 위씨魏氏, 조씨趙氏
로 이 중 범씨와 중항씨가 일찍 몰락하고 나머지 네 가문 중 가장 세력이
강했던 지씨는 강한 힘을 이용해 조씨를 멸망시키려고 강압적으로 한씨와
위씨를 끌여들였으나 이들 한씨와 위씨는 오히려 조씨와 손을 잡고 역습을
가해 지씨를 멸망시킨다. 그래서 진픕은 최종적으로 한韓, 위魏, 조趙의 세

나라로 분열된다. 그때가 BC 453년이고 그로부터 50년 후 주周의 천자는 이들을 정식 제후국으로 승인하기에 이른다.

그로부터 30여 년이 지난 후에 이 세 제후국은 명맥만 유지하고 있던 진晉의 군주를 서민으로 강등시키고 제사를 끊었다. 진이 완전히 멸망한 것이다.

춘추시대를 대표하는 강자는 춘추오패春秋五霸이고 전국시대를 대표하는 강자는 전국칠웅戰國七雄이다. 각각 시대를 이끌어갔던 대표들이지만 둘은 차이가 있다.

춘추오패는 시간 순으로 등장하여 차례로 세를 과시했던 반면 전국칠웅은 한꺼번에 존재하여 난전을 펼쳤다. 종적縱的인 개념과 횡적橫的인 개념의 차이이다. 그래서 전국시대는 춘추시대보다 더 대등한 세력들의 헤게모니 싸움이 있었다고 볼 수 있다. 좀 더 치열해졌다는 이야기이다. 그리하여 모든 역사서에서 전국시대는 본격적인 약육강식의 시대로 표현한다.

이것은 존왕양이尊王攘夷와 계절존망繼絶存亡을 특징으로 하는 춘추시대와 대비되는 점이다. 물론 춘추시대에도 경쟁은 치열하고 복잡했지만 명목상이나마 주 왕실의 권위가 인정되었으나 전국시대에는 완전히 땅에 떨어졌다. 그리고 모든 제후들의 모임인 회맹會盟과 거기서 추대된 패자霸者라는, 어쩌면 멋스럽기까지 한 질서가 없어졌다. 이것은 먹고 먹히는 무한경쟁이 시작되었음을 의미하는 것으로 현대와 다를 바 없는 진정한 국제시대가 열린 셈이었다.

또한 기술적인 면에서 춘추시대 말기에 이르러 철기 이용이 보편화되었고 이로 인해 각종 산업의 규모가 커졌다. 자연스럽게 무기산업 또한 발전하여 전국시대에는 철제무기가 본격적으로 사용되었다. 이로써 전투의 규모를 비약적으로 커지게 만들었다.

결국 이런 여러 가지 변화들은 전쟁의 목적을 변화시키기에 이르렀다. 특별한 명분이 없는 경우 멸망이 아닌 복종을 요구했던 춘추시대와는 달리 말살과 정복이라는 새로운 트렌드를 낳게 된 것이다.

▌네가 죽어야 내가 산다. 전국시대

전국시대戰國時代라는 명칭은 전한시대의 학자 유향劉向이 엮은 《진국책戰國策》이라는 역사서에서 비롯되었다. 전국시대가 춘추시대와 달라진 것은 일단 나라의 수가 줄었다는 것이다. 삼가분진三家分晉 이후 대국들이 주변 소국들을 말살하고 정복하였기 때문이다.

이제 더 이상 존왕양이나 계절존망과 같은 낭만은 사라지고 중원은 7개국의 세상이 되었다. 일곱 개 나라의 면면을 보자면 먼저 진晉에서 나온 세 나라인 한韓, 위魏, 조趙와 서쪽의 강국 진秦, 남쪽의 강자 초楚, 동쪽의 산둥 반도를 차지하고 있는 전통의 강국 제齊, 그리고 한반도와 닿아 있는 북쪽의 연燕이다. 이들을 전국칠웅戰國七雄이라고 일컫는데 앞 시대의 춘추오패春秋五霸와 대비하여 만든 말이다. 춘추오패 중에서 전국칠웅으로 살아남은 나라는 제와 초 두 나라뿐이다.

물론 전국칠웅이라고 하여 전국시대에 달랑 일곱 개의 나라만 있었던 것은 아니다. 여러 소국들이 공존했는데 다만 춘추시대만큼 많지는 않았기에 대부분 사서에서 7국의 시대로 표현한 것이다. 월나라만 해도 춘추시대 마지막 패자답게 전국시대 중반까지 멀쩡하게 살아있었다. 그러다가 점점 쇠락하여 다시 일어난 초나라에 의해 전국시대 중반이었던 BC 306년에 망했다. 또한 춘추시대까지 천자국天子國이었던 주나라 또한 진시황의 통일 직전까지 명맥을 유지하고 있었다.

　중국 역사에서는 춘추시대 이후로 한글 표기상 이름이 같은 나라가 많이 존재했다. 진나라도 그중의 하나이며, 춘추와 전국시대에 크게 네 나라가 있었다.

　먼저 진 문공의 진晉, 진시황의 진秦, 그리고 소국이었던 진陳과 진軫이다. 이 진나라들은 설명하는 입장에서나 배우는 입장에서나 항상 헷갈리고 귀찮은 설명이 붙어야만 한다. 하지만 중국인들은 이 같은 문제가 전혀 없었다. 중국어로는 이들 나라의 발음이 전혀 다르기 때문이다. 그러니까 중국인들에게는 처음부터 이 나라들이 같은 진나라가 아닌, 전혀 헷갈릴 일이 없는 별개의 나라이다.

　사실 중국어는 성조가 있어서 한국인에게는 동음이의同音異意의 한자들이 그들에겐 이음異音의 별개 글자인 경우가 허다하다. 그래서 성조를 무시한 가장 가까운 발음으로 네 개의 진이라는 글자들을 흉내 내면 대체로 이러하다.

　진晉은 진[jìn], 진秦은 친[Qín], 진陳은 첸[chén], 진軫은 젠[zhěn]이 된다. 각각 음이 다른 글자로서 '진나라'들은 모두 다른 발음의 국호를 가지고 있던 것이다. 초등학교 때부터 오해했던 과거의 진나라들에게 유감을 표하는 바이다.

BC 453년을 기준으로 진시황의 통일이 있었던 BC 221년까지 약 230년간 지속된 전국시대는 전쟁의 시대라는 이름답게 물고 뜯는 결투의 장이었다. 춘추시대라는 예선을 통과한 7개국의 본선이었기에 더욱 치열할 수밖에 없었다. 앞서 언급했듯이 철제무기가 확산되어 갔고 기병술의 등장으로 주된 전력이 변화하였으며 인구 증가로 동원병력도 비약적으로 늘었다. 차원이 달라진 전쟁의 규모로 자연스럽게 각국의 세력 또한 춘추시대에 비해 확대되었다. 천하라고 불리는 중원의 영토도 크게 증가하여 거의 대륙 전체를 아우르게 되었다.

▎진秦나라

전국시대 전체를 보았을 때 7웅 중에 가장 강력한 나라는 진秦이었다. 게다가 전국시대를 종결시킨 나라 또한 진이었다.

　　전국시대의 양상은 삼진三晉의 하나였던 위魏나라가 가장 먼저 두각을 나타내었다. 명석한 군주였던 문후文侯가 이극, 위료자(울료자), 책황(적황), 오기, 악양, 서문표 등의 인재를 등용하여 위를 강국으로 이끌며 전국시대 초반을 주도하였다.

　　이어 위를 누르고 제齊나라가 일어났다. 위와 제의 대결에서 제의 승리는 유명한 방연과 손빈의 이야기로 잘 알려져 있다. 그리고 상앙의 변법에 의해 기초가 튼튼해진 진秦의 부상으로 천하는 진나라와 그 외 나라들의 대결 양상이 되었다. 이때 등장한 것이 합종合從과 연횡連橫이다. 소진과 장의라는 인물로 대변되는 이 국가 간의 이합집산은 최강국 진과 그에 대항하는 6국의 치열한 생존경쟁을 통해 국제관계의 전형적인 모습을 보여주었다.

　　이 합종연횡의 복잡했던 관계는 6국의 불안한 연합이 와해되는 것으로 끝이 난다. 이후 진의 강세는 계속되었고 단합하지 못했던 6국은 제와 초,

조가 잠시 일어나 진에 맞섰으나 극복하지 못하고 끝내 차례로 멸망당한다. 이때 등장하는 대표적인 인물들이 맹상군을 비롯한 평원군, 신릉군, 춘신군이라는 전국 4공자와 악의, 염파와 인상여, 백기와 조괄 등이다. 이들의 활약은 곧 전국칠웅의 부침을 그대로 보여주었는데 한 사람의 인재가 국가에 있어 얼마나 중요한지 또 한 사람의 간신이 국가를 얼마나 흔들어 놓는지도 알 수 있게 해준다.

이미 설명한 바대로 진秦은 서주시대 이후 오랑캐나 다름없는 변방국가로 무시당하던 나라였다. 하지만 춘추시대에 주가 융에 의해 유린당한 이후 진은 중원의 질서 안에 편입되었다. 이후 국력을 키운 끝에 전국시대의 최강자로 우뚝 섰고 끝내 마지막 승자가 되었다. 전국시대에 그들에 대한 인식은 '오랑캐에서 벗어난 촌놈' 정도로 격상은 되었지만 그래도 반감이 상당하였다. 그러나 그런 차별로 인한 피해의식은 국가 발전에 있어서 큰 원동력으로 작용하였다. 실력으로 보여주고자 했던 것일까.

진의 승리로 끝은 났지만 전국시대에 모든 제후국의 최종적인 목표는 천하일통이었을 것이다. 하지만 꿈을 꾸더라도 눈앞의 생존이 먼저였다. 이웃나라를 섣불리 공격하려고 했다가는 도리어 허를 찔려 공격받기 일쑤였고, 춘추시대와 많이 달라진 전투양상으로 한 번의 패배에 나라가 망할 수도 있었다. 이러한 이유로 각국은 필연적으로 외교를 전쟁 못지않게 중요시하게 되었다.

춘추시대와 전국시대에는 치열한 경쟁으로 인해 모든 분야가 발전하였음은 여러 차례 언급하였다. 자연히 외교술도 발전하게 된다. 이때는 춘추시대와 더불어 인류 역사상 최초이자 가장 치열한 외교가 펼쳐진 시기였다. 메소포타미아 도시국가들의 경쟁이나 그리스의 폴리스 간의 경쟁도 치열하긴 했지만 중국의 전국시대에 비하면 외교라고 할 수준도 못 되었다.

7개국 사이에는 물고 물리는 복잡미묘한 국제관계로 인해 권모술수에 가까운 외교행위가 이루어졌고, 자연스럽게 수많은 외교가와 책략가가 나왔다. 대표적인 것이 합종연횡合從連橫과 원교근공遠交近攻이다.

합종연횡은 합종책과 연횡책의 결합으로 후에 종횡가縱橫家라 하여 제자백가의 반열에 들어가는 사상으로 발전한다. 합종책合從策은 진秦의 강성함에서 비롯되었는데 2강이었던 초楚를 중심으로 6개국이 연합하여 진에 대항하는 책략이다. 반면 연횡책連橫策은 진이 6국의 각국과 하나하나 관계를 맺고 공존하자는 것으로 합종책을 깨뜨리기 위한 책략이다.

합종책의 대표적인 인물은 6국의 재상을 겸임한 소진蘇秦이고, 그것을 깬 연횡책의 대표는 장의張儀로서 이 둘은 동문수학한 사이이다. 스승은 유명한 귀곡자鬼谷子이다. 먼저 소진이 각국을 유세하며 설득에 성공해 여섯 나라를 묶어 진의 침략을 막으며 15년 동안이나 유지시켰다. 그러나 진에 발탁된 장의는 책략과 유세를 통해 소진의 합종책을 깨며 통일의 발판을 놓는다.

여섯 나라의 재상을 맡아 역사상 이보다 더 출세를 할 수 있을까 싶었던 소진은 국제관계의 특성상 여러 나라의 이익을 동시에 추구하는 데 한계를 보이며 죽은 후에 시신이 거열형車裂刑에 처해진다. 거열형이란 소나 말이 끄는 수레에 사지를 묶어 찢어 죽이는 사형제도이다. 출세도 적당해야 하는 법이다.

전국시대가 진나라, 그러니까 진시황제秦始皇帝에 의해 종결되었음은 주지의 사실이다. 여러 차례 언급하였듯 진의 통일은 진이 변방국이면서 후진국이라는 점이 유리하게 작용했다. 기존의 강국들이 전통에 얽매여 발전의 속도가 더뎠던 데 비해 진秦은 법가 사상가인 상앙商鞅을 등용하여 개혁

모든 지식의 시작 전문세

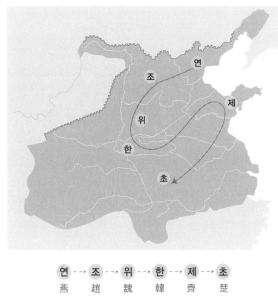

| 연 | -→ | 조 | -→ | 위 | -→ | 한 | -→ | 제 | -→ | 초 |
| 燕 | | 趙 | | 魏 | | 韓 | | 齊 | | 楚 |

| 소진sojin의 합종 순서(S자 방향) |

을 이루어냈다. 후에 진시황이 전국을 통일하고 채용했던 체제의 원형이 이미 상앙의 개혁에서 비롯된 것이다.

엄벌주의로 단기간에 진을 강국으로 변모시킨 개혁가 상앙은 자신을 밀어주었던 군주가 죽자 모함에 빠져 쫓기는 신세가 된다. 엄한 법률이 새로운 군주를 비롯한 수많은 사람들을 적으로 만들었던 것이다. 자기가 만든 법에 의해 쫓기는 신세가 된 상앙은 역시 거열형으로 몸이 찢겨져 죽는다. 참고로 거열형의 창안자가 상앙이라는 설이 있다.

상앙에 의해 강해진 진에 대항한 것이 합종책이다. 연횡책의 장의는 바로 상앙이 처형되고 난 이후에 진나라를 찾아가 재상이 되었다. 합종책을 분쇄하고 천하가 다시 혼전의 양상을 띠게 되자 진은 원교근공遠交近攻의 원칙 하에 가까운 나라부터 차례로 무너뜨린다. 그리고 가장 껄끄러웠던 초

나라를 꺾은 뒤에는 어렵지 않게 동쪽의 연과 제를 꺾음으로써 전국시대를
끝냈다.

제자백가라 불리는 인재집단은 춘추시대부터 전국시대를 거치는 동안
끊임없이 등장했다. 전쟁이 철기시대를 앞당겼고, 전쟁이 농업생산력과 상
업을 증대시켰으며, 전쟁이 토목기술을 빠르게 발달시킴과 더불어 학문 또
한 엄청난 진보를 이루게 되는데 그 결정체가 바로 제자백가로부터 나온
수많은 사상과 철학이었다. 유가나 도가, 묵가 사상은 춘추시대부터 있었
고 명가나 법가, 종횡가 사상은 전국시대에 등장했다.

공교롭게도 비슷한 시기에 그리스에서도 여러 사상이 발달하였다. 앞서
도 언급하였지만 실존철학자 카를 야스퍼스가 기축機軸 시대라고 한 600년
정도의 기간을 더 짧게 잡아도 동서양의 걸출한 사상가들의 생존 시기는
묘하게 비슷하다.

그리스 철학의 아버지로 일컬어지는 탈레스의 생년은 BC 624년으로
알려져 있다. 이것은 불기佛紀(BC 544)를 역산해 추정한 붓다의 생년과 같
다. 공자는 BC 551년에 태어났고 노자는 그보다 20년이 빨랐으며 피타고
라스는 노자보다 10년 정도 빨랐다. 묵자와 소크라테스가 10년 사이로 태
어났고 아리스토텔레스와 맹자, 장자가 또한 10년 간격으로 태어나 활동
했다. 노자와 장자는 실존 여부에 논란이 있으나 통설을 따르면 그러하다.
수천 년의 유구한 인류 역사를 놓고 보았을 때 참으로 묘한 우연이라고 할
수 있다.

지구의 반대편 다른 공간에서 활동했던 만큼 그리스 철학자들의 사상
과 춘추전국시대 제자백가의 사상은 차이가 많다. 그리스 철학이 대체로
'세상만물을 구성하는 가장 기본적인 것은 무엇인가'라는 원질原質, 아르케
Arche에 대한 탐구라면, 중국의 사상가들은 '인간은 어떻게 살아야 하는가'

| 피타고라스 | | 노자 | | 공자 |

| 아리스토텔레스 | | 맹자 | | 장자 |

■ BC 6C에 태어났던 세 분과 BC 4C에 태어났던 세 분. 좌로부터 형이다. 아리스토텔레스의 흉상을 제외하고 모두 상상화다.

에 대한 물음, 즉 인간과 세상과의 관계를 파고들었다.

　그리스 철학은 중심이 이오니아에서 그리스 본토로 옮겨가고 소크라테스, 플라톤, 아리스토텔레스를 거치면서 서양철학의 근간이 되었고, 동양철학은 제자백가의 사상 중에서 가장 큰 영향력을 미쳤던 유가, 도가, 법가의 이론이 후세에까지 영향을 미치게 된다. 특히 유가는 지금도 동아시아 여러 나라에 영향을 미치고 있다.

현대에 와서 중국과 그리스의 사상을 놓고 다양한 비교연구가 이루어지고 있다. 고대 그리스와 중국 춘추전국시대에 나타났던 학자들이 남긴 사료는 엄청나게 소실되었음에도 많은 양이 전해지고 있다. 특히 그리스 철학자들의 업적은 기간과 영토, 인구를 고려했을 때 정말 대단한 것이다. 중국 또한 긴 기간과 넓은 영토, 많은 인구에서 배출된 인재들이 엄청난 기록을 남겼음은 물론이다. 진시황의 분서갱유라는 치명적인 사건에도 불구하고 이 정도로 남은 것이다.

예나 지금이나 중국은 항상 머릿수로 상대를 압도하는데 이 부문에서도 다를 바 없다. 중국의 철학은 백가百家라 하여 수백 개의 학파가 있었고 사상가는 헤아릴 수 없을 정도로 많았다. 오죽했으면 한비자는 사상가라고 하며 유세를 하고 다니는 사람을 '국가를 좀먹는 좀벌레蠹'라고 하였겠는가. 물론 그들이 모두 철학자나 사상가라고 할 수는 없다. 다만 양이 많으면 질이 좋을 확률이 높다. 따라서 중국과는 비교도 안 될 만큼 작은 규모와 적은 인구의 그리스가 낳은 학문과 사상의 수준이 그저 놀라울 따름이다.

서양		동양
	🏛	
페르시아 전쟁 시작	BC 492	
	BC 453	진플 한·위·조로 분열 전국시대 시작
페르시아 전쟁 종결	BC 448	
펠로폰네소스 전쟁	BC 431	
	BC 403	한·위·조 주왕실 승인
	BC 361	진秦 상앙 등용
알렉산드로스 대왕 출생	BC 356	
	BC 353	계릉 전투 손빈 부활
로마 1차 삼니움 전쟁	BC 343	
	BC 341	마릉 전투 손빈 방연 죽임
이수스 전투	BC 333	소진 6국 합종 완성
가우가멜라 전투	BC 331	

맥을 짚어 주는 연대표

알렉산드로스와
진시황

7

▌마케도니아와 필리포스 2세

진秦나라가 한韓, 위魏, 조趙의 세 나라로 나뉘고 주 왕실로부터 인정을 받던 그 무렵(BC 403)에 그리스에서는 펠로폰네소스 전쟁이 끝났다(BC 404).

펠로폰네소스 전쟁에서 승리한 스파르타는 난생 처음으로 그리스의 챔피언이 된 것이었다. 그러나 왕좌에 앉기는 하였으나 그 자리가 익숙하지는 않았던 모양이다. 힘만 강했고 다스릴 줄 몰랐던 스파르타는 동맹국들에 대해 아테네보다 더 간섭하고 더 쥐어짜내기 바빴다. 가뜩이나 스파르타는 민족도 정치체제도 다르기 때문에 아테네보다 더 잘해도 될까 말까하는 판국에 그런 전횡을 일삼았으니 다른 폴리스들의 감정은 어떠했을까.

고기를 못 먹어본 스파르타가 고기를 처음 맛보고 이성을 잃었다는 표현이 적절할 것이다. 아테네를 대신해 새 맹주로서 그리스를 멋대로 주무르던 스파르타와 그런 스파르타에 대해 엄청난 불만을 가진 채 꾹꾹 참아왔던 폴리스들. 이들의 관계는 언제 터져도 터질 폭탄이었고 아니나 다를까 끝내 그 폭탄은 터지고 만다.

스파르타는 펠로폰네소스 전쟁을 끝내기 위해 페르시아를 끌어들였던 적이 있었다. 아테네의 후방 공략을 위해 페르시아 해군의 힘을 빌렸던 것이다. 하지만 그 대가로 이오니아를 내주었다. 이 거래에 대해 스파르타는 얼마 가지 않아 본전 생각을 하게 되는데 얻은 것에 비해 준 것이 너무 컸다는 사실을 깨닫게 된다. 그래서 스파르타는 그리스 내부를 단속하면서도 이오니아에 대한 생각을 내내 떨치지 못했다.

그러던 중 페르시아에 내분이 생기자 곧바로 이오니아를 다시 찾아오기 위해 움직였다. 하지만 스파르타가 페르시아 쪽에 전력을 집중하는 사이에 여러 폴리스의 공격을 받게 된다. 스파르타의 생각만큼 그리스 내정이 안정되지 못했기에 몇몇 폴리스들이 스파르타의 허점만을 노리고 있었던 것이다.

이런 연유로 폴리스들은 다시 전쟁을 하게 되었고, 반反스파르타 세력 중에서 가장 강력하게 떠오른 폴리스는 테베Thebai였다. 스파르타는 서둘러 테베를 누르고 내분을 진압하려고 하였으나 때마침 테베에서는 에파미논다스Epaminondas라는 우수한 지도자가 나타났다. 그는 테베 근처에까지 쳐들어온 스파르타군을 레욱트라 평원에서 대파하고, 나아가 스파르타의 앞마당까지 점령함으로써 테베를 그리스의 세 번째 챔피언으로 만들었다.

이 전투가 BC 371년에 있었던 레욱트라Leuktra 전투이다. 스파르타의 자리를 대신해 그리스의 맹주로 등극한 테베의 헤게모니는 그리 오래가지 못했다. 사실 펠로폰네소스 전쟁 이후 아테네가 몰락하면서 그리스 문명 전체는 동력을 잃었다고 보는 시각이 지배적이다. 아테네의 뒤를 이어 맹주가 되었던 스파르타와 테베는 폴리스 전체를 이끌어 갈 능력도 철학도 없었던 것이다.

스파르타를 누른 테베는 그 전성기가 있었는지 없었는지 모를 정도로 무언가에 쓸려 사라졌다. 폭풍같이 그리스를 휩쓴 북방의 마케도니아라는 새로운 강자 때문이었다. 사실 스파르타와 테베는 맹주로서 보낸 세월이 묘

마케도니아

트라키아

테살리아

에게 해

페르시아

아테네
아티카

아르카디아

이오니아

아드리아 해

● 펠로폰네소스 전쟁 시기 마케도니아
● 필리포스 2세 시기 마케도니아

| 마케도니아 영역의 변화 |

하게도 똑같이 33년이다. 하지만 펠로폰네소스 전쟁이라는 역사적인 전쟁에서 아테네라는 전통의 최강자를 이긴 스파르타에 비해 그 스파르타를 이긴 테베의 존재감은 별로 느껴지지 않는 것이 사실이다. 그런 테베를 어린아이 손목 비틀 듯이 제압한 나라가 바로 마케도니아였다.

마케도니아Macedonia는 마케도니아족의 국가라는 뜻으로 그리스 북쪽에 위치한 변방 폴리스였다. 기존의 아티카 중심의 그리스 질서에서 배제되다시피 한 그들은 나름대로 북방의 이민족과 싸우며 그리스인에 속하고자 하였다. 그러나 오랜 세월 그리스 남부의 폴리스들은 마케도니아를 그리스가

모든 지식의 시작 전문세

| 카이로네이아의 사자상 |

아닌 북방 이민족으로 여기며 멸시했다. 중원질서에 편입되고자 했지만 지리적인 이유로 오랑캐 취급을 받았던 춘추시대 진秦나라와 비슷한 처지였다. 그런 마케도니아가 세력을 키워 일거에 모든 폴리스를 정복하고 그리스를 통일하게 되는데, 바로 마케도니아의 젊은 왕 필리포스 2세Philippos II에 의해서였다.

필리포스 2세는 후진국이지만 자원이 풍부한 마케도니아에서 정치적 개혁을 이루어내었다. 그리고 정치개혁을 바탕으로 경제력을 키워 강력한 군대를 길러냈다. 군사적인 재능도 겸비했던 필리포스 2세는 손수 새로운 전법과 무기개발에 힘을 썼다. 특히 기병을 키우는 데 심혈을 기울였다. 이는 오랜 세월 페르시아에게 짓밟히면서 기병 전력의 무서움을 알았기 때문이다.

필리포스 2세가 카이로네이아Chaeroneia 전투에서 테베를 누르고 그리스 전역을 손에 넣었을 때 오랫동안 마케도니아를 멸시했던 폴리스들은 이제 죽었구나 하는 심정이었을 것이다. 하지만 필리포스는 관용을 베풀었다. 자신의 발아래에서 바들바들 떨고 있는 폴리스들에게 복수도 파괴도 아닌 기존 질서를 그대로 인정하고 영위하게 하였다. 오히려 아테네나 스파르타가 주도하던 시대와 달리 분담금을 걷지도 않았고, 폴리스 간의 전투도 허용하지 않아 오랜만에 평화의 시대를 만들어주었다.

사실 마케도니아가 진정으로 원했던 것은 그리스의 정복이 아니라 그리스의 일원이 되는 것이었다. 하지만 그리스 사람들이 필리포스의 자비를 얻게 된 건 그저 그리스에 속하겠다는 소박한 꿈 때문만은 아니었다.

필리포스 2세는 그리스 정복이 아닌 더 큰 야망을 가지고 있었다. 바로 페르시아 원정이었다. 마케도니아는 페르시아 전쟁의 최대 피해국이었을 뿐 아니라 그 이전에도 숱한 침략을 당한 역사가 있었다. 마케도니아에 있어 페르시아는 오랜 세월 뼈에 사무친 복수의 대상이었다. 하지만 필리포스 2세는 페르시아로 진군하기 직전인 기원전 336년에 어이없이 생을 마감한다. 근위병 또는 측근으로 알려져 있는 청년 파우사니아스Pausanias에 의한 암살이었다.

필리포스 2세의 피살은 현재까지도 미스터리로 남아 있는데 유력한 배후로 지목된 대상이 바로 알렉산드로스였다. 당시에도 알렉산드로스는 부왕을 죽였다는 의심을 받았다. 특히 아들을 왕위에 앉히고자 노력했던 어머니 올림피아스로 인해 더욱 의심을 받았다.

마케도니아가 역사상 최고의 전성기를 달리던 때 이런 사달이 난 것은 역시 '아버지의 늦둥이' 때문이었다. 누차 말했지만 왕자가 부왕을 죽이는 패륜이 벌어지는 원인은 백이면 백 후궁이 낳은 배다른 동생 때문이다.

필리포스 2세는 알렉산드로스의 생모인 올림피아스와 사이가 좋지 않다. 올림피아스는 에피루스의 왕녀로서 마케도니아인이 아니었다. 성정이 불같았고 종교적인 의식에 심취해 있었다고 한다. 젊은 시절 미색이 고와 필리포스가 한눈에 반했으나 순식간에 콩깍지가 벗겨질 만큼 올림피아스의 행태는 정상과 거리가 멀었던 모양이다.

혼례를 치르고 난 뒤부터 거리를 두었다고 하니 둘 사이에서 알렉산드로스가 태어난 것도 행운이었다. 자연스럽게 필리포스는 여러 후궁을 얻었다. 하지만 왕후인 올림피아스와의 불편한 관계는 야망이 큰 필리포스에게 있어 불만이고 약점이었다. 그러던 와중에 그는 마케도니아인의 피가 흐르는 십대의 젊은 여인을 왕비에 앉히게 된다. 올림피아스와 정식으로 이혼을 한 것이다. 조선 역사에 비유한다면 비妃를 폐廢한 것이나 다름없다.

새로운 왕비의 이름은 클레오파트라이다. 로마 시대 이집트의 파라오 클레오파트라와 이름이 같다. 하지만 클레오파트라라는 이름은 그리스 역사에서 자주 등장한다. 가깝게는 알렉산드로스의 누이동생도 클레오파트라였으니 말이다.

어쨌거나 마케도니아의 새 왕후는 곧 아들을 낳는다. 알렉산드로스의 입지가 갑자기 위태로워진 것이다. 새로 태어난 배다른 동생은 순수한 마케도니아인의 피가 흘러 이민족 어머니에게서 태어난 자신보다 명분에서 앞섰고, 무엇보다 중요한 것은 아버지 필리포스 2세가 새 왕후를 무척 사랑한다는 것이었다. 이런 배경으로 필리포스 2세 암살사건은 알렉산드로스 모자가 의심받기에 충분해 보였다.

그러나 왕의 죽음에 대한 의혹을 해소할 사이도 없이 마케도니아 왕가에서는 많은 일이 한꺼번에 일어났다. 스무 살의 알렉산드로스는 즉시 왕위에 앉았고, 부왕의 비 클레오파트라와 배다른 동생은 올림피아스에 의해 죽음에 처해졌으며, 국내는 물론 그리스 전역에서 반란이 일어났다.

내부에서는 부왕 살해에 대한 의심으로, 외부에서는 지도력에 대한 의심으로 젊은 왕 알렉산드로스는 위기를 맞게 된다. 하지만 이런 상황에서 알렉산드로스는 신속하고 단호하게 대응했다. 내부는 가차 없는 숙청으로, 외부는 무자비한 군사작전으로 능숙하게 해결하는 모습을 보여주었다. 특히 마케도니아에 대해 앞장 서서 반기를 들었던 테베는 젊은 왕을 우습게 본 대가를 톡톡히 치렀다. 알렉산드로스가 테베에 대해 조금의 관용도 베풀지 않았던 것이다.

필리포스 사후 은근히 마케도니아가 약해지기를 바랐던 그리스의 폴리스들은 테베가 죽지 않을 만큼 얻어터지는 것을 보고는 알아서 납작 엎드렸다. 늑대가 죽었다고 좋아했다가 호랑이를 만난 것이다.

필리포스 2세는 페르시아 원정을 나서기 직전에 생을 마감했다. 자신이 정복할 땅이 줄어든다며 아버지의 정복사업 투덜거렸던 당돌한 왕자는 이제 정식으로 왕이 되어 그토록 열망하던 페르시아 원정을 떠나게 되었다.

▌알렉산드로스 대왕

결론부터 얘기하자면 알렉산드로스는 일거에 그리스를 굴복시킨 후 파죽지세로 페르시아를 멸망시키고 소아시아에서 이집트, 인도에까지 이르는 대제국을 건설했다. 그리고 그는 33세에 숨을 거둔다.

그가 죽자마자 제국은 다시 파죽지세로 무너져 크게는 세 개의 나라로, 작게는 스무 개의 나라로 갈라진다. 이것이 그의 일생이고 그가 세운 제국의 일생이다.

폼페이 유적에서 발견된 모자이크 벽화에 묘사된 알렉산더의 모습은 다

| 폼페이 유적의 이수스 전투 모자이크화 |

| 알렉산드로스 입상 |

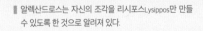

▌ 알렉산드로스는 자신의 조각을 리시포스Lysippos만 만들 수 있도록 한 것으로 알려져 있다.

소 충격적이다. 일단 투구도 쓰지 않은 모습이며 당시의 어떤 인물과도 다른 헤어스타일을 하고 있다. 그의 스타일은 대한민국 서울의 어느 미용실에서 방금 손질하고 나온 젊은이의 모습이다.

르네상스 시대 이후의 회화에서는 알렉산드로스가 투구를 쓴 모습이 보이기도 하지만 고대의 회화나 조각은 모던하고 세련된 헤어스타일을 보여준다. 사서에는 알렉산드로스도 전투에 임할 때 투구를 썼다고 나온다. 또한 아무리 알렉산드로스라 하더라도 상식적으로 투구를 쓰지 않았을 리 없다. 이 모자이크화는 위대한 조각가 리시포스Lysippos의 작품을 보고 만든 것이겠지만 당시 로마인이 가지고 있던 알렉산드로스의 이미지를 보여준다고도 할 수 있다.

서양의 사학자들은 알렉산드로스를 언급할 때 최고의 군사전략가, 역사상 최고의 정복자, 누구와도 비교할 수 없는 전무후무한 지배자라고 치켜세운다.

대부분은 사실이다. 알렉산드로스는 천재적인 전략과 과감한 행동으로 믿기 어려운 결과들을 얻어냈다. 게다가 믿기 어려울 정도의 용감한 행동으로 기적적인 장면을 연출해 내기도 했다. 분명 전쟁에서만큼은 전무前無한 존재였다. 하지만 후무後無한 존재는 아니었다. 다른 의견들도 있겠지만 간단히 몽골의 칭기즈칸은 분명 알렉산드로스와 비교해 뒤지지 않는 존재일 것이다. 더욱이 출발만큼은 알렉산드로스가 칭기즈칸보다 훨씬 더 수월했다.

칭기즈칸의 시작은 맨땅이라고 할 수도 없는 늪과 같은 것으로 알렉산드로스가 재벌 2세였다면 칭기즈칸은 주민등록도 없는 난민이었기 때문이다. 가장 단적인 예로 문맹이었던 칭기즈칸에 비해 알렉산드로스에게는 수없이 많은 과외교사가 있었고 최종적으로는 아리스토텔레스였다.

알렉산드로스는 윤리, 철학, 의학, 종교, 수학, 논리, 예술 등을 체계적이고 혹독하게 배웠다. 물론 배움이 정복사업의 결정적인 요인이라는 의미도 아니고 그의 업적이 대단하지 않다는 것은 더욱 아니다. 하지만 고금을 통틀어 가장 위대한 전략가이자 정복자라는 말은 일단 서양에 한정하는 것이 옳을 것이다.

알렉산드로스에게 가장 훌륭한 디딤돌은 무엇보다도 부왕 필리포스 2세였다. 필리포스는 국가의 기초를 탄탄하게 다져놓았고 강군을 일구어 그리스를 통일함으로써 아들의 정복사업을 20년이나 아껴주었다. 물론 알렉산드로스는 부왕 사후 그리스를 다시 진압해야 했지만 상승세를 탄 마케도니아의 기운을 그리스의 폴리스들이 막을 수는 없었다.

알렉산드로스가 천재 전략가였기에 가능했겠지만 대제국을 건설하는 데 걸린 시간은 12년이다. 게다가 헬레스폰트 해협을 건넌 시점부터 페르시아를 멸망시키기까지 4년밖에 걸리지 않았던 것은 다분히 선왕이 기여한 바가 컸다고 할 수 있다. 이러한 이유로 서양에서 알렉산드로스가 차지하는 위치는 최고의 전략가이자 가장 위대한 정복자인 것이다.

▌알렉산드로스의 페르시아 원정

알렉산드로스가 수많은 전투에서 보여주었던 용병술은 무모하기 짝이 없는 경우가 허다했지만 그럼에도 불구하고 그는 전부 이겼다. 그런 이유로 알렉산드로스는 스스로를 신의 아들이라고 생각했는데 마케도니아군도 자신의 왕이 진짜 신이 아닐까 착각을 할 정도였다. 휘하의 장군들 또한 승산이 없다고 보이는 전투에 대해 큰 반대를 하지 못했던 것도 이런 믿음에 기인한 것으로 보인다.

운도 따랐다. 헬레스폰트 해협을 건널 때 아무런 제지 없이 무사히 건넜던 것부터가 하늘의 도움이었다. 마침 페르시아 해군이 이집트의 반란을 진압하기 위해 자리를 비우고 있었기 때문이다. 만약 서전緖戰을 바다에서 치렀다면 알렉산드로스의 원정 양상은 크게 달라졌을 것이다. 이어진 아시아에서의 첫 싸움인 BC 334년의 그라니코스 강 전투도 무모하기 그지없었다. 상당한 폭의 강을 사이에 두고 페르시아군과 대치한 상태에서 알렉산드로스는 앞뒤 가리지 않고 그냥 강으로 뛰어들어 건너기 시작했던 것이다.

그의 머릿속에는 전략이 세워져 있었겠지만 그렇다 하더라도 매우 무식한 도강임에 틀림없었다. 또한 왕이 달리는데 부하들이 가만히 있을 수 있겠는가. 울며 겨자 먹기로 덩달아 강에 뛰어들 수밖에 없었다.

그리고 많은 사람들이 오해하고 있는 것 중에 하나가 양군의 병력이다. 알렉산드로스가 치렀던 전투에서 페르시아군의 숫자는 마케도니아군에 비해서 압도적으로 많았다고 잘못 알고 있는 경우가 많다.

물론 대체로 페르시아군이 더 많긴 했지만 그 차이가 터무니없는 정도는 아니었다. 게다가 그라니코스 강 전투에서만큼은 마케도니아군의 숫자가 조금 더 많았다. 다만 묻지마 도강을 할 정도의 우위는 아니었다. 그러나 마케도니아군은 이 무데뽀むてっぽう 도강에 성공했고, 최종적으로 전투는 알렉산드로스의 작전대로 흘러가 마케도니아군은 압승을 거두었다. 이렇게 알렉산드로스군은 페르시아에 힘차게 첫발을 내디뎠다.

간이 부어도 심하게 부은 이 젊은 왕은 원정 내내 선봉에서 달린다. 칼과 창이, 또 화살이 알아서 비켜가는 듯한 모습이었을 것이다. 매번 죽을 고비를 넘기면서도 드라마틱한 승리를 가져다주는 왕 때문에 휘하의 장군과 병사들이 용기백배했을 것은 자명한 일이다. 이런 군대를 적으로 상대하기란 정말 어려운 법이다. 페르시아군은 진짜 운이 없었다.

BC 333년, 알렉산드로스는 처음으로 페르시아의 왕 다리우스 3세와 직접 대결을 하게 된다. 바로 페르시아 정복전쟁에서 가장 중요한 두 전투 중

| 알렉산드로스의 페르시아 원정로 |

하나인 이수스Issus 전투이다.

먼저 치렀던 그라니코스 강 전투는 다리우스가 직접 나서지 않았다. 다리우스는 알렉산드로스의 원정군을 대수롭지 않게 여겼기 때문이다. 사실 대제국 페르시아의 왕이 채 5만 명이 되지 않는 소국의 군대를 심각하게 생각할 이유가 없었을 것이다. 그래서 헬레스폰트 지역 태수에게 전투를 일임했었다. 물론 그는 알렉산드로스를 막지 못했다.

투구도 쓰지 않은 채 스타일리시한 머리칼을 휘날리는 알렉산드로스의 모습이 그려진 폼페이 유적 모자이크 벽화는 이수스 전투를 묘사한 것이다. 이 전투에서 알렉산드로스는 병력의 열세를 전략으로 만회하며 대승을 거두었다.

이수스 전투 이후 페르시아의 여러 도시들이 알렉산드로스로 급격하게 기울었다. '그리스의 작은 폴리스가 페르시아를 무너뜨릴 수도 있겠다'는 인식이 아시아 전체에 퍼지게 된 것이다.

이후 알렉산드로스는 소아시아의 해안도시를 모조리 점령하여 페르시아의 해군을 무력화시키고 이집트까지 접수한다. 그리고 가장 유명한 알렉산드리아를 이집트에 건설한다. 알렉산드리아라는 도시는 페르시아 곳곳에 세워졌다. 현재 알려진 것만 70여 곳에 이른다.

후에 로마가 점령지에 로마를 본뜬 도시들을 건설했듯이 알렉산드리아는 알렉산드로스의 표준화된 설계 도시였다. 로마의 정책은 알렉산드로스의 정책을 따라 한 것이 아닐까 추정되는데 알렉산드로스의 정책은 페르시아의 정책을 따라 한 것이다.

현재는 이집트의 알렉산드리아만이 그 명맥을 이어 이집트의 중요한 항구도시로서 번영을 누리고 있다.

이수스 전투 이후로 크고 작은 전투가 많았지만 페르시아를 결정적으로 무너지게 만든 전투는 BC 331년의 가우가멜라Gaugamela 전투이다. 대개 이 전투를 끝으로 페르시아는 멸망하였다고 본다.

알렉산드로스군은 여느 때와 다름없이 5만여 명 정도였다고 한다. 이를 상대하는 페르시아군은 100만 명. 여기서도 그리스인들의 과장이 나오는데 당시 그리스인들의 기록은 잘 나가다가도 페르시아군의 규모만큼은 비이성적으로 황당한 숫자를 제시한다. 이런 과장된 수치는 그리스 측 기록 전체에 대한 신뢰성을 손상시킬 정도이다.

현대의 전문가들은 페르시아군의 규모를 15만 명 정도로 본다. 페르시아군을 현실적으로 줄여도 마케도니아군보다 많았던 것은 사실이다. 하지만 훈련과 장비, 그리고 사기가 최고인 알렉산드로스의 군과 이리저리 긁어모은 오합지졸의 페르시아군은 질에서 차이가 많았다. 당연히 싸움은 왕이 과도한 용맹을 보여준 마케도니아군의 승리로 끝이 난다.

이번에도 다리우스 3세는 목숨은 건졌지만 더 이상 재기하지 못한다. 가우가멜라 전투를 전후로 알렉산드로스는 세상의 어떤 남자와도 비교할 수 없는 멋진 모습을 보여준다. 페르시아의 반을 주며 자신과 함께 페르시아를 다스리지 않겠느냐는 다리우스 3세의 제안을 거절하며 '나는 반이 아닌 전부를 원한다'고 한 것이나, 현실성 있는 작전을 주장하는 부하들에게 '나는 승리를 훔치지 않는다'며 자신의 무모한 작전을 고집한 것은 진정 평범한 사람이 할 수 있는 일은 아니다. 사실 알렉산드로스가 한 번이라도 삐끗해서 자신이 한 말을 지키지 못했다면 그는 허풍이 심한 비정상적인 왕으로 남았을 것이다.

그리스를 떠날 때부터 하늘을 찌를 듯한 자신감을 보여주었던 알렉산드로스는 자신의 모든 행적에 대해 기록을 남기고자 했다. 그래서 아리스토텔레스의 조카 칼리스테네스Callisthenes를 대동하여 자신의 일거수일투족을 기록하게 했고, 훗날 이집트를 차지하게 되는 프톨레마이오스 등의 측근들에게도 기록을 남기게 하였다. 이런 기록들이 여러 사서들의 자료로 인용된 결과 지금까지 전해지는 알렉산드로스의 행적과 어록은 비교적 사실로 받아들여지고 있다.

전술적인 면에서 알렉산드로스가 치른 모든 전투에는 일관적인 작전이 있었다. 중앙의 보병이 맷집을 맡아 적의 공격을 견디는 사이 자신이 이끄는 기병으로 측면을 강타하는 것이다. 이것은 필리포스 2세가 마케도니아군의 기본 작전으로 정립한 '망치와 모루Hammer and Anvil' 전술이다.

망치는 못을 치는 연장이고 모루는 대장간에서 쇠를 올려놓는 받침대이다. 그러니까 이 작전은 중앙보병이 받침대가 되어 버티고 있으면 그 위에 적군을 고정시켜 놓고 자신이 이끄는 기병이 망치가 되어 내리치는 것이다. 게다가 그 내리치는 주된 목표는 적의 최고 지휘관이다. 적의 주력을 야무지게 막으면서 적장을 날려버리는 것이다.

다리우스 3세는 번번이 그 전술에 자신이 날아갔다. 매번 목숨만 부지

모든 지식의 시작 전문세

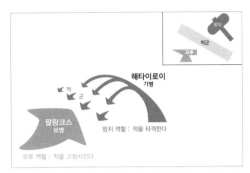

| 망치와 모루 전법 |
팔랑크스는 모루가 되어 적을 받치고,
기병은 망치가 되어 적을 타격한다.

한 채 도주한 다리우스 3세는 가우가멜라 전투에서 달아나 재기를 모색하던 중에 부하의 손에 죽는다. 이때가 BC 330년으로 페르시아가 멸망한 때이다.

알렉산드로스는 전략을 짜고 논하는 것을 무척이나 즐겼다. 어떤 유희나 미인보다 전투를 이야기하고 전술을 고민하는 것을 좋아했는데 한번 시작하면 밤 새는 줄도 몰랐다고 한다. 중요한 전투를 앞두고는 몇 날 며칠 밤을 새우고도 실전에서 펄펄 날아다닐 만큼 알렉산드로스는 전쟁 자체를 유희로 생각하며 즐겼던 것으로 보인다.

페르시아를 멸망시킨 후 인도까지 정복하려 했던 알렉산드로스는 인도를 침공해 몇 차례의 전투를 치렀다. 하지만 부하들은 오랜 전투에 지쳐 더 이상의 정복전쟁을 거부하기에 이르렀다. 그리스 정복전쟁부터 10년을 넘게 고락을 같이 했던 부하들이었기에 이들의 결사적인 반대는 알렉산드로스도 거부하기 힘든 상황이었다. 게다가 자신의 건강상태와 여러 가지 악조건에 부딪혀 인도 원정을 포기하고 돌아올 수밖에 없었다. 전진을 멈춘 정복왕은 허탈감에 시달리는 것 같은 증상을 보이다가 바빌론의 궁전에서 33세의 젊은 나이에 생을 마감한다.

알렉산드로스의 사망에 대해서는 여러 가지 설이 있다. 암살설, 독살설,

열병설, 인도 원정 중에 얻은 부상 후유증, 전쟁광의 허무감 등이 있으나 확실한 것은 최종적으로 술병이 더해졌다는 것이다.

알렉산드로스는 술을 과하게 좋아했다. 미성년자 시절부터 술꾼의 싹을 보여 왔던 그는 술김에 페르세폴리스를 홀랑 태워버리는 실수를 저지르기도 한다. 전쟁 중에 얻었던 상처나 말라리아와 같은 열병도 술로 인해 더 깊어졌을 것이다. 어찌되었건 알렉산드로스가 훌륭한 전략가였을지는 모르나 훌륭한 통치자로 인정받지 못한 건 8할이 술 때문이 아니었을까 생각해 본다.

▌ 알렉산드로스 사후, 혼란에 빠진 헬레니즘 세계

BC 323년 바빌론, 33세의 젊은 나이에 세상을 다 가졌던 알렉산드로스 왕은 죽는다. 지배 시스템 없이 오직 알렉산드로스의 카리스마에 의해 유지되던 덩치 크고 나이 어린 제국은 왕의 죽음과 더불어 순식간에 무너졌다. 후계자도 후계 계획도 없었던 제국은 알렉산드로스가 거느렸던 부하장군들의 각축장으로 바뀌었다. 알렉산드로스의 후계자를 자처하는 이들을 계승자라는 뜻의 디아도코이Diadochoi라고 한다. 하지만 정확하게 말하면 이들은 계승자가 아니고 계승하고 싶어 하는 자들이었다. 디아도코이라고 불리는 이 장군들은 진정한 디아도코이가 되고자 알렉산드로스의 유산을 차지하기 위해 박 터지게 싸운다.

알렉산드로스 사후의 권력은 중앙에 있던 알렉산드로스의 친위 장군들과 넓은 영토에 파견되어 있던 태수Satrap들에게로 나누어지게 되었다. 물론 처음에는 서로 기회를 엿보는 탐색의 시간을 가졌다. 중앙의 움직임을 주시하며 섣불리 군사행동을 하는 우를 범하지 않았던 것이다.

처음으로 주도권을 잡은 인물은 알렉산드로스의 최측근이었던 페르디카스Perdiccas였다. 그는 왕가의 섭정이 되어 내부 반대자들을 재빠르게 처단하고 제국의 분열을 막기 위해 노력한다. 하지만 각 지방의 유력한 태수들은 이미 다른 마음을 갖고 있었다. 통치 시스템의 대부분을 차지하고 있던 알렉산드로스의 존재가 없어진 공허함이 그 무엇으로도 채워질 수 없었던 것이다. 있다면 오직 각자의 야망만이 그 자리를 대신할 수 있지 않았을까.

이런 긴장의 상황에서 본격적으로 세력다툼의 방아쇠를 당기게 된 계기는 알렉산드로스 시신 탈취사건이었다. 섭정 페르디카스는 마케도니아 왕가의 묘역이 있었던 수도 아이가이Aigai로 대왕의 시신을 옮겨 제국의 정통성을 세움과 동시에 자신의 권력을 공고히 하고자 했다. 하지만 가장 탄탄한 세력을 갖고 있었던 이집트의 사트라프였던 프톨레마이오스가 운구행렬을 습격해 알렉산드로스의 시신을 탈취한 것이다. 중앙 권력에 정면으로 반기를 든 사건이었다.

신과 같은 존재였던 알렉산드로스의 시신은 디아도코이들에게 있어 정통성의 증표나 마찬가지였는데 이것을 프톨레마이오스는 끝까지 쥐고 놓지 않았다. 격분한 페르디카스는 이집트 원정에 나섰으나 중도에 부하들에 의해 살해되고 제국은 본격적인 혼란의 장이 된다.

이제 페르디카스의 충직한 부하이자 뛰어난 전략가였던 에우메네스와 페르디카스의 뒤를 이어 섭정이 된 안티파트로스, 에우메네스 토벌을 위해 부여받은 전력을 고스란히 차지한 안티고노스, 그리고 집요하게 실리를 챙겼던 프톨레마이오스, 초반의 불리함을 딛고 가장 넓은 영토를 차지하게 되는 셀레우코스 등이 치열한 각축을 벌인다.

한 치 앞을 볼 수 없던 디아도코이들의 전투는 금세 여섯 개의 나라로, 다시 네 개, 그리고 최종적으로 세 나라로 압축된다. 이것을 유라시아 최초의 삼국시대라고 할 수 있는데 이집트의 프톨레마이오스 왕조, 마케도니아

| 입소스 전투 직전 상황(BC 301년) |

| 입소스 전투 직후 상황(BC 301년) |

▌ 디아도코이 전쟁은 입소스 전투의 전과 후로 크게 나뉜다.

의 안티고노스 왕조, 아시아의 셀레우코스 왕조이다. 나라 이름으로 하자
면 이집트, 마케도니아, 시리아라고 부른다.

이 삼국시대는 세 나라 중에서 승자가 나오지 않았다. 그리스를 차지하
고 있던 마케도니아는 포에니 전쟁을 승리로 이끈 로마에 의해 멸망하는데
카르타고와 같은 해에 역사에서 사라진다.

셀레우코스 왕조의 시리아는 동쪽에서 일어난 파르티아와 서쪽에서 확
장해 온 로마에 의해 축소되다가 사라지고, 프톨레마이오스 왕조의 이집트
는 카이사르의 양아들 옥타비아누스에 의해 로마에 흡수된다.

참고로 이집트의 클레오파트라는 이 프톨레마이오스 왕조의 마지막 파
라오로서 그리스인의 피가 흐르는 여인이다.

모든 지식의 시작 전문세

한편 알렉산드로스의 혈육들은 제국 분열 초기에 허수아비로 이용되다가 비참한 최후를 맞는다. 이것은 영웅의 자손들이 맞게 되는 동서고금의 비슷한 결말이라고 할 수 있겠다.

알렉산드로스의 제국은 유구한 역사의 흐름에서 볼 때 순식간에 지나간 존재였다. 하지만 그 짧은 시간 동안 알렉산드로스와 그의 제국은 헬레니즘 문화라는 큰 영향력을 남겼다. 알렉산드로스 이후부터 로마에 의해 이집트가 멸망하기까지 300여 년 동안 헬레니즘 문화는 동서양을 융합하고 다시 새로운 문화를 탄생시키는 역할을 하였다. 그 하나로 간다라 미술은 중앙아시아와 중국과 한국, 일본에까지 영향을 미치게 된다. 서양의 관점으로 보았을 때 그의 정복은 그리스 문화를 확산시켰고 시각을 세계로 넓혀 수많은 민족이 보편주의를 갖게 되는 첫 번째 계기가 되었다. 물론 정복당한 민족은 죽을 맛이었겠지만 말이다.

▎알렉산드로스가 동쪽이 아닌 서쪽으로 갔다면

혹자는 알렉산드로스가 동쪽의 페르시아가 아닌 서쪽으로 창끝을 겨누었다면 어떻게 되었을까 가정을 해보기도 한다.

사실 알렉산드로스가 페르시아 정복전쟁을 하던 BC 4C 말 로마는 삼니움족과 치열한 전쟁을 치르던 때였다. 물론 이 당시의 로마는 알렉산드로스에 비할 수 없는 수준이었지만 그 저력을 차근차근 키우고 있었다.

아마 알렉산드로스가 서쪽으로 갔더라도 성공적인 정복사업을 펼쳤을 것이다. 로마를 비롯한 모든 세력들이 그의 발아래 엎드렸을 것이라는 의견이 대부분이다. 물론 리비우스Titus Livius처럼 로마의 승리를 말하는 학자도 있지만 소수일 뿐이다.

가정대로 알렉산드로스가 서쪽으로 향했다면 페르시아는 더 오래 존재했을 것이고, 인류사 최고의 제국 로마는 존재하지 못했을까. 나비의 날갯짓마저 세상을 바꾸는 마당에 이런 큰 변수로 세상사가 어떻게 바뀌게 되었을지 상상조차 할 수 없는 일이다. 그러나 분명히 단정지어 말할 수 있는 건 알렉산드로스는 해가 서쪽에서 뜬다고 해도 페르시아가 아닌 다른 곳으로 진격할 가능성이 없었다는 것이다. 왜냐하면 개인적인 원한과 더불어 그때의 페르시아는 세계 챔피언이었기 때문이다.

알렉산드로스는 세계 최강을 꺾어 자신이 세계 최고의 정복자가 되기를 원했다. 그래서 당대의 세계 최강국이 이집트였다면 이집트로 갔을 것이고, 이탈리아 반도가 세계 최강이었다면 이탈리아 반도로 갔을 것이다. 결론적으로 알렉산드로스가 페르시아가 아닌 나라를 정벌했다면 그가 지금과 같은 정복왕이나 슈퍼 영웅의 대접을 받기는 어려웠을 것이다. 오히려 '페르시아의 벽을 넘지 못해 로마로 갔다'는 평가를 받을 가능성이 높다.

아무 짓도 하지 않은 것으로 로마의 탄생을 도운 알렉산드로스는 자신의 능력에 맞는, 제대로 된 결정을 한 것이다.

▌중국 전국시대의 패권 경쟁

서양에서 알렉산드로스가 한창 페르시아를 휩쓸던 BC 4C 후반, 중국은 전국시대로 7웅이라 불리는 일곱 개의 나라가 각축을 벌이고 있었다. 특히 진秦의 패권이 굳어지기 전의 상황으로 당시는 최강국이었던 위魏가 주위의 공격을 받아 저물고 대신 제齊가 일어나 주도권을 잡으려 할 때였으며, 진秦에서는 상앙이 변법을 펼쳐 개혁이 시작될 무렵이었다.

손무의 5대손이자 《손빈병법孫臏兵法》의 저자 손빈孫臏이 자신의 다리를 자른 친구 방연에게 복수를 한 마릉 전투(BC 341)는 알렉산드로스의 나이 열다섯 살 때의 일이다. 또한 알렉산드로스보다 16살 많은 맹자가 전국을 떠돌며 유세를 하고 있었던 때는 알렉산드로스가 아리스토텔레스 밑에서 열심히 공부를 하고 있을 때였다.

알렉산드로스가 다리우스 3세와 처음 맞대결을 펼쳐 압승을 거두었던 이수스 전투 당시(BC 333년)에는 종횡가의 소진蘇秦이 6국의 합종을 이루었다. 또한 장의에 의해 합종이 무너진 것은 알렉산드로스가 죽고 5년 후의 일이다.

알렉산드로스의 사후 디아도코이 전쟁이 한창일 때는 맹상군孟嘗君이 온갖 재주를 가진 식객들을 데리고 활약을 하고 있었고, 진시황을 있게 한 천하 거상 여불위가 태어났다. 그러니까 알렉산드로스가 생존해 있던 시기가 중국 전국시대에서는 가장 중요한 시기라고 할 수 있는데 바로 오리무중의 상황에서 챔피언의 윤곽이 서서히 드러나고 있었던 것이다.

중국의 전국시대는 합종이 무너진 BC 318년 이후부터 천하의 판도가 달라지게 되는데 진秦의 세력이 급격히 확대된다. 탄탄한 국력을 기반으로 한 진의 위협은 나머지 6국에게 점점 짙은 현실로 드러나게 된 것이다. 그런 상황에서 진의 판도가 확실해진 결정적인 사건이 있었는데 BC 260년의 장평 전투이다. 장평 전투는 전국시대의 판도를 결정하는 가장 중요한 전투로 여겨진다. 전국칠웅이 200년간 이루어 왔던 균형이 무너지는 중요한 포인트였다.

그동안 약하게나마 진의 발목을 잡고 있었던 것은 진과 남쪽을 접하고 있던 초楚와 북쪽을 면하고 있던 조趙였다. 특히 조는 인상여와 조사, 염파와 같은 인재들의 활약으로 효과적으로 진의 동진을 봉쇄하고 있었는데 조의 혜문왕이 죽고 효성왕이 등극하자 진은 본격적으로 조를 공략하게 된다.

호시탐탐 조를 노리던 진은 한韓의 영토였던 상당을 놓고 시작된 분쟁으로 조와 교전을 하게 된다. 진의 25만 대군과 조의 45만 대군이 장평에서

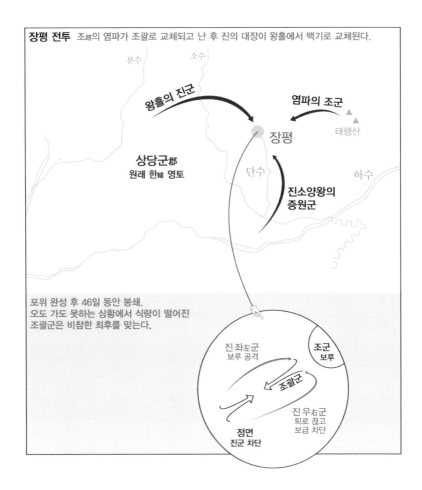

장평 전투 조趙의 염파가 조괄로 교체되고 난 후 진의 대장이 왕흘에서 백기로 교체된다.

분수

소수

왕흘의 진군

염파의 조군

태행산

장평

상당군郡
원래 한韓 영토

단수

하수

진소양왕의
증원군

포위 완성 후 46일 동안 봉쇄.
오도 가도 못하는 상황에서 식량이 떨어진
조괄군은 비참한 최후를 맞는다.

진 좌左군
보루 공격

조군
보루

조괄군

진 우右군
퇴로 끊고
보급 차단

정면
진군 차단

맞붙은 이 싸움은 초반 방어에 임한 조의 우세였다. 진의 장군 왕흘의 공략을 조의 명장 염파廉頗가 효과적으로 봉쇄했기 때문이다.

이에 진은 염파가 존재하는 한 단기간에 승부를 내기 어렵다고 판단하여 염파를 내쫓을 계략을 짰다. 조에 첩자를 풀어 거짓 소문을 내게 한 것이다. 조나라 군주 효성왕은 그 계략에 속아 진의 의도대로 염파를 내쫓고 조괄趙括이란 인물을 지휘관에 임명한다. 계략대로 염파를 몰아낸 진은 비밀

모든 지식의 시작 전문세

| 장평대전에서 조나라군이 생매장된 곳으로 추정되는 유적 |

리에 지휘관을 백전노장 백기白起로 교체하였고, 백기는 애송이에 불과한 조괄을 어렵지 않게 유인하여 포위한 끝에 전투를 승리로 이끈다. 이 전투에서 진秦은 이웃 나라 조趙의 40만 대군을 포로로 잡는 대승을 거두고 조라는 장애물을 치움으로써 천하통일이 가시화되었다.

《사기》에 따르면 진은 40만 명의 조군 포로를 생매장하여 죽였다고 한다. 40만 명 생매장에 관해서는 역사 기록의 특성상 다소의 과장이 있을 수 있겠지만 최근의 유적 발굴로 장평 전투 생매장설은 사실로 받아들여지고 있다.

장평에서의 패배로 조는 심대한 타격을 입었고 이후 40여 년 정도 명맥만을 유지하다 멸망하고 만다. 군주의 우매한 결정이 한순간에 국가를 망하게 할 수 있음을 보여주는 생생한 단면이었다.

힘의 균형이 깨진 이후 진秦은 여섯 나라를 차례로 무너뜨리고 천하를 일통하게 된다. 그리고 BC 221년, 진의 왕은 최초의 황제가 된다. 바로 진시황秦始皇이다.

처음으로 중국을 통일한 진시황

진시황은 4000년의 중국 역사를 통틀어 가장 큰 영향력을 끼친 인물로 받아들어지고 있다. 진시황은 알렉산드로스보다 100세 정도 동생이다. 알렉산드로스는 BC 356생이고 진시황은 BC 259년생이다. 진시황의 이름은 영정嬴政이다.

사마천은 《사기》에 '진시황은 여불위의 아들이다'라고 쓰고 있다. 다만 이 내용은 사기 6권 〈진시황본기〉가 아닌 85권 〈여불위열전〉에 기록된 내용이다. 〈진시황본기〉에는 다르게 적혀 있다. 정상적인 왕가의 후손으로 기록되어 있다. 진시황에 대한 《사기》의 두 가지 다른 기록은 후대에 수많은 소설의 재료가 되었다. 그렇다면 어느 쪽이 진실이며 또 어느 쪽이 사마천의 의도일까.

진시황의 법적 아버지인 장양왕은 공자 시절 조나라에 인질로 있었던 적이 있다. 그때의 이름은 이인異人이지만 후에 자초子楚로 개명을 한다. 춘추전국시대의 모든 나라는 강약에 상관없이 상호신뢰를 담보하기 위해 인질을 주고받았다. 그래서 자국의 권력투쟁에서 패배하거나 권력의 중심에 멀어진 왕족들은 곧잘 인질의 신분이 되곤 하였다.

인질을 받는 나라에서는 인질의 중요도에 따라 차별적인 대우를 하였다. 대부분의 인질들은 자국에서 별 볼일 없는 위치의 인물이었기 때문에 거창한 대우를 받는 경우는 드물었지만 그 사이에도 차이가 있었다.

자초 또한 조나라에서의 인질생활이 윤택하지 못했다. 조나라의 거상巨商이었던 여불위는 우연히 자초를 보게 되었는데 어떤 영감을 얻었는지 자초에게 막대한 투자를 하게 된다. 당시 자초에게서 찾을 수 있는 투자가치라고는 진의 왕족이라는 간판밖에 없었는데도 여불위는 도박을 한 것이다. 아무도 이 비루한 왕족에게 미래가 있다고 생각하지 않았지만 여불위는 거대한 잠재력을 보았던 모양이다. 즉시 경제적인 지원과 더불어 자초를 진의 왕위에 앉히기 위한 공작을 펼치게 되는데 공작의 개요는 대충 이러하다.

자초는 당시 진소왕의 둘째 아들인 안국군의 둘째 부인 소생 둘째 아들이었다. 안국군에게는 화양부인이라고 불리는 정부인이 있었는데 화양부인에게는 아들이 없었다. 여불위는 이 화양부인을 비즈니스 포인트로 삼는다. 마침 진나라에서는 태자가 죽는 사건이 일어나는데 여불위는 막대한 자금을 들여 화양부인에게 접근해 자초를 양아들로 받아들이게 만드는 데 성공한다.

자초라는 이름은 화양부인이 여불위의 제안을 받아들이면서 붙여준 이름이다. 초나라楚의 아들子이라는 뜻으로 초나라 태생인 화양부인이 아들도 바랐거니와 고향도 그리웠던 모양이다. 진왕이 죽고 안국군이 왕위에 오르자 정부인인 화양부인의 아들 자초는 자연스럽게 태자가 된다. 장기적인 프로젝트가 결실을 맺은 것이다.

〈여불위열전〉에 따르면 자초는 진나라로 돌아가기 전에 여불위의 애첩을 얻게 되는데 그 애첩은 이미 여불위의 자식을 잉태하고 있었다. 물론 여불위의 자식이다. 계획대로 자초는 즉위하여 장양왕이 되었고 여불위는 권세와 재산을 얻는다. 오랜 투자의 결실을 맺게 된 것이다. 그것도 수만 배의 수익률로 말이다.

여불위의 운은 여기에서 그치지 않는다. 장양왕이 즉위 3년 만에 세상을 떠나고 그 아들 영정嬴政이 왕이 된 것이다. 여불위는 자신의 아들일지도 모르는 어린 왕을 대신해 섭정을 하게 된다. 왕이 여불위를 부르는 호칭은 중부仲父로 작은아버지였다. 그야말로 중국에서 가장 강력한 권력을 한 손에 거머쥔 것이다.

하지만 여불위는 자신의 아들일지도 모를 어린 왕에 의해 최후를 맞게 된다. 여기에는 자초에게 주었던 자신의 애첩, 그러니까 영정의 생모가 부린 과도한 욕정欲情이 크게 작용한다.

여기에 관해서도 〈여불위열전〉은 자세하게 기록하고 있는데 영정의 어머니인 태후는 장양왕이 죽자 여불위와 통정을 하게 된다. 하지만 영정이 성장함에 따라 이런 부적절한 관계를 지속할 수 없게 된 여불위는 노애嫪毐라고 하는 중국 역사 기록상 가장 음경이 큰 인물을 바쳐 자신을 대신하게 한다. 몰래 내시로 꾸며 태후전에 들여보낸 것이다.

태후는 크게 만족하여 더 이상 여불위를 찾지 않게 되었는데 둘의 관계는 도를 넘어 태후가 노애의 아이를 갖기에 이른다. 이를 감추기 위해 대후는 왕의 허락을 얻어 궁궐을 옮기고 몰래 아들 둘을 낳아 숨기며 살았다. 하지만 이런 상태가 지속될 수는 없는 일이었다.

태후와 노애의 행각은 얼마 안 가 발각되었고 노애는 반란을 일으키기에 이른다. 하지만 왕은 침착하게 진압하여 노애와 그 삼족을 멸하였고 태후가 낳은 두 아들을 죽였다. 그러나 태후는 차마 죽이지 못하고 한동안 내쫓았다가 신하들의 간언으로 다시 수도 함양으로 불러들여 같이 살게 된다.

이때 여불위는 선왕에 대한 공로를 참작하여 목숨은 구했으나 관직을 잃

| 허난성河南省 옌스偃師에 있는 여불위 묘 |

| 《여씨춘추》 |

▌ 여불위는 《여씨춘추》를 편찬한 후 한 글자라도 더하고 뺄 수 있는 자에게 천금의 상금을 거는 자신감을 보였다. 여기서 나온 말이 일자천금一字千金이다.

모든 지식의 시작 전문세

고 제후국으로 내쳐졌으며 이후 계속되는 진왕의 견제에 스스로 목숨을 끊는다.

진시황의 출생에 대한 질문에 있어서는 〈본기〉가 보다 공식적인 기록이라는 말이 대답이 될 듯하다. 그렇다면 다른 내용은 무엇인가. 진시황에 대해 한대漢代의 평가는 박하기 짝이 없다. 그것은 한 왕조에서 바라보는 사관史觀뿐만이 아니라 진시황의 폭정에 신음하던 민간에서의 평가도 마찬가지였다. 그래서 전한시대에서 편찬된 진시황과 관련한 역사 기록은 대체로 백성들의 원망과 진시황을 깎아내리려는 한 왕조의 의도가 합쳐진 결과라고 할 수 있다.

《사기》 또한 그런 영향에서 완전히 자유로울 수는 없을 것이다. 하지만 진秦 왕조에 대한 기술을 놓고 보았을 때 《사기》는 전한시대의 사서 중에서 가장 객관적이라고 할 수 있고, 나아가 통사通史로서는 이미 오래전에 예사穢史 논란에서 벗어났다. 사마천 또한 2000년의 논란을 넘어서 동양 역사의 아버지로 존경받는 인물이 되었다.

예사穢史란 현존 권력의 구미에 맞게 기록된 더러운 기록을 말한다. 그래서 진시황의 출생에 관한 〈여불위열전〉의 내용은 《사기》가 기록되던 시기에 그런 시각이 있었음을 보여주는 것이라고 할 수 있다. 기전체 역사서는 기록방식상 어쩔 수 없이 동일한 사건에 대한 다소 다른 내용이 나타난다. 이는 사건에 관련된 주체가 달라짐에 따라 시각이 달라지기 때문이다. 이것을 호견互見이라고 하는데 글자 그대로 '서로 본다'는 의미로 사마천의 역사의식을 알 수 있는 부분이다.

후한시대 이후로 《사기》는 많은 비판을 받기도 하였는데 진시황에 대한 기술도 비판의 주된 내용 중 하나였다. 아이러니하게도 《사기》에 대한 신뢰를 높이는 계기 또한 진시황에 대한 기록이었는데 바로 진시황릉이었다.

| 진시황릉을 지키는 보병용步兵俑 |

20C에 진시황릉이 발견되고 나서 시황릉에 대한 《사기》의 묘사가 매우 정확하였음이 밝혀졌기 때문이다. 《사기》의 운명이 진시황으로 인해 떨어지고 다시 진시황으로 인해 올라간 것도 참 재미있는 일이다.

중국을 최초로 통일한 진시황제는 영토의 통일과 함께 문자와 화폐와 도량형을 통일하였다. 더불어 정부, 군사 등 각종 제도를 정비하고 도로를 건설하였으며, 수레 축의 너비 등 디테일한 것까지 규격을 맞추었다.

행정적으로는 군현제를 실시하여 강력한 중앙집권을 이루어 냈는데 군현제라는 것은 그 이전까지는 엄두도 내지 못했던 제도였다. 당시로써는 상상을 초월하는 강력한 중앙정부의 힘이 필요했던 것인데 이것을 진시황은 이루어 냈던 것이다.

이러한 것들은 모두 중국을 구석구석 발전시키는 계기가 되었다. 그리고 의전儀典에 있어서도 이전에는 존재하지 않았던 것들을 만들어냈다. 황제皇帝라는 새로운 호칭도 이때 만들어졌는데 이 말은 삼황오제三皇五帝에서 한 글자씩 따온 말이다. 그리고 황제를 스스로 부르는 호칭인 짐朕과 신하가 부르는 폐하陛下라는 말도 이때 만들어졌다. 하지만 짧은 시기에 이루어진

모든 지식의 시작 전문세

급진적인 개혁과 대규모 인원이 동원되는 토목공사는 각지에서 반란이 일어나게 하는 원인이 되었다.

중국의 진시황제와 서양의 알렉산드로스는 닮은 점이 많다. 대제국을 세웠고 체계를 잡았으며 그것은 각각 동양과 서양에 큰 영향을 주었다. 그리고 금방 멸망했으며 그 뒤를 잇는 나라가 각각의 세계에서 역사상 가장 훌륭한 나라로 평가받고 있다는 점이다. 물론 조금 다른 점도 있었다. 왕의 죽음을 두고 한쪽은 백성들이 아쉬워했고, 한쪽은 쾌재를 불렀다는 것이다.

진秦은 진시황이 죽고 난 뒤 금방 멸망한다. BC 206년, 통일한 지 15년 만이며 진시황의 사망 이후 4년 만의 일이다. 죽지 않으려고 별짓을 다했던 시황제는 50세에 죽었고, 만대를 이어갈 것이라 여기며 장성The Great Wall을 쌓던 나라는 15년 만에 망했다.

진을 멸망시킨 주인공은 천하장사로 유명한 항우項羽이다. 시황제의 죽음과 진의 멸망 사이에는 '진승과 오광의 난'이 있었는데, 이것은 중국 역사상 최초의 농민반란이자 진나라를 멸망으로 이끈 신호탄이었다. '왕후장상의 씨가 따로 있느냐王侯將相 寧有種乎'라는 명언이 나왔던 사건이기도 하다. 이 난을 시작으로 우후죽순같이 반란이 뒤따랐고 항우와 유방 또한 그중의 하나였다. 중국 전역은 다시 춘추시대를 방불케 하는 전장이 되었다. 그러나 이 분열은 오래가지 않아 크게 두 세력의 대결로 정리가 되었다. 초楚의 항우와 한漢의 유방劉邦, 바로 초한전楚漢戰이 시작된 것이다.

신성대

역사상 신성한 대대Hieros Lochos, 신성대神聖隊라 불리는 부대는 많았지만 그리스 시대의 신성대는 테베의 동성애자 부대를 가리킨다. BC 378년 테베의 장군 고르기다스Gorgidas에 의해 편성된 이 부대는 150쌍의 연인 커플로 구성되었다. 신성대는 BC 371년 레욱트라Leuktra 전투에서 맹활약했다.

당시 그리스 최강국 스파르타를 꺾는 데 큰 역할을 함으로써 명성을 떨쳤다. 당시에는 동성애가 드물지 않는데 연인끼리 한 조가 되어 전투에 임했던 이들은 매우 용감하였으며 비겁함이 없었다고 한다. 연인에게 잘 보이고 싶은 마음, 즉 사랑의 힘Power of Love이 얼마나 강한지 보여준 사례가 아닌가 생각된다.

레욱트라 전투는 펠로폰네소스 전쟁 이후로 그리스 전역의 맹주가 되었던 스파르타와 스파르타의 지배에 반대하는 보이오티아 동맹을 재건한 테베가 맞붙은 전투이다. 이 전투로 아테네를 누르고 그리스의 맹주가 되었던 스파르타의 시대가 저물게 되었다.

사랑의 힘으로 최강의 전투력을 자랑하던 테베의 신성대는 BC 338년 카이로네이아Chaeroneia 전투에서 필리포스 2세가 이끄는 마케도니아군에 의해 전멸당한다. 이 전투에서 크게 활약한 마케도니아군의 기병대장이 후에 유럽 최고의 정복왕이 되는 알렉산드로스 왕자였다.

조사와 조괄

조사趙奢는 명장 염파廉頗도 불가능하다고 했던 연여閼與에서의 전투를 승리로 이끈 조나라의 장군이다. 공을 인정받아 인상여와 염파와 같은 지위에까지 오른 조사는 뛰어난 지략으로 수많은 전공을 세웠다. 조사에게는 괄括이라는 아들이 있었다. 괄은 어려서부터 병법을 배워 논병論兵에 있어서 천하에 당할 사람이 없었다. 천하명장 조사도 병법을 논하는 데에 있어서 만큼은 괄을 당해낼 수가 없었다. 하지만 조사는 한 번도 괄을 칭찬하지 않았다. 그러자 조사의 아내는 도무지 아들을 칭찬하지 않는 남편에게 그 까닭을 물었다.

조사는 괄이 실전을 무시하고 병兵을 너무 쉽게 말한다며 괄이 결코 조나라의 장수가 되어서는 안 될 것이라고 내다보았다. 자식의 우수함을 기뻐하지 않는 부모를 찾기가 쉽지 않은데 조사는 그렇게 냉정하였다. 조사가 세상을 떠나고 조나라는 진나라와 장평에서 운명을 건 대결을 펼치게 되었다. 조나라 효성왕은 진나라 재상 범수의 계략에 속아 조괄을 총사령관에 임명하게 된다. 조괄의 어머니는 아들의 임명에 강하게 반대하며 조사의 말을 전했지만 효성왕은 듣지 않았다.

그리고 염파를 대신해 조나라군을 이끌게 된 조괄은 부임하자마자 군령을 바꾸고 장교들을 모조리 교체하더니 천하명장 백기를 상대로 성급한 작전을 펼친 끝에 조나라 병사 45만 명을 잃기에 이른다. 조사의 예견대로였다. 조나라는 장평대전의 패배로 멸망 위기에 빠졌고, 끝내 국력을 회복하지 못하고 38년 후 멸망하게 된다.

진시황의 출생 논란에 관하여

사마천은 진시황의 출생에 관해서 본기와 열전에 서로 다른 내용을 기록해 놓았다. 게다가 〈진시황본기〉 말미에 후세 사람이 덧붙인 반고의 글은 진시황을 여정呂政으로 기록해 놓아 《사기》가 진시황을 여불위의 자식으로 규정한 것으로 오해를 받기도 했다. 그렇다면 사마천의 견해는 무엇이었을까.

현재의 정설은 '진시황은 자초의 아들'이라는 것이다. 사마천은 《사기》 전체에서 본기本紀를 기본 토대로 하는 구성방식을 취하고 있다. 본기는 황제의 반열에 올릴 수 있는 인물을 서술하기 위한 장이었지만, 그 인물들이 나타나기까지 근거를 연대기 형식을 빌려 확실하게 보여주고 있다. 시작인 〈오제본기五帝本紀〉부터 〈하본기夏本紀〉, 〈은본기殷本紀〉, 〈주본기周本紀〉, 〈진본기秦本紀〉까지는 편년체 형식의 서술을 취하였다.

그 내용은 《서경書經》을 비롯해 《춘추春秋》, 《국어國語》, 《전국책戰國策》, 《맹자孟子》, 《한비자韓非子》, 《여씨춘추呂氏春秋》와 《예기禮記》 등 가장 광범위한 자료를 이용해 객관성을 극대화하고자 하였다. 또한 떠도는 가담항설街談巷說이 아닌 역사적 내용을 고수하기 위한 노력의 흔적이 역력하다.

이에 비해 〈열전列傳〉은 사기의 꽃이라고는 하지만 인물 각각에 대한 단편적 자료와 세간의 설說까지 포함한 서술로 사료적 가치에 있어서는 본기와 차이가 있음을 알 수 있다.

이와 같이 〈진시황본기〉에서 사마천은, 진시황은 장양왕의 아들임을 첫 문장으로 못

박았다. 〈여불위열전〉의 중간 어디인가에서 스쳐지나가듯 써놓은 것과는 천양지차의 무게감이 있는 것이다.

《사기》에서 주인공을 하나 뽑으라면 진시황이라고 말하고 싶다. 그것은 5편 130권으로 구성된 《사기》에서 가장 많은 자수를 할애한 인물이 진시황이기 때문이다. 〈진본기〉와 〈진시황본기〉를 합하면 본기의 1/4이 넘는다. 이것은 중국인이 생각하는 역사상 가장 영향력이 큰 인물로 진시황을 뽑는 것과 일맥상통한다.

중국의 역사는 진시황을 기준으로 전과 후로 나눌 수 있는데 사마천의 인식 또한 다르지 않았음을 알 수 있다. 그렇다면 진시황의 출생이 오랜 세월 동안 논란거리가 된 이유는 무엇일까. 그것은 한漢대에 있었던 진秦의 역사 정리에 있어서 의도적인 폄하가 이루어졌기 때문이다. 후대 왕조에 의해 이루어지는 전前 왕조에 대한 역사적 평가가 호의적인 경우는 거의 없는 것처럼 진시황에 대한 평가는 인신공격에 가까웠다. 특히 《사기》 〈진시황본기〉의 마지막에는 후세 사람에 의해 진시황의 출생에 관한 글이 더해져 있는데 이것은 《한서》의 편찬자 반고班固가 썼던 '효명황제에게 바치는 글'이었다. 여기서 반고는 진시황을 여정呂政이라고 하였다. 즉 《사기》에 나오는 진시황의 여불위 소생에 관한 직접적이고 유일한 표현인 '여정呂政'은 사마천이 아닌 반고에 의한 것이었다. 진시황에 대한 한대漢代의 평가가 얼마나 박한가를 알 수 있는 대목이다.

〈여불위열전〉에서조차 사마천이 진시황을 여불위의 소생으로 그린 것은 이런 전한시대의 분위기를 무시할 수가 없었음을 보여준다. 그리고 열전의 내용 또한 근거 없는 소문이 아닌 전한前漢의 천재 가의賈誼가 진나라의 멸망 원인을 분석하여 기술한 《과진론過秦論》의 내용을 인용한 것으로 진시황 출생에 관한 사마천의 접근은 극히 조심스러웠다고 할 수 있다.

서양

맥을 짚어 주는 연대표

서양	BC	동양
	BC 403	한·위·조 주왕실 승인
마케도니아 필리포스 2세 즉위	BC 359	
알렉산드로스 3세 출생	BC 356	
	BC 341	마릉 전투
카이로네이아 전투	BC 338	상앙 사망
	BC 334	소진 유세 시작
이수스 전투	BC 333	소진 6국 합종 완성
가우가멜라 전투	BC 331	
페르시아 멸망	BC 330	
	BC 328	진秦 장의 등용
알렉산드로스 3세 사망	BC 323	

동양

진秦으로 수렴하여
한漢으로 도약하다

8

▌한漢이라는 브랜드

    진이 멸망하고 한漢이 천하를 통일하기까지는 5년 정도의 간격이 있다. 몇 세대에 걸쳐 펼쳐지는 《삼국지三國志》와 달리 《초한전楚漢戰》은 5년 만에 끝나는, 일종의 산뜻한 단편이다. 그래서 역사에서 진한秦漢의 교체는 분열기를 거치지 않고 자연스럽게 이어진 것으로 본다.

    실제로 유방이 미약하게 한漢을 세운 시기는 진의 삼대황제 자영子嬰이 죽은 BC 206년이고, 만 4년에 걸친 초나라 항우와의 치열한 경쟁 끝에 통일을 완성해 제국을 연 시기는 BC 202년이다.

    한漢은 현재 존재하는 중국문화의 기초를 닦은 왕조이다. 한족漢族, 한어漢語, 한자漢字, 한문漢文, 한방漢方, 한약漢藥, 한시漢詩 등 메이드 인 중국의 브랜드는 '한漢'이다. 한마디로 중국의 아이덴티티Identity가 만들어진 시기였다. 그럼에도 불구하고 중국의 영어 명칭은 진[China]으로 결정되어 버렸지만 중국인의 마음의 고향은 한漢이다.

    현재 중국 최대 민족인 한족漢族은 한나라가 성립할 시기에 중원의 질서와 문화에 편입되어 있던 사람들을 구성원으로 하는 집단이다. 한의 카테고리는 결코 혈통이나 DNA의 문제가 아니다.

전국시대를 마감시킨 진秦이나 남쪽의 초楚, 오吳, 월越의 백성들은 춘추시대까지 오랑캐 소리를 듣던 사람들이었다. 그런데 이들은 어느 순간 영토적으로 중원의 백성이 되었고, 문화적으로 중원의 문화에 동화되었으며, 진에 의해 중국이 통일되던 시기에 중국의 민족이 되어 있었다. 일종의 한족이 되는 막차를 탄 것이다. 그래서 한나라 성립 이후에는 만리장성 이북의 이민족이 중원에 스며들더라도 한족으로 넣어주지 않았다. 거란은 거란이고 여진은 여진이며 몽골은 몽골이다. 한족이 되는 막차가 이미 떠났기 때문이다.

그렇다면 왜 중국의 대표는 진[China]이 아니고 한漢일까. 그것은 한이 실질적인 중국 최초의 통일왕조이기 때문이다. 진은 15년 만에 멸망했고, 그 기간이 너무나 짧았기에 진의 통치 아래에서 중국인들은 어떠한 소속감도 동질성도 느낄 수가 없었다. 한漢, 그것도 전한前漢 200년의 치세 동안 중국은 처음으로 통일되어 안정된 천하를 체감하게 된 것이다. 그래서 한은 중국의 브랜드가 될 수 있었다. 중국인의 의식 속에 이상향은 주周, 정신적 고향은 한漢, 가장 성했던 때는 당唐으로 자리 잡고 있다.

한은 진의 빠른 붕괴로 수혜를 입은 왕조였다. 진이 이룩해 놓은 제도의 개혁과 토목, 건설은 보통의 경우라면 수십 년 또는 수백 년이 걸려야 할

모든 지식의 시작 전문세

일이었다. 그러나 진시황제라는 불세출의 영웅이자 사이코Psycho가 나타나 10년 만에 해치웠던 것이다. 그러고는 그 책임과 파장을 고스란히 안고 멸망이라는 대가를 치르며 사라져 주었다.

한의 입장에서는 태어나 보니 웬 금덩어리가 떡하니 손안에 쥐어져 있었던 것이다. 골치 아픈 제도개혁, 도량형과 문자의 통일, 중앙집권제, 도로 건설, 장성 축조 등 원성 자자한 일들을 모조리 처리해 놓았으니 한대에는 백성들을 조금만 풀어주어도 호응을 얻을 수밖에 없었다. 초저비용으로 극대의 효과를 얻은 경우로서 한이 할 것이라고는 표정관리 정도라고 할까. 중언重言에 부언附言을 하는 것이지만 재주는 진이 넘고 돈은 한이 먹은 것이다.

중국사에서 이것과 유사한 경우가 한 번 더 생기는데 AD 6C, 수隋와 당唐이 그러했다. 300년 남북조시대를 통일한 수隋가 통일 후 30년 만에 망해버린 것이다. 그것도 수많은 대공사를 해치우고 말이다. 수隋가 천신만고 끝에 차린 밥상을 당이 누워서 꿀꺽한 것이다. 전 왕조의 인기가 땅바닥이었던 탓에 비교적 수월하게 기틀을 닦았던 한과 당은 중국 역사에서 가장 큰 번영을 누리게 된다. 중국 역사상 가장 유명한 태평성대라고 할 수 있는 세 번의 치세가 한(文景之治)과 당(貞觀之治, 開元之治)의 시기였던 것도 이와 무관하지 않다. 한과 당은 금수저를 물고 태어난 왕조였던 것이다.

▌한을 세운 사나이, 유방

한나라에 대해 알기 위해서는 건국자 고조 유방劉邦에 대한 설명이 조금 필요하다. BC 247년생으로 카르타고의 명장 한니발과 동갑인 유방은 굉장히 흥미로운 인물이다. 《사기》에는 유방의 방邦이라는 이름은 등장하지 않는다.

그의 자는 계季로서 유계劉季라는 명칭으로 나온다. 풀이하자면 유씨네 넷째, 혹은 유씨네 막내이다. 《사기》의 주석서에 토대하여 셋째라고 말하는 경우도 있으나 대체로 넷째로 알려져 있다. 〈고조본기高祖本紀〉에 기록된 바에 따르면 유방의 집안사람들의 이름들이 이러하다.

유방의 아버지는 태공太公, 어머니는 유온劉媼, 큰형은 유백劉伯, 둘째 형은 유중劉仲이다. 태공은 노인에 대한 존칭으로 아버지나 할아버지를 높여 부르는 일반적인 용어이다. 그러니까 풀이를 하자면 유방의 아비지의 이름은 아버지[太公], 어머니의 이름은 어머니[媼], 큰형의 이름은 큰형[伯], 둘째형의 이름은 둘째형[仲]이다. 그리고 자신의 이름은 막내[季]. 참으로 무성의한 성명이다.

무슨 이름이 이러냐고 물을 법하지만 이것은 유방의 출신이 귀하지 않음을 보여준다. 미천했던 유방의 초년시절이 제대로 기록되어 있지 않았음을 뜻하는 것이다. 조선왕조를 비롯한 수많은 경우를 볼 때 건국 직후 왕조의 선대에 대한 우상화 작업은 드문 일이 아닌데 어찌된 일인지 사마천은 이렇게 기술해 놓았다. 물론 반고班固에 의해 쓰인 《한서漢書》〈고제기高帝紀〉에서는 요堯의 후손이라는 족보갈이를 하게 된다.

사마천 또한 현존 권력을 의식하지 않을 수 없었던지 〈고조본기〉의 시작을 제외한 대부분에서는 신화적인 요소를 살려 한껏 유방을 미화해 적고 있다. 이런 연유로 유방 가족의 네이밍은 사실로 추정되는 바, 유방의 근본은 제대로 미천했던 것이다.

방邦이라는 이름은 《사기》, 《한서》가 아닌 후한 말의 기록인 〈한기漢紀〉에서 처음 보인다. 그러니 유방은 방이라는 이름을 살아생전에 들어보지도 못했던 게 확실하다.

유방의 정체는 건달이었다. 그는 생업에 종사하지 않아 가계에 보탬이 전혀 안 되었고 할 줄 아는 것이라고는 외상술 얻어 마시는 것이었다. 《사기》에는 넓은 도량을 가졌고 다른 사람을 사랑했으며 베풀기를 좋아했다고 전한다. 또 큰 뜻을 가졌기에 생산하는 일을 하지 않았다고 한다. 한마디로 집안일을 내팽개치고 친구들과 술 마시고 놀기만 했음을 알 수 있다. 그러나 유방은 그 무엇과도 비교할 수 없는 가장 값진 재능을 갖고 있었다. 그것은 배짱, 그것도 보통 배짱이 아닌 천하제일의 배짱이었다.

백수임에도 기가 죽는 일이 없었고 수중에 현금 한 푼 없어도 언제나 큰소리를 쳤다고 한다. 이 정도의 배짱이라는 것은 동서의 역사에 있어서도 드문 재능인데 150년 후에 로마에도 이와 비슷한 사나이가 나타난다. 바로 율리우스 카이사르Gaius Julius Caesar이다. 시오노 나나미가 《로마인 이야기》에서 극찬한 그 카이사르의 백수 시절이 유방과 비슷하다고 할 수 있겠다.

유방은 항상 주위에 사람을 끌고 다녔고 어디서나 환영을 받았다. 무일푼으로도 술고래처럼 외상술을 마실 수 있었던 것도 유방이 사람을 모으는 매력이 있었기 때문이다. 유방이 오면 매상이 몇 배로 올랐기 때문에 술집 주인들은 결산할 때면 늘 유방의 외상장부를 찢어버렸다고 한다. 이만한 영업사원이 따로 없었던 것이다. 그런데 군사적 능력과 문학적 소양이 있었던 카이사르와는 달리 배짱과 주량 빼고는 별다른 능력이 없었던 유방이 어떻게 천하의 주인이 될 수 있었던 것일까.

많은 학자들은 유방이 '자신을 제대로 파악'한 점에서 그 이유를 찾고 있다. 사실 유방은 자기가 별다른 능력이 없음을 알고 있었다. 그래서 분수를 넘지 않고 각 분야에 능력 있는 인재들을 기용했고 그 사람들의 말에 귀를 열었다. 스스로 엄청난 용력을 가져 남을 무시했던 항우와는 정반대의 행보를 보였던 것이다.

유방을 도와 한나라를 건국한 신하였던 한신, 팽월, 영포 등은 처음에 항우의 수하였다가 유방에게 투항한 무장들이었다. 소통이 독단을 이긴 명확한 케이스라 할 수 있겠다.

건달이 세운 나라 한漢. 한은 이후 등장하는 제국들의 모범을 넘어 중국 역사의 문화적 · 정신적인 고향이 된다. 물론 문화적 기원은 주周라고 할 수 있겠으나 주에서 비롯된 모든 것이 한대에 실질적인 결실을 맺어 지금까지 이어져 왔다.

한의 행정제도는 군국제郡國制이다. 군국제는 중앙집권체제인 군현제郡縣制와 지방분권체제인 봉건제封建制의 결합형쯤 되는 것이다. 군현제는 진의 제도이고 봉건제는 주의 제도이다. 유방의 입장에서는 당연히 중앙집권체제를 시행하고 싶었겠지만 감히 그렇게 할 수가 없었다. 일단 진이 성립했을 때의 진시황만큼 강력하지 못하였고, 진의 통치를 통해 급진적인 변화가 반드시 플러스 요인일 수 없음을 알았던 것이다.

두 번째는 바로 개국공신과 호족의 존재였다. 당시 공신들에게 있어 포상이라 함은 땅덩어리를 하사받아 제후諸侯가 되는 것이었다. 바람처럼 스쳐지나간 진나라의 군현제는 생각할 수조차 없었다. 한漢의 중앙지역을 제외한 대부분의 지역은 제후에 봉해진 개국공신들에 의해 분배되는데 대표적인 사례로 한신은 초왕楚王으로, 팽월은 양왕梁王, 영포는 회남왕淮南王으로 봉해졌다. 이런 방식으로 한나라는 중앙의 직할지역郡과 지방의 분권지역國으로 나뉘는 군국제를 시행하게 되었다.

그리하여 당연히 유방은 자신의 사후를 걱정하지 않을 수 없게 된다. 한뿐만이 아니라 과거 모든 국가에서 봉건제후와 같은 지방의 실력자들을 어떻게 다루느냐는 중앙정부의 큰 숙제였다. 한 또한 이 문제를 제대로 해결하지 못하면 주周의 꼴을 면치 못할 상황이었다. 동시에 유방은 나라 밖의 문제에도 골치를 앓고 있었는데 대외적으로 한나라의 가장 큰 위협은 북쪽의 흉노匈奴였다.

| 유방 | | 카이사르 |

▌둘 다 배짱으로 천하를 거머쥐었다.

흉노는 한대 이전부터 존재했다. 다만 북방의 여러 민족을 흉노라고 통칭하게 된 것이 한나라 때인 것이다. 흉노가 중국 역사에 등장하는 것은 BC 4C경인데 아마 그때가 강성해지기 시작한 시기였던 것으로 보인다. 전국시대 북쪽에 위치했던 연나라와 같은 제후국에게 있어 흉노는 큰 골칫거리였다.

만리장성은 춘추시대 이래로 북부 지역의 제후국들이 흉노를 막기 위해 쌓은 장성들을 연결한 것이다. 하지만 진의 통일 이전까지는 흉노가 결정적인 이슈가 되지는 않았다. 흉노는 그저 북쪽 지방에 있던 나라들만의 문제였으며 중원에서 견제하지 않는 한 노략질을 하는 집단에 그쳤던 뿐이다. 게다가 외부의 적보다 중원 내에서의 생존투쟁이 더 급했기에 아래쪽 나라들은 흉노에 대해 관심을 보일 여유가 없었다. 그러나 중국대륙이 통일되던 시기에 흉노 또한 통일이 되어 큰 세력을 형성하였고 중원과 흉노는 국가 대 국가, 그것도 강국 대 강국의 대결구도가 형성되었던 것이다.

진시황제의 만리장성 축조사업이 그 대결구도의 심각성을 단적으로 보여준 예이다. 따라서 한고조 유방도 신흥제국의 안정을 위해서는 반드시 흉노 문제를 해결해야 했다. 그러던 중에 한은 건국 이래 흉노와 첫 번째 대결을 하게 되는데 흉노가 장성을 넘어 침략해 온 것이다.

한 또한 고조가 친히 대대적으로 군사를 일으켜 응전에 나섰다. 항우라는 강적을 물리치고 대제국을 세운 직후였고, 또 수많은 반란을 진압한 후였기에 그 자신감은 대단했을 것이다. 그러나 유방은 참혹하게 박살을 당한다. 박살도 그냥 박살이 아니라 견犬박살이 나서 황제인 자신이 사로잡힐 위기에 처할 뻔했다. 비록 그런 사태까지 가지는 않았지만 이 전투 이후로 한은 흉노를 형님으로 모시는 조약(兄弟和約)을 맺고 조공을 바치는 신세가 되었다.

체면이 구겨져도 이만저만하게 구겨진 것이 아니었다. 또한 이 사건은 중국인들에게 크나큰 충격이었다. 이런 경우를 두고 전문용어로 국내용國內用이라고 하는 것일까. 천하를 통일할 때의 그 기세는 어디 갔는지, 나아가 중원 최강의 군대가 흉노에게는 고작 이 정도밖에 안 되었다는 것인지…….

당시 한나라는 내부적으로 개국공신을 숙청하는 과정에 있었기 때문에 한신, 팽월, 영포와 같은 명장들을 기용하지 못하는 상황이었던 것이 유방에게는 전력상 매우 뼈아픈 일이었다.

아무튼 이렇게 생겨난 중국인의 흉노에 대한 공포Phobia는 7대 황제인 무제武帝에 이를 때까지 계속된다.

흉노

흉노匈奴, 이름 한번 참으로 흉악하게 지었다. 중국인들은 예나 지금이나 세상의 중심에 산다는 선민의식이 투철한 듯하다. 흉노라는 이름을 그대로 풀면 '오랑캐 종놈' 정도 되는데 '흉匈'이라는 글자는 이들을 위해 맞춤으로 제작한 글자이다.

흉할 흉凶에 개 구狗와 뜻이 통하는 구勹의 음가를 가져와 만들었는데 흉匈이라는 한 글자 속에 '흉하고 개 같은' 정도의 의미가 담겨 있음을 짐작할 수 있다. 흉에 비하면 고조선을 지칭하던 이夷는 아주 고상한 축에 들어간다. '흉' 뒤에는 포로나 종을 뜻하는 노奴를 붙였다. 직역을 하자면 '흉하고 개 같은 종놈' 정도가 될 것인데 이보다 더 나쁠 수

가 있을까 싶다. 그런 말에 족族을 붙여 흉노라는 공식적인 민족의 명칭이 만들어졌다. 흉노족도 자기를 지칭하는 좋은 뜻의 명칭이 있었을 텐데 말이다.

유목민에 대한 연구는 20세기 이후 크게 발전하였으나 아직도 대부분은 학설의 수준으로 남아 있다. 흉노는 주周대의 험윤獫狁 이라는 설이 있으나 명확한 증거는 없다. 서양에서 말하는 훈Hun족이 동양의 흉노라는 설이 유력하다. 물론 그 반대 주장 또한 매우 강력하다. 두 민족의 연관성을 찾는 연구에서 흉노와 훈의 음가音價도 많은 논쟁이 있는 부분이다. 둘 다 스스로를 지칭하는 말에서 가차假借한 것이 유력한데 중국인한테는 흉노匈奴, 로마인한테는 훈Hun과 비슷하게 들렸던 것이다. 다만 중국의 경우 같은 음의 여러 한자를 제쳐두고 고약한 모양의 글자를 새로 만든 것이다. 중원에 살았던 한족의 감정이 담긴 것이라고 하겠다. 그나마 흉노는 현재 존재하지 않는다. 멸종되었다고 표현하면 왠지 애석한 마음이 드니 이름만 바뀌어 어딘가에 스며들어 이어졌다고 믿고 싶다.

서양		동양
포에니 전쟁	BC 264	
	BC 260	장평대전
	BC 259	진시황 출생
한니발 출생	BC 247	유방 출생
하밀카르 승승장구	BC 244	
로마 1차 포에니 전쟁 승리	BC 241	
	BC 221	진시황 중국 통일
한니발 로마 도착	BC 218	
칸나에 전투	BC 216	
	BC 210	진시황 사망
	BC 209	진승오광의 난
메타우로스 강 전투	BC 207	거록대전
		진 멸망
		홍문지연
	BC 206	한 건국
	BC 204	한신 배수진으로 정형전투 승리
		해하 전투
로마 2차 포에니 전쟁 승리	BC 202	한 중국 통일

맥을 짚어 주는 연대표

동서양 문명의 뿌리, 한과 로마

현재 세계사는 서양사이고 정확하게는 유럽사이다

안타깝지만 지금의 현실이 그러하다

이러한 세계사의 개념은 언젠가 바뀔 것이다

서양의 한漢,
로마

1

▌로마의 탄생

동양에 한漢이 있었다면 서양에는 로마Rome가 있었다. 두 나라는 각각 동서양의 모든 부문에 지대한 영향을 미쳤다는 공통점이 있다. 두 나라는 성립된 시기도 비슷하다. BC 8C에 건국된 로마와 BC 206년에 건국된 한을 비슷하다고 하는 말이 이상하게 들릴지 모르겠다. 하지만 로마의 성립과정을 보게 되면 이해가 간다.

한이 중국 대륙을 통일한 BC 202년, 정확하게도 같은 해 로마는 2차 포에니 전쟁을 승리로 마무리 지으면서 지중해 전역의 지배권을 손에 넣는다. 서양세계의 패권국으로서 로마의 생년은 BC 202년으로 동양의 패권국 한과 동갑내기인 것이다. 로마가 탄생하여 패권국으로 다시 태어난 BC 202년까지의 역사를 간략하게 살펴보자.

전설에 따르면 로마는 BC 753년 4월 21일 로물루스에 의해 건국되었다. 이 시기에 중국에서는 서주가 망하고 춘추시대(BC 771년)가 막 시작되었고, 오리엔트에서는 아시리아가 무패가도를 달리며 기세를 올리고 있었으며, 그리스에서는 폴리스들이 생기기 시작했다.

로물루스Romulus는 동생 레무스Remus와 함께 태어나면서 버려져 늑대에 의해 길러진 것으로 신화에서는 그리고 있다. 로물루스 형제는 패망한 트로이Troy에서 탈출한 아이네아스Aeneas의 후손이라고도 하고 전쟁의 신 마르스Mars의 아들이라고도 한다. 물론 로마인들도 건국신화를 만들어내는 일에 골머리를 꽤 앓았다. BC 13C~12C의 일과 BC 8C의 일을 꿰맞추려니 웬만한 구라(거짓말을 속되게 이르는 말)로는 힘들었을 것이다. 이것을 해낸 인물이 역사가 리비우스Titus Livius Patavinus였다. 여기에는 아우구스투스의 의지가 담겨 있었다. 어찌되었건 전설이고 신화인데 무엇인들 불가능하겠는가.

형제는 숲에 버려져서 늑대에 의해 길러진다. 로마에 가면 쉽게 볼 수 있는 것이 '늑대 젖을 먹는 형제'의 조각과 그림이다. 형제가 버려진 이유는 서양의 신화에서 지겹도록 볼 수 있는 식상한 스토리인데 주인공이 장차 나라를 세울 땅에 존재하고 있는 '현직' 왕이 '자신의 왕위를 위협할 것 같아서'이다. 그러나 과정도 결말도 항상 같다. 버리지 않았으면 아무 일도 없었을 것을, 꼭 버리는 통에 현직 왕이 화를 입는 구조이다.

버리는 곳도 흐르는 강이고 버려지는 도구도 방수처리가 잘된 바구니이다. 실제로 로물루스 형제는 물이 새지 않는 바구니에 담겨 강을 떠내려가다가 기적적으로 구해지고 결국엔 현직 아물리우스Amulius 왕을 처단한다. 그리고 형제는 그 땅을 빼앗아 팔라티노Palatino 언덕에 나라를 세웠다. 그러나 형제

| 늑대의 젖을 빠는 로물루스 레무스 형제 |
이 조각은 로마 시내 곳곳에서 볼 수 있다.

는 의견 충돌을 빚게 되고 결국 형 로물루스는 동생 레무스를 죽이고 새로운 나라에 로마Rome라는 이름을 붙인다. 이 형제 간의 다툼은 실제로 동맹 도시 간의 주도권 다툼으로 해석된다.

어찌되었건 전설은 이때를 BC 753년이라고 하였다. 이 BC 753년이라는 해는 실제로 로마시대에 로마 건국원년Ab Urbe Condita, 즉 1AUC로 사용되었다. 또한 로물루스의 생일인 4월 21일은 현재에도 로마의 도시탄생일로 기념되고 있다.

당시 이탈리아에는 문명이 존재하고 있었다. 다만 전설에서 나타나는 BC 8C 무렵의 건국과정은 그 시기의 로마인들이 일대의 주도권을 잡았음을 보여주는 것이다. 물론 당시의 로마는 이탈리아 전체를 놓고 보자면 미약한 존재였다. 그 시기 로마의 북쪽은 에트루리아Etruria인들이, 남쪽은 그리스인들이 건설한 식민도시 세력인 이른바 마그나 그라이키아Magna Graecia가 이탈리아 반도를 양분하다시피 하고 있었고 그 사이에 수많은 작은 부족들이 살고 있었다.

로마는 초기 200년 가까이 에트루리아의 지배를 받은 것으로 추정된다. 수많은 지배-피지배의 관계에 있어서 약간이라도 행운이 따르는 민족은 그나마 좀 나은 지배민족을 만났는데 로마가 그에 속했다.

로마는 처음 걸음마를 떼던 시절 에트루리아라는 꽤 우수한 선생으로부터 과외수업을 받게 된 것이다. 물론 피지배집단의 고단함을 어떻게 설명하겠냐마는 로마는 그 대가로 에트루리아의 발달된 문명을 흡수한다. 그들의 제도와 관습, 문자, 건축기술 등은 초기 로마의 피가 되고 살이 되었기 때문이다.

모든 지식의 시작 전문세

▌남들과 달랐던 로마의 발전과정

로마는 BC 6C 말 에트루리아의 지배를 물리치게 되는데 그야말로 청출어람 그 자체였다. 로마가 에트루리아의 지배 하에 있던 시기에 에트루리아나 마그나 그라이키아는 페르시아와 같은 강력한 집권국가가 아니었다.

　두 세력 모두 도시연맹체와 같은 느슨한 형태였고, 에트루리아는 그런 도시연맹체의 맹주로서 도시국가들을 다스리고 있었다. 로마도 그런 도시들 중의 하나였다고 볼 수 있다. 그랬던 것이 제자 로마가 스승 에트루리아를 쫓아내고 그 도시연맹체의 맹주로 우뚝 선 것이다. 이후 로마의 점령지 지배방식과 정치체제는 크게 달라지게 되는데 에트루리아 왕의 지배에 몸서리쳤던 기억으로 왕정이 배제되었고, 그리하여 만들어진 제도가 공화정이다. 연대로는 BC 509년, 이 공화정은 아우구스투스가 제정을 세우는 BC 1C까지 지속된다.

　로마가 에트루리아를 몰아내고 새 정치체제를 시작할 때 아테네 역시 새로운 정치체제를 구축했다. BC 508년 참주 히피아스를 몰아내고 클레이스테네스의 개혁으로 민주정이 시작된 것이다. 아테네와 로마가 같은 시기에 비슷한 체제를 시작한 것은 참으로 공교롭다고 할 수 있다. 물론 이 시기 로마의 공화정은 엄밀하게 말하면 귀족정에 가깝다고 할 수 있다. 왕정은 아니었으나 평민들에 의한 정치도 아니었기 때문이다. 공화정이라고 번역되는 'Republic'은 군주제에 상대되는 개념으로 그 안에는 민주정, 귀족정, 과두정이 있다고 할 수 있다.

　동양에서 공화共和라는 어휘는 사마천의 《사기》에 나오는 말로 다 같이 뜻을 모아 행하는 정치를 말한다. 'Republic'의 번역으로 이 용어를 쓴 것은 신의 한 수가 아닐 수 없다.

　만일 공화정을 직접민주주의에 가까운 형태로 규정한다면 로마 또한 아테네와 다를 바 없이 왕정과 공화정 사이에 귀족정이 있었다고 해야 할 것

| 시장거리에 게시되었던 12표법 |

이다. 하지만 로마의 변화는 더디지 않았다. 고대에서는 거의 있을 수 없는 속도로 변혁이 이루어지면서 순식간에 모범적인 공화정의 틀을 만들어 놓는다. 그런 과정에서 아테네의 여러 부문을 받아들여 알 만큼 알게 된 평민들이 자신의 권리를 얻기 위해 '총파업'을 일으킨다.

BC 494년에 있었던 이른바 성산사건聖山事件이다. 평민에게 불리하기만 한 관습법과 제도에 대한 저항으로 모든 평민이 생업을 거부하고 산으로 들어가버린 것이다. 로마의 성산Mons Sacer은 신라시대의 소도蘇塗와 같이 함부로 군대를 투입할 수 없는 곳이었기 때문에 귀족은 평민의 요구를 들어줄 수밖에 없었다.

이런 과정을 거쳐 로마의 평민은 지위가 높아졌고 제도를 더욱 보완해가면서 로마는 진정한 공화정의 시대를 열게 된다. 이때 로마 광장에는 로마 최초의 성문법인 12표법Lex Duodecim Tabularum이 새겨진 청동판이 세워졌고, 평민의 대표인 호민관Tribunus 제도가 만들어졌다. 평등에 입각한 공화정의 시작, 이것은 어쩌면 로마가 동양의 한漢보다 500년 먼저 앞선 전통의 저력을 보여준 업적일지도 모르겠다.

▌로마와 그리스의 대결

포에니 전쟁을 이기고 대제국의 첫발을 내디딘 BC 202년 전까지만 해도 로마는 그야말로 생존을 위해 투쟁하는 처량한 신세였다. 물론 에트루리 아의 지배를 벗어나 주변의 도시들을 제압하면서 야금야금 힘을 키울 때는 스스로 우쭐해졌을지도 모른다. 하지만 그렇게 고개를 들기 시작한 지 얼 마 되지 않아 BC 390년 갈리아인들의 침입을 받게 되는데 어찌나 호되게 당했던지 거의 멸망에 이를 지경이었다.

로마는 에트루리아를 물리친 후 잠시 동안 골목대장 노릇을 하다가 골목 밖에서 치른 최초의 A매치에서 거의 죽을 뻔했던 것이다. 다행히 갈리아 인들은 지배가 아닌 약탈이 목적이었고 더구나 갈리아Gallia 본국이 침략을 받아 후퇴할 수밖에 없었던 상황이 로마로서는 행운이었다.

도시 전체가 폐허가 되었지만 겨우 명줄을 부지한 로마는 주제 파악을 제대로 하게 된다. 물론 갈리아인들에게 많은 금전적인 대가를 치르고, 주 위로부터 능력을 의심받게 되면서 정신을 차리자마자 주변 도시들과 전쟁 을 치를 수밖에 없었다. 골목대장을 다시 인증받는 전쟁이었다.

로마가 다시 체력을 회복해 세력을 확장해 가던 무렵 또 다른 거센 도전 자를 만나게 된다. 삼니움Samnium이라는 산악 민족으로 이들과의 전쟁은 무려 50년간이나 계속된다. 알렉산드로스가 페르시아 원정을 떠나기 전부 터 삼니움과 싸우고 있던 로마는 알렉산드로스가 소아시아와 이집트를 누 르고 페르시아를 멸망시킨 후 인도까지 갔다가 돌아온 뒤에도 여전히 같은 상대와 박 터지게 싸우고 있었다. 로마는 알렉산드로스가 세상을 떠나고 난 후 30년이 지나서야 겨우 삼니움을 제압할 수 있었는데 그야말로 난적 이었다.

갈리아족의 침입 이후 로마는 여러 가지 국가적 차원의 문제에서 매우 현명한 결정을 내리는 모습을 보였다. 이것은 공화정이라는 정치체제가 긍 정적인 효과를 낸 경우라고 할 수 있다. 그 예로 전쟁으로 제압한 나라에 대한 처우에서 로마는 이전의 어떤 국가에서도 볼 수 없는 모습을 보여준

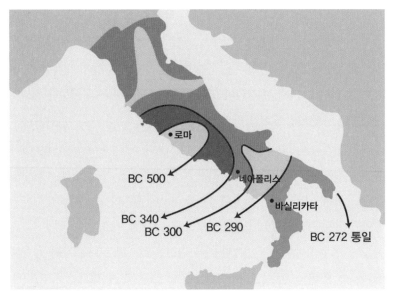

| 연대별 로마 확장 영역 |
로마는 이탈리아 반도의 통일에 다소 많은 시간이 걸렸지만 이후 팽창은 급속히 이루어진다.

것이다. 고대로부터 승전국은 패전국의 민중을 노예로 삼거나 재산을 약탈하며 군림했다. 하지만 로마는 패전국을 정복의 대상이 아닌 로마의 일원으로 만드는 정책을 펼쳤다. 자치를 인정하고 자존감을 손상시키지 않는 전략으로 아군을 만들었다.

이것은 로마가 역사상 가장 오래 가장 찬란한 문명을 일구게 되는 요인이 된다. 삼니움을 제압한 이후에도 로마는 그와 같은 정책을 펼쳐 삼니움을 로마의 일원으로 포용한다. 그리고 20여 년이 지난 어느 날 로마는 삼니움족 출신의 인물을 집정관으로 선출하기 이른다. 실로 대단한 일이 아닐 수 없다. 알렉산드로스만큼 빨리 이루지는 못했지만 알렉산드로스만큼 빨리 허물어지지 않았고, 점점 더 탄탄해져 갔다.

이탈리아 반도 내 최강의 적을 제압한 후 로마는 반도 통일을 위한 마지

　　　　　　　　　　　　　　　　모든 지식의 시작 전문세

막 관문만을 남겨 놓게 되었는데 반도 남쪽의 그리스의 식민도시들인 마그나 그라이키아였다.

그들은 군사력에서는 그리 위협적이지 않았으나 문제는 경제력이었다. 또한 마그나 그라이키아인들의 정체성은 철저히 그리스인이었다. 페르시아 전쟁 시기 이오니아의 도시들이 페르시아가 아닌 그리스의 편에 섰던 것과 같은 경우라고 할 수 있다.

마그나 그라이키아 중에서도 가장 부유한 타렌툼Tarentum이라는 도시의 저항이 매우 완강했는데 로마는 타렌툼을 대화로는 굴복시킬 수 없음을 알았다.

당시 로마는 마그나 그라이키아 외에도 대외적인 분쟁이 많았고 타렌툼 또한 경제력에 대한 자신감으로 로마에게 복속될 생각이 전혀 없었다. 기꺼이 로마와의 대결을 결정한 타렌툼은 그리스 본토에 도움을 요청했는데 그 요청이란 다름 아닌 용병을 구하는 것이었다.

당시 그리스는 알렉산드로스 사후 후계자들의 각축으로 어수선한 시기였다. 게다가 마그나 그라이키아의 도시들은 같은 그리스인임에도 불구하고 결속력이 없었다. 그래서 로마와의 항쟁도 각각이었고 그리스 본토에 도움을 요청하는 것도 각각이었다. 아테네계 도시는 아테네에게, 코린토계 도시는 코린토에게 요청하는 식이었다. 당연히 그 각각의 따로국밥 본국 군대는 로마군에 의해 쉽게 격파되었다.

스파르타계였던 타렌툼 또한 스파르타 본국의 구원은 아무런 도움이 되지 못했다. 이런 상황은 로마에게 있어서는 다행이었다. 다급해진 타렌툼은 급하게 다른 용병을 구하는데 이때 그 요청에 응한 인물이 알렉산드로스의 친척이며 그리스 북쪽 에피로스의 왕이었던 피로스Pyrrhus였다.

피로스는 제2의 알렉산드로스가 되고자 했던 인물로서 그리스 내의 디

| 에피로스의 천재 전술가 피로스 |

아도코이 전쟁에 휩쓸려 있다가 잠시 눈을 밖으로 돌리고 있던 중이었다. 우여곡절 끝에 성사된 로마와 피로스의 대결은 역사상 처음으로 이루어진 로마와 그리스 세력의 대결이었고, 전통적인 그리스 군단 팔랑크스와 새로운 로마 군단 레기온의 대결이었다. 이 결전은 3전 2승 1패로 피로스 왕이 2승을 하였다.

그러나 피로스가 거둔 이 승리는 이기고도 진 것이나 다름없는 이른바 상처뿐인 영광이었다. 흡사 판정승을 한 선수의 얼굴이 만신창이가 된 모습과 같다고나 할까. 서양에서 회자되는 피로스의 승리Pyrrhic Victory라는 표현은 여기에서 나왔다. 피로스 왕 자신도 '이렇게 한 번 더 이겼다간 완전히 망하겠다'는 말을 했다고 한다.

로마는 세 번째 대결에서 처음 1승을 거두는데 이 전투에서 피로스 왕의 군대를 크게 이기고 이탈리아 반도의 통일을 이루게 된다. 피로스의 입장에서는 소득 없는 승리 두 번에 가루가 된 패배 한 번을 기록한 셈이다. 결국 최초의 로마와 그리스의 대결은 로마의 판정승으로 끝난 셈이다. 이때가 BC 272년이다.

▎포에니 전쟁

이탈리아 반도의 통일을 이루고 난 후 8년이 지난 BC 264년, 로마는 제대로 된 국제전을 치르게 된다. 그동안 어려운 상황에서도 강적들을 차례로

모든 지식의 시작 전문세

쓰러뜨려 온 로마였지만 이번에 만난 상대는 차원이 달랐다. 이때까지 로마는 이탈리아 반도 밖의 세력과 두 번을 싸웠다. 물론 당시의 갈리아족은 지역으로만 따지면 이탈리아 반도 내에 살던 민족이었지만 그래도 갈리아족이다. 두 번의 전쟁에서 한 번은 로마가 함락되어 멸망 직전까지 이르는 패배를 당했고, 또 한 번은 천신만고 끝에 승리를 거두었다. 두 번 모두 이탈리아 반도 내에서 치른 힘든 전쟁이었다. 이제 그 세 번째 적을 맞게 된 로마는 이것이 자신의 역사를 통틀어 가장 큰 전환점이 될 줄은 꿈에도 몰랐을 것이다. 또 이토록 지루하게 계속될 줄이야.

포에니란 로마인이 페니키아를 부르는 말이었다. 페니키아는 메소포타미아 문명을 이야기할 때 설명한 바 있다. 그들은 갤리선을 처음 만들어 해상무역을 하였으며 알파벳의 기원이 된 문자를 만들었고 오리엔트 문명을 유럽으로 전파한 세력으로 알려져 있다.

페니키아의 라틴어 표기는 'Phoenicia'이다. 표기된 대로 읽으면 '페니'가 '포에니'이다. 포에니란 말 자체가 로마자를 한국식으로 읽었을 때 나온 발음이다. 페니키아Phoenicia를 이런 방식으로 읽는다면 실은 '포에니키아'가 되는 것이다. 물론 의미는 앞서 언급한 바 있듯이 '자주색 옷을 입은 사람'이다.

포에니 전쟁Punic Wars의 'Punic'은 'Phoenic'이 변한 형태이다. 포에니 전쟁이란 로마가 만든 말이므로 전쟁 상대인 카르타고의 실체는 페니키아였음을 말하는 것이다.

카르타고는 페니키아인들이 개척한 식민도시로서 페니키아인의 후손이다. 영어로는 카씨지Carthage[kάːrθidʒ], 라틴어로는 카르타고Karthago이다. 카르타고는 로마보다 100년 정도 먼저 세워진 도시로 추정된다. 전설에서도 카르타고는 로마가 탄생하기 전에 존재했음을 알 수 있는데 아이네아스가 트로이를 탈출해 몸을 의탁한 곳이 카르타고라고 한다. 리비우스의 기록에

| **디도와 아이네아스의 만남** | 나다니엘 댄스 홀랜드, 1766년

따르면 아이네아스는 로마를 세운 로물루스의 선조이다.

전설이 언급된 김에 카르타고의 건국설화를 조금 짚어보면 카르타고는 페니키아 왕족이었던 디도에 의해 세워진 도시이다. 디도Dido라고 하면 서양 사람들은 알아듣지 못한다. 영어식 발음은 다이도[dáido]이다.

페니키아의 권력다툼에서 밀려나 암살의 위협을 피해 도망 나온 디도는 북아프리카 튀니스 만에 정착하였는데 그곳의 지배자에게 황소 한 마리의 가죽으로 둘러쌀 수 있는 넓이의 땅을 달라고 요청한다. 승낙을 받은 디도는 황소 가죽을 실처럼 가늘게 잘라 잇는 식으로 늘릴 대로 늘려 제법 넓은 땅을 차지할 수 있었다. 순진한 시골사람의 뒤통수를 제대로 친 것이다. 이렇게 생긴 항구도시가 카르타고이다.

모든 지식의 시작 전문세

얼마 되지 않아 카르타고에는 디도와 비슷한 동네 출신의 젊은 훈남이 찾아온다. 바로 아이네아스, 멸망한 트로이의 왕자였다. 둘은 사랑에 빠졌으나 아이네아스는 신탁을 따라 디도를 버리고 다시 여정에 오른다. 디도는 자신을 뿌리친 아이네아스를 증오하며 스스로 목숨을 끊었다고 한다. 그녀가 남긴 유언이 "아이네아스의 백성들과는 영원히 적이 될 것이다."였는데 카르타고와 로마의 전쟁이 운명이요 팔자였음을 전설은 암시하고 있다. 이것은 로마의 시인 베르길리우스의 서사시 《아이네이스Aineis》에 나오는 내용이다.

그러나 아이네아스와 디도, 그리고 아이네아스의 후예라고 알려진 로물루스 형제의 설화는 포에니 전쟁 이후에 로마인들이 만든 것으로 추정된다. 《로마인 이야기》의 저자 시오노 나나미도 로마인들이 아이네아스와 로물루스를 이어 붙이느라 고생했을 것이라고 말한다. 앞서 언급했듯이 BC 13C에 멸망한 트로이 유민과 BC 8C의 늑대 젖 먹고 자란 형제를 억지로 갖다 붙였으니 말이다. 게다가 베르길리우스 같은 시인들은 어떠한가. 포에니 전쟁 이야기의 흥미를 돋우려고 BC 13C의 인물을 BC 9C의 카르타고 건국자와 연애를 시켰다. 그러니 스토리가 뒤죽박죽이 되었다.

한술 더 떠서 로물루스를 500년이나 앞선 아이네아스의 손자라고 한 사람도 있었다. 오답을 컨닝한 것이다. 어차피 신화이고 전설인데 여기에 정확한 연대를 들이대는 것이 심한 처사일지 모르겠다. 그러나 연대가 얼추 비슷하기라도 했다면 더욱 절묘한 스토리가 되지 않았을까 생각해 본다.

포에니 전쟁의 역사적 의미는 첫째, 지중해 패권의 쟁탈전이다. 누가 지중해 전체의 주인이 되느냐 하는 것이다. 제1차 포에니 전쟁이 일어난 BC 3C 중엽은 그리스와 오리엔트가 알렉산드로스의 죽음 이후 혼란에 빠진 상태로 각자 자기 집안을 추스르기도 바쁜 때였다.

그 시기 세상의 바다는 오직 지중해뿐이었는데 이 '세상의 바다'를 페니키아의 식민도시 카르타고와 그리스 식민도시 마그나 그라이키아가 나눠 먹고 있었다. 그러던 중 마그나 그라이키아를 흡수한 로마가 나타나 자연스럽게 카르타고와 만나게 되었다. 한동안 바다를 독식하던 카르타고는 새로운 적을 만난 것이다.

포에니 전쟁의 두 번째 의미는 로마의 국제무대 등장이다. 그동안 로마는 이탈리아 반도로 침입해온 외적을 맞아 싸운 적은 있어도 자신이 밖으로 나가 싸운 적은 없었다. 다만 여기서 반드시 짚고 넘어가야 할 점은 로마에게 있어 카르타고가 '적'으로서 처음 나타났다는 것이다.

로마의 이탈리아 통일 이전까지 카르타고는 친구였다. 그것도 오랜 친구였다. 로마와 카르타고는 BC 6C 말에 상호불가침 조약을 맺었고 그 조약을 250여 년이나 지속하였다. 특히 피로스 전쟁에서 카르타고는 로마에 대한 지원을 아끼지 않았던 혈맹이었다. 아군도 적군도 없는 국제관계에서 카르타고는 순진한 상대였는지도 모른다.

포에니 전쟁은 전개상황을 간단하게 설명하면 로마와 카르타고가 120년 동안 세 차례 격돌한 전쟁이다. 물론 100년 내내 싸운 것이 아니라 드문드문 싸웠다.

육군이 강한 로마와 해군이 강한 카르타고의 대결인 이 전쟁은 이전에 육군의 스파르타와 해군의 아테네가 대적한 경우와 비슷했다. 결과는 로마의 3전 전승. 메이저리그에서 쓰는 용어로 하자면 로마의 '시리즈 스윕Series Sweep'이다.

이것은 예상 밖의 결과였다. 로마보다 더 부국이었고 압도적인 해군 전력으로 지중해를 평정하고 있었던 카르타고가 승리할 것으로 예상되었으나 결과는 정반대로 끝이 난 것이다. 그리고 카르타고는 지도에서 흔적도 없이 사라졌다.

모든 지식의 시작 전문세

분쟁은 BC 264년 시칠리아라는 섬에서 시작된다. 이것이 제1차 포에니 전쟁이다. 지도를 보면 지중해 가운데에 위치한 장화처럼 생긴 반도가 이

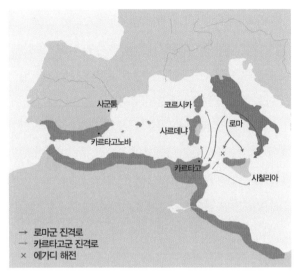

| 1차 시칠리아 중심의 양국 진격도 |

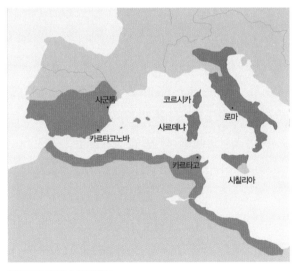

| 1차 포에니 전쟁 후 영토변화 |

탈리아 반도이다. 반도의 서남쪽에는 큰 섬이 하나 있는데 그 섬이 시칠리 아이다. 마치 부츠의 발 앞에 놓여 있는 공처럼 있어서 금방이라도 차서 날 려버릴 것 같다.

시칠리아는 아프리카에서 200km 정도밖에 떨어져 있지 않다. 시칠리아 에서 가장 가까운 아프리카, 그곳에 카르타고가 있었다. 로마와는 폴짝 뛰 면 건너갈 수 있을 정도로 닿아 있고 카르타고와도 멀지 않은 이 시칠리아 가 바로 제1차 포에니 전쟁의 격전지였던 것이다.

시칠리아는 처음에는 카르타고의 세력권에 속해 있었다. 지중해 한가운 데에 위치한 관계로 카르타고의 중요한 무역거점이었던 것이다. 따라서 시 칠리아는 카르타고에 있어서 매우 중요한 자산이자 기득권이라고 할 수 있 었는데 로마의 입장은 정반대였다.

이탈리아 반도 통일 이후 겨우 바깥세상으로 나가려고 하는 로마로서는 시칠리아라는 큰 돌덩이가 막고 있는 형국이었던 것이다. 게다가 본토와 매우 가까운 거리에 있었으므로 군사적으로도 어떻게든 처리를 해야 할 과 제였다. 그러던 중에 시칠리아에서 사건이 일어났다. 울고 싶은데 뺨을 때 려준 격이다. 간단하게 말해 시칠리아에서 카르타고와 로마의 대리전이 벌 어진 것이다.

이 시기 대부분의 시칠리아 도시들은 카르타고의 지배 하에 있었다. 그 러나 로마가 이탈리아를 통일하자 시칠리아의 도시들 중 본토 쪽과 가까운 도시들은 로마의 힘을 무시할 수 없게 되었다.

시칠리아에서 가장 세력이 컸던 시라쿠사Siracusa는 메시나Messina라는 도시와 전쟁을 하게 된다. 메시나는 원래 시라쿠사와 가까운 사이였으나 일단의 용병집단에 의해 점령되어 주변 도시와 바다에서 약탈을 일삼는 민 폐 집단이 된 상태였다. 그런 메시나를 시라쿠사가 친 것이다.

이에 메시나는 로마에 구원을 요청하였는데 로마는 처음에 출병을 주저

하다가 메시나가 카르타고에도 구원을 요청했다는 소식에 신속히 군사를 파견했다. 하지만 로마는 메시나를 도왔다기보다는 아예 차지해 버린다. 메시나의 주인행세를 하던 용병들은 자신이 차지했던 방식으로 로마에게 도시를 빼앗겨 버린 것이다.

메시나가 로마에게 넘어간 것을 안 카르타고는 시칠리아에 로마가 숟가락을 얹은 데 적잖은 불안을 느꼈다. 그래서 시라쿠사와 연합하여 메시나를 공격하게 되는데 막강한 로마는 이 또한 간단하게 격퇴해 버린다. 이것이 포에니 전쟁의 시작이었다. 하지만 이렇게 시작된 분쟁이 20년을 끌게 될 줄은 아무도 몰랐을 것이다.

육지에서는 로마군이, 바다에서는 카르타고군이 우세하게 진행되던 전쟁의 양상은 로마 해군의 급성장으로 새로운 국면을 맞게 된다. 젖먹이 로마 해군이 600년 전통의 카르타고 해군을 바다에서 제압하게 된 것이다. 여기에는 로마가 개발한 획기적인 해군전술이 큰 몫을 했는데 바로 코르부스Corvus라는 무기였다.

까마귀라는 뜻의 이 무기는 엄밀히 말하면 무기가 아니라 설비라고 해야 맞을 것이다. 육군이 강한 로마가 해전에서 육군을 활용할 수 있는 아이디어로서 전함과 전함 사이를 잇는 다리를 만든 것이 코르부스이다.

평소에는 코르부스를 돛대에 붙여 두었다가 적함이 가까워지면 내릴 수 있게 만든 것이다. 그 다리의 끝에는 적함에 고정시키는 날카로운 못과 같은 쇠붙이가 달려 있는데 그것이 까마귀의 부리를 닮았다 하여 코르부스라는 이름이 붙었다.

로마 해군은 새로운 전술로 제해권을 장악하고 내친 김에 카르타고 본토를 공략하기에 이른다. 카르타고 원정을 주장한 집정관 레굴루스Regulus가 지휘하는 로마 원정군은 카르타고를 압박한다.

이에 카르타고는 당시 지중해 전체에서 명성을 떨치던 스파르타 출신의

| 코르부스 |
로마 육군을 바다에서도
활용하기 위한 설비였다.

용병대장 크산티푸스Xanthippus를 긴급히 고용해 대항한다. 레굴루스의 로마군과 크산티푸스의 그리스군의 대결은 레기온Legion과 팔랑크스Phalanx라는 신구전법의 두 번째 대결이었다.

자신만만했던 로마군과 급하게 불려온 용병의 결전이었지만 우세한 기병을 이용한 크산티푸스의 전술에 말려든 로마군은 총사령관인 레굴루스까지 생포되는 참패를 하게 된다. 게다가 패잔병을 구출하기 위해 파견된 로마 해군마저 폭풍을 만나 모조리 침몰하는 비운을 겪는다. 이 전투에서만 로마는 10만 명에 이르는 병력을 잃었고 전쟁은 지루하게 늘어지게 되었다.

제1차 포에니 전쟁의 막바지였던 BC 244년 무렵, 전쟁이 일단락되기 3년 정도를 남겨 놓은 시점에서 카르타고에 뛰어난 육군 지휘관이 등장한다. 그의 이름은 하밀카르 바르카스Hamilcar Barcas다.

모든 지식의 시작 전문세

하밀카르는 시칠리아를 휩쓸면서 승패의 추를 카르타고로 이끄는 듯했다. 뜻밖에도 육전陸戰에서 밀리게 된 로마는 적잖이 당황하였다. 하지만 로마는 역전의 발판을 해전에서 찾게 된다. 카르타고 본토 침공으로 인해 잃은 함대를 놀라운 속도로 재건한 것이다.

양국이 비슷한 상황이었겠지만 레굴루스의 원정이 실패하였을 때 로마는 이미 재정이 바닥난 상태였다. 로마는 상황을 타개하기 위해 흥미로운 방법을 생각해낸다. 재정을 빌려서 충당하고자 한 것인데 당시로서는 획기적이라고 할 수 있다. 일종의 전시국채를 발행한 것이었다.

로마 공화정부가 국내의 부호들로부터 빌린 돈으로 건조한 전함은 이전의 것과는 차이가 있었다. 그것은 카르타고의 발전된 5단 도선을 그대로 모방했다는 점과 코르부스를 설치하지 않았다는 점이다.

코르부스는 신생 로마 해군이 해전에서 주도권을 잡을 수 있게 해준 획기적인 전술이었으나 바람에 취약하여 배의 중심을 불안하게 하는 부작용이 있었기 때문이다. 카르타고 원정군을 구출하러 갔던 로마 해군이 풍랑을 만나 모조리 수장된 원인에 이 코르부스가 있었던 것이다.

이제 변칙이 아니더라도 충분히 카르타고와 맞설 수 있는 실력을 갖추었다고 판단한 로마는 더 이상 배의 운항을 어렵게 하는 코르부스를 설치할 이유가 없었다.

한편 카르타고는 하밀카르의 선전에 고무되어 시칠리아로 대규모 지원군을 파견한다. 그러나 지원군과 물자를 싣고 가던 카르타고의 함대는 에가디Aegates라는 해역에서 로마군과 맞붙는다.

아이가테스라고도 불리는 에가디Aegates 해전은 카르타고에게 있어 뼈아픈 전투였다. 카르타고의 대함대가 로마 해군에게 참패한 것이다. 누구도 생각하지 못했던 결과였다.

로마는 5단 도선을 건조하기 위해 침몰한 카르타고의 전함을 인양해 분해하고 모방하면서까지 전력 증강에 힘을 썼다. 반면 카르타고는 해군의 규모와 질에 있어서의 우위로 자만에 빠져 로마 해군을 얕보았던 것이다. 3만 명에 달하는 병사가 포로로 잡히고 하밀카르에게 전달되어야 할 무기와 식량은 바다 깊이 잠겨 버렸다.

승리를 눈앞에 두었던 하밀카르는 피눈물을 흘리며 항복할 수밖에 없었고 제1차 포에니 전쟁은 이렇게 끝이 났다. 카르타고는 막대한 배상금을 물어야 했고 시칠리아 외에 사르데냐와 코르시카 등 많은 섬들을 넘겨주게 되었다.

역사에 만약이란 것이 없지만 카르타고가 이 해전을 승리로 이끌었다면 포에니 전쟁 전체의 결과는 물론이고 로마와 카르타고의 미래도, 좀 더 나아가자면 이후 서양사회의 모습마저도 완전히 뒤바뀌었을 것이다.

▌한니발 전쟁

제2차 포에니 전쟁은 다른 말로 한니발 전쟁이라고도 불린다. 한니발은 포에니 전쟁의 최고 영웅이다. 승리는 우승팀에서 가져갔지만 MVP는 준우승 팀에서 나온 격으로 2차 포에니 전쟁은 한니발 단 한 명에 대한 설명으로 가능하다.

2차 포에니 전쟁은 23년 동안 계속됐던 1차 포에니 전쟁이 끝나고 정확히 23년이 지난 후에 에스파냐에서 시작된다. 시칠리아를 잃고 난 후 무역이 크게 위축된 카르타고는 새로운 식민지 개척으로 돌파구를 찾는다. 그 결과 확보한 곳이 에스파냐, 당시에는 히스파니아Hispania라고 불리던 곳이다. 1차전의 패배를 인정할 수 없었던 하밀카르는 BC 237년에 출정해 9년 만에 에스파냐를 정복한다.

| 알프스를 건너는 한니발 부대 |

    카르타고인들은 에스파냐를 새로운 카르타고라는 뜻의 카르타고노바 Carthago Nova라고 불렀고 '바르카스 가문의 나라'라고도 불렀다. 지금의 바르셀로나Barcelona는 '바르카스 가문의 나라'라는 뜻을 가진 도시이다. 그러나 로마에 복수하기 위해 카르타고노바를 기반으로 전력을 키우던 하밀카르는 암살을 당하고 만다. 카르타고로서는 크나큰 손실이었다. 더불어 하밀카르 사후 카르타고군을 이끌던 사위 하스드루발 기스고마저 암살된다. 따라서 로마에 대한 복수의 업業은 고스란히 하밀카르의 아들 한니발이 지게 되었다.

    한니발은 어릴 때부터 아버지로부터 철저한 교육과 더불어 로마에 대한 복수심을 이어 받았다. 그는 하밀카르와 하스드루발 사후 혼란해진 에스파

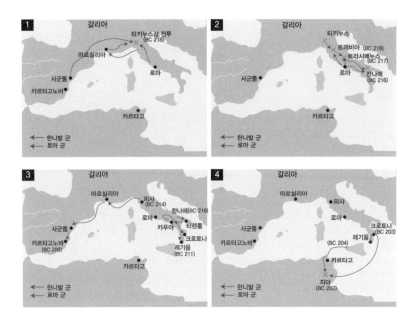

| 한니발과 로마군의 이동 경로 |

냐의 평정을 위해 동분서주하면서도 로마만을 생각하고 있었다. 오랫동안 로마와 알렉산드로스에 대해 철저히 연구해온 한니발은 에스파냐가 평정되자마자 로마 원정을 실행한다. 로마와의 대결을 로마의 심장부에서 하겠다는 대담한 작전을 편 것이다. 여기서 한니발은 역사에 길이 남는 황당한 업적을 남긴다. 바로 '알프스 산맥 넘기'였다.

현대의 시각으로도 어이가 없는 계획이 그 옛날에는 어떻게 여겨졌을지 상상이 되지 않는 가운데 이런 황당무계한 지휘관 밑에서 고생했을 장병들의 표정이 눈에 선하다.

이미 언급한 바와 같이 한니발은 BC 247년생으로 동양에서 한漢을 건국한 유방劉邦과 동갑이다. 한니발의 풀네임은 한니발 바르카스Hannibal barcas다. 그는 26세에 카르타고의 총사령관이 되었는데, 로마와의 경계에 있던 사군툼Saguntum이라는 친로마 도시를 점령하면서 2차 포에니 전쟁의 막을 열었다.

8개월 동안의 공세로 사군툼을 손에 넣은 한니발은 29세 당시인 BC 218년 10여만 명의 병력과 코끼리 37마리를 이끌고 로마를 목표로 출정한다. 때는 여름이었고 출정한 병력에 대해서는 6만 명에서 10만 명으로 여러 설이 있다.

피레네Pyrenees 산맥을 넘고 론Rhone 강을 건너 갈리아족과 싸우면서 1,000km를 넘게 행군한 한니발군은 11월 혹한의 알프스를 맞닥뜨리게 되었다. 그들은 하얗게 눈이 덮인 겨울 알프스 산맥을 넘는다. 소녀가 있고 요들송이 들릴 것 같지만 실제 알프스는 만년설이 있는 높고 거대한 산맥이다. 면적이 남한의 3배가 넘는 광활한 산들의 바다인 것이다.

산맥의 가장자리로 최단코스를 잡았다 하더라도 산들이 끝없이 이어져 있었을 것이다. 빈손으로 800m 남짓한 높이의 북한산에 오르는 것도 쉽지 않은데 3,000m에 가까운 설산을, 그것도 한겨울에 열대 짐승인 코끼리를 끌고 넘었다는 것은 곰이 쑥과 마늘을 먹고 여자로 변신했다는 것만큼이나 믿기 어려운 일이다.

고대부터 명장으로 불리는 지휘관들은 대부분 공병의 운용에서 명성을 얻었다. 또한 역대의 전략가들을 논할 때 대부분 무기와 진용 등 전투병의 운용에 한정되는 경우가 많다. 하지만 명장들은 실제로 전투가 일어나기 전에 이길 수 있는 환경을 만든다. 그때 공병을 이용하는 것이다. 별도의 공병부대를 운용하는 것이 아니라 전투병이 전투가 아닌 '공사工事'를 하는 것이다. 150년 후에 나타날 로마의 명장 카이사르도 '공사'로 끝장을 본 대표적인 전략가이다.

한니발은 로마가 지중해 전체를 장악하고 있는 당시 상황에서 손실을 최소화하면서 로마 본토에 도달하려면 선택의 여지가 없다고 생각했을 것이다.

한니발은 카르타고의 우수한 기술력을 이용했다. 당시 모든 면에서 카르타고의 엔지니어들은 세계 최고였던 것으로 추정되고 있다. 획기적인 접안시설을 갖춘 항만, 육상과 바다의 방어시설과 조선기술, 지중해 최강을 자랑하는 3중 성벽 건축 등의 여러 분야에서 당시의 카르타고는 로마는 물론이고 그리스마저 능가하고 있었다. 그런 기술자들이 다리를 놓고, 뗏목을 만들고, 절벽을 깎고 길을 만들면서 한니발의 군단을 빠른 속도로 진군하게 만들었다.

한니발이 해안이 아닌 내륙을 통과해 알프스 산맥을 넘고 있을 때 로마군은 지금의 프랑스 항구도시 마르세유Marseille 지역에 집결해 있었다. 하지만 한니발은 로마군을 피해 혹한의 알프스를 택했고 그런 한니발의 자취를 로마는 놓쳤다. 그때까지만 해도 그 누구도 한니발의 대군이 알프스를 넘으리라고는 상상하지 못했기 때문이다. 물론 얼마 지나지 않아 로마군은 한니발군을 추적하기 시작했다.

알프스 산맥에 들어서서도 산악부족들과 전투를 해야 했던 한니발군은 놀랍게도 15일 만에 산맥을 넘어 이탈리아의 북쪽에 나타났다. 만화책이었다면 '짠~'이나 '쿵!' 하는 소리가 같이 등장했을 법한 대장정이었다. 다만 병사는 2만 6,000명, 코끼리는 달랑 몇 마리 정도로 줄어 있었다. 코끼리가 한 마리밖에 남지 않았다고 하는 주장도 있고 스무 마리 이상이 넘었다는 주장도 있으나 무엇 하나 곧이곧대로 믿기가 어렵다. 다만 이후의 기록으로 보아 알프스를 넘은 직후에도 서너 마리 정도는 있었던 것으로 보인다. 한겨울에 알프스 산맥의 산을 넘고 또 넘으면서 얼어 죽고 떨어져 죽은 전우들을 뒤로 한 채 로마에 도달했을 때 한니발군 병사들의 기쁨은 어떠했을까. 지옥을 건너온 카르타고 병사들에게는 따뜻한 평지에서 만난 로마군이 부대로 면회 온 애인만큼이나 반가웠을 것이다. 물론 로마 본토에

모든 지식의 시작 전문세

서 카르타고군을 맞이한 로마군은 정반대의 심정이었겠지만 말이다.

예상대로 첫 번째 전투부터 한니발군은 로마군을 격파한다. 평지를 접한 반가운 마음과 알프스 산맥에서 고생한 억울한 마음을 로마군에게 맘껏 풀었을 것이다.

한니발군은 첫 전투인 티키누스Ticinus 강 전투와 트레비아Trebbia 강 전투에서 연달아 압승을 거두어 북이탈리아의 도시들이 로마 연합에서 떨어져 나오는 효과를 거두었다. 또한 알프스 산맥을 넘어 허를 찔렀듯 거대한 늪지대를 통과하는 예상치 못한 행군과 매복으로 3만 명에 가까운 로마군을 전멸시킨 트라시메누스Trasimene 호수 전투에 이르기까지 한니발군은 연전연승을 거두었다.

로마는 그제야 한니발의 능력을 제대로 보기 시작했다. 한니발을 무서워하기 시작했다는 뜻으로 보면 될 것이다. 로마는 비상사태에 돌입하여 장군 파비우스 막시무스Quintus Fabius Maximus를 독재관Dictator으로 선출하였다.

로마군을 통솔하게 된 파비우스는 한니발군과의 즉각적인 대결을 펼치지 않았다. 최대한 전투를 피하면서 한니발군을 초조하게 만들어 고사시키는 작전을 구상한 것이다.

파비우스는 한니발을 제대로 본 것이었다. 하지만 이 전략을 간파한 자는 적장 한니발뿐, 오히려 아군은 이 작전을 받아들이지 못하였다. 온갖 비난을 퍼부은 끝에 원로원은 파비우스를 사임시키고 다시 2명의 집정관을 뽑는다.

집정관으로 뽑힌 티렌티우스 바로Gaius Terentius Varro와 아이밀리우스 파울루스Lucius Aemilius Paullus는 공포에 휩싸인 로마 시민을 진정시키고 술렁이는 로마 연합의 결속을 위해 한니발군의 위협을 조속히 해결하기로 결정하고 최정예군을 소집하였다. 그리고 결전의 의지를 보이기 위해 원로원

의원 3분의 1이 참여한다.

이렇게 결성된 8만 7,000명의 로마군은 강경파 집정관 바로의 지휘 아래 5만 명으로 늘어난 한니발군과 칸나에Cannae 평야에서 맞붙었다. 바로 유명한 칸나에 전투이다.

이 전투는 로마가 멸망할 때까지 치른 모든 전투를 통틀어 역사에 길이 남는 전적을 남긴다. 전사戰死 7만 명, 포로 1만 명으로 참패 중의 참패를 당한다. 로마 최대의 치욕으로 역사에 길이 남은 전투이기에 간단히 설명을 하자면 이러하다.

파비우스의 지연전에서 벗어난 한니발은 반가운 마음으로 전투에 임했을 것이다. 집정관체제에서의 로마는 두 집정관 중 한 명이 전투를 이끌면 나머지 한 명은 내치를 담당하는 것이 일반적이었다. 그러나 군대의 규모가 커서 두 집정관이 모두 전투에 참여하는 경우에는 두 명이 하루씩 번갈아 가면서 지휘권을 행사하는 방식을 취하고 있었다. 이런 로마군 지휘체계의 맹점을 꿰뚫어본 한니발은 성미가 급한 집정관 바로가 지휘하는 날을 골라 도발을 했다.

강경파 바로의 지휘 하에 힘으로 밀어붙이는 로마군에 대해 한니발은 중

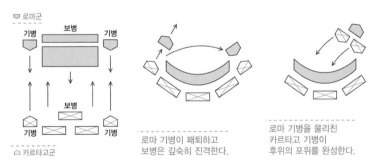

로마 기병이 패퇴하고
보병은 깊숙히 진격한다.

로마 기병을 물리친
카르타고 기병이
후위의 포위를 완성한다.

| 칸나에 전투의 전개도 |

앙을 얇게 내세운 긴 대열의 진용을 짜고 양익의 끝에 기병을 배치하였다. 카르타고의 기병은 동맹이었던 누미디아Numidia의 기병이었는데 유목민족 누미디아 기병은 고대로부터 소문난 강군이었다.

로마의 보병은 용맹과 숫자를 믿고 교과서적인 방식의 밀집대형으로 밀어붙였다. 이에 한니발의 보병은 중앙이 밀리면서 자연스럽게 보자기가 로마군을 둘러싸는 듯한 형태를 이루었다. 밀집대형의 문제점은 적을 완전히 뚫지 못할 때 수적인 이점을 살릴 수 없다는 것이다. 왜냐하면 밀집된 형태에서는 맨 바깥쪽 병사 외에는 적과 대적하지 못하기 때문이다. 포위하고 있는 쪽은 당연히 더 큰 원을 그리고 있기에 적은 수임에도 오히려 수적 우위의 싸움을 할 수가 있다.

로마군은 양파가 껍질부터 벗겨지듯 외곽부터 차례로 각개격파되어 갔다. 게다가 기병끼리의 대결에서 카르타고 기병은 금세 로마 기병을 유린했다. 로마 기병을 전멸시킨 카르타고 기병은 가뜩이나 고전을 면치 못하고 있는 로마 보병을 뒤에서 들이쳤다. 완전히 포위된 로마군은 눈 녹듯 스러져갔다. 전투에 참여하지 않고 숙영지를 방어하던 1만여 명이 포로로 잡혔고 고작 수천 명만이 겨우 도주할 수 있었다. 그중에는 이 작전을 지휘했던 바로도 끼어 있었다. 칸나에 평야를 뒤덮었던 7만 명의 로마군 시체에는 대부분의 지휘관과 원로원 의원들도 섞여 있었다.

▌로마의 저력을 확인하다

칸나에 전투의 충격적인 패배는 로마의 존립 자체를 흔들었다. 눈치를 살피던 이탈리아 반도의 일부 도시들이 로마 연합을 이탈해 한니발에 붙기도 했다. 로마 원정을 위해 알렉산드로스와 피로스를 깊이 연구했던 한니발은 알렉산드로스에 의해 페르시아가 멸망한 것처럼 두세 번의 압승이면 로마 연합이 와해될 것으로 믿었다.

　그러나 로마는 페르시아와 달랐다. 다소의 혼란과 일부의 분열이 있었지만 로마의 도시연합체는 무너지지 않았다. 로마 연합이란 로마와 로마가 점령한 도시들을 통틀어 지칭하는 말이다.

　공화정체제의 로마는 이탈리아 반도를 통일하는 과정에서 독특한 지배방식을 채택했는데, 그 방식이 이웃도시를 점령하고도 고대의 여타 제국과 달리 억압적이지 않았다. 기존의 지배층과 제도를 인정하고 자치권을 주는 방식을 썼다. 한마디로 로마와 피정복 도시는 주종관계가 아닌 친구와 같은 관계가 되는 것이었다.

　이렇게 이탈리아 반도 내의 대부분 도시의 사람들은 로마의 속국임에도 로마인과 같은 지위, 즉 로마 시민권이 주어졌다. 이것은 로마의 힘이 압도적이지 못했다는 반증이기도 하겠지만 그 어떤 제도보다 경제적인 방법이기도 하였다. 게다가 이것은 물질적인 이익 외에도 엄청난 부가가치를 가져다주었는데 그것은 바로 충성심이었다.

　로마에 의해 자신의 조국이 멸망하였으나 로마는 적이 아닌 새로운 조국이 된 것이다. 카르타고와의 전쟁 중에 북이탈리아의 도시들이 순식간에 한니발에게 돌아선 것은 그들이 로마에게 패배한 지 얼마 되지 않았기 때문이다. 당시의 사고방식으로 식민도시들이 로마를 배반하지 않는 것은 이해하기 힘든 현상이었다. 한니발은 적잖이 당황스러웠을 것이다.

　피정복민족에게 종속관계가 아닌 동등한 지위를 부여하는 특유의 시민권 정책이 로마 연합의 붕괴를 막은 결정적인 요인이라고 주장하는 역사학자들이 많이 있다. 합리적인 추론이다. 그러나 그것이 100% 맞는 주장이라고 할 수는 없다. 왜냐하면 많은 도시들이 로마에 대한 배신을 주저한 것은 로마의 시민권 때문이라기보다는 로마의 힘이 카르타고보다 약하지 않다는 정세판단 때문이었을 것이다. 실제로 로마는 칸나에의 패배에도 불구

　모든 지식의 시작 전문세

하고 이후 벌어진 여러 전장에서 승리를 챙겼다. 물론 한니발이 아닌 카르타고군을 상대로 얻은 결과이다. 치명상을 입고도 한니발 외의 카르타고군에게는 전체적으로 전혀 밀리지 않는 모습을 보여주었던 것이다. 게다가 넓은 대륙에서 지배자가 먼 거리에 있는 페르시아와 달리 좁은 이탈리아 반도에서 로마는 모든 도시들과 비교적 가까운 거리에 있었다.

칸나에 전투 이후 로마는 지연작전을 주장했던 파비우스 막시무스를 다시 집정관으로 선출한다. 그제야 파비우스의 진가를 알게 된 것이다. 다시 로마군을 통솔하게 된 파비우스는 줄곧 주장했던 지구전을 펼친다. 파비우스의 지구전은 의도대로 한니발군을 유랑자 신세로 만들었다. 더불어 한니발군 외의 전투에는 적극적으로 임하는 투트랙 전법을 택하였다.

파비우스의 적절한 용병으로 로마는 칸나에 전투 패전의 후유증을 효과적으로 극복해내었다. 막시무스가 펼쳤던 이 지구전은 후에 그의 이름을 따 파비안 전술Fabian Strategy이라 불리게 된다. '비겁자' 또는 '굼뜬 자', 심지어 한니발과 내통했다는 모함까지 받았던 파비우스는 일약 로마의 영웅으로 떠오른다.

한편 한니발의 활약으로 모처럼 승기를 잡은 카르타고는 로마와 로마의 식민지 전역에서 공세를 퍼부었고 동시에 한니발을 지원하기 위해 노력했다. 하지만 로마군은 한니발군 외의 카르타고군을 전부 막아냈고 한니발에 대한 지원 또한 모두 차단해냈다. 에스파냐와 사르데냐에서 카르타고군을 제압하고 이탈리아 반도 남쪽에서 한니발과 합류하려는 지원군을 전멸시켰으며, 스페인에서 남은 병력과 공성무기를 모아 알프스를 넘어온 한니발의 동생 하스드루발군도 이탈리아에 도착하자마자 전멸시켰다. 다른 무엇보다도 동생 하스드루발의 전사는 한니발로서 매우 뼈아픈 사건이었다.

▌반격하는 로마

한니발은 홀로 연전연승을 거두고 있었으나 파비우스의 지휘 하에 있던 로마는 이전처럼 정면대결을 하지 않았다. 로마에게 있어 카르타고는 한니발만 고의사구로 거르면 무서울 게 없는 팀이었던 것이다.

후세의 일부 사서에서 한니발은 로마를 고립시켜 완벽한 승리를 거두고자 로마로의 직접 공격을 자제했다고 하였으나 실제로 한니발은 로마를 직접 공격할 정도의 전력이 아니었던 것으로 보인다.

로마의 저력은 생각 이상으로 강력하였고 해군에서마저 카르타고를 능가하고 있었기에 한니발은 온전히 홀로 로마 전체를 상대하고 있었던 셈이다. 흡사 임진왜란의 이순신 장군과 비슷한 처지였다고 볼 수 있는데 더 큰 문제는 전장마저 적지였다는 것이다. 이런 고립무원의 상태로 한니발은 15년을 버텼다. 대단하다고밖에 할 수 없다.

그 사이 로마는 전력을 완전히 회복하여 카르타고의 식민지 대부분을 장악하였고, 여세를 몰아 카르타고 본토까지 침략하기에 이른다. 이것은 혼란할 때 적의 심장부를 찔렀던 한니발의 전법을 그대로 적용한 것이다.

이 작전을 구사한 장군은 푸블리우스 코르넬리우스 스키피오Publius Cornelius Scipio다. 나중에 아프리카누스Africanus라는 칭호를 얻게 되는 이 인물은 칸나에 전투에서 살아남은 몇 안 되는 생존자로 추정하고 있다. 전쟁 초기 소년이었던 스키피오는 15년이 흐르는 동안 한니발의 전법을 깊이 연구하여 31세에 로마군 사령관에 올랐다. 그리고 자신이 받은 그대로를 카르타고에게 돌려준다.

BC 203년, 로마군의 압박을 견디다 못한 카르타고는 한니발을 소환한다. 고단한 투쟁을 하고 있었던 한니발이었지만 그는 여전히 로마에게 있어 공포였기에 한니발의 아쉬움은 매우 컸을 것이다.

한니발과 스키피오는 BC 202년 10월, 카르타고 남부의 자마Zama 평원에서 결전을 치른다. 이 전투는 한니발에게 매우 불리한 조건으로 시작되었다. 사실 한니발이 치른 어떠한 전투도 그에게 조건이 유리했던 적은 없었다. 자마 전투에서는 그 정도가 더 심각했는데 한니발에게 주어진 병력은 경험 없는 신참병사와 충성심 없는 용병들이었다. 게다가 전술의 핵이었던 누미디아의 기병이 이번에는 로마군의 편에 선 것이다. 정말 뼈아픈 일이었다. 믿을 것이라고는 이탈리아에서 자신과 함께했던 1만 5,000명의 부하와 코끼리 80마리였다. 결과는 한니발의 패배였다. 기병 전력의 열세를 극복하지 못한 것과 코끼리의 제어불능이 결정적이었다.

코끼리부대에 대한 스키피오의 대응전략에 대해서는 여러 가지 설이 있다. 나발소리로 코끼리를 날뛰게 했다는 설, 코끼리의 진행방향을 이해하고 창 부대를 잘 운영했다는 설 등이 있으나 그것은 크게 중요한 요소는 아니었다. 보다 결정적인 요인은 로마의 기병 전력이 압도적이었다는 점과 정예 로마 보병이 수적 열세에도 카르타고 보병을 잘 막아냈다는 점이다.

| 스키피오 아프리카누스 |
한니발을 물리쳐 로마를 구했지만 그에 합당한
대우를 받지 못한다.

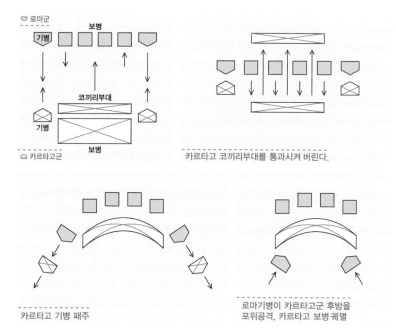

로마군

보병

기병

코끼리부대

기병

보병

카르타고군

카르타고 코끼리부대를 통과시켜 버린다.

카르타고 기병 패주

로마기병이 카르타고군 후방을
포위공격, 카르타고 보병 궤멸

| 자마 전투 전개도 |

　자마 전투는 카르타고가 로마와 마지막으로 치른 대등한 전투였으며 로마는 대제국으로의 초석을 놓게 된다.

　같은 시기 중국에서는 해하垓下 전투가 있었는데 이 또한 자마 전투와 같이 두 나라의 운명이 결정된 마지막 전투였다. 여기서 유방은 항우를 물리치고 통일제국 한나라를 세웠던 것이다. 공교롭게도 같은 BC 202년의 일이었다.

　자마 전투의 결과는 제2차 포에니 전쟁의 결과였고 나아가 포에니 전쟁 전체의 결과였다. 카르타고는 무조건 항복을 하였고 제1차 포에니 전쟁 때와 마찬가지로 막대한 배상금을 물게 되었으며 모든 식민지를 빼앗겼다. BC 201년, 두 번째 포에니 전쟁은 이렇게 끝이 났다.

　로마를 공포에 몰아넣었던 한니발은 전장에서만 우수했던 것이 아니라 정치가로서도 우수했다. 그는 카르타고를 훌륭하게 이끌면서 경제를 일으켰다. 로마에 대한 전쟁 배상금도 얼마 안 가 모두 갚았는데 이것 또한 한니발의 정치력에서 비롯된 것이었다.

로마는 놀라워했고 또 두려워했다. 한니발의 능력과 카르타고의 저력이 두려웠던 것이다. 이런 카르타고에 대한 두려움은 일부 정치가들을 움직이게 했는데 로마의 정치가이자 장군이었던 카토Marcus porcius Cato는 줄기차게 카르타고의 섬멸을 주장했다. 카르타고가 존재하는 한 로마의 미래를 담보할 수 없다고 생각한 것이었다. 카르타고를 없애기 위한 첫 번째 단계는 단연 한니발이었다. 카르타고는 곧 한니발이었기 때문이다. 실제로 한니발을 뺀 카르타고는 전쟁도 정치도 별볼일 없었다.

로마는 한니발을 없애기 위해 다양한 방법으로 카르타고를 압박했다. 카르타고 내에 있는 한니발의 정적들은 로마의 위협을 이용해 한니발을 제거하려고 했는데 이는 카르타고를 자연스럽게 분열의 양상으로 만들었다.

이에 한니발은 자발적으로 카르타고를 떠나 망명의 길에 오른다.《플루타르코스 영웅전》을 비롯한 대부분의 기록에서 한니발은 자신보다는 조국의 안위를 앞세웠음을 알 수 있다.

한니발은 망명 후 이곳저곳을 떠돌아다니다 끝내 로마의 손아귀에서 벗어날 수 없음을 깨닫고 스스로 목숨을 끊는다. 참으로 고단한 일생을 보낸 명장의 마지막이었다. 한니발의 사망 연대는 이견이 있으나 그의 사망 시 나이는 대략 60대 중반으로 추정된다. 희한하게도 한니발은 지구 반대편에서 평안한 말년을 보낸 동갑내기 유방보다 12년 정도 더 오래 살았다.

▌전쟁이라 부르기 민망한 제3차 포에니 전쟁

3차 포에니 전쟁은 대등한 대결이 아니었다. 대결이라고도 할 수 없는, 로마에 의한 확인사살이자 학살전虐殺戰이었다. 서서히 국력을 회복하는 카르타고를 보고 있던 로마는 어떻게든 카르타고를 칠 구실을 만들고자 하였다. 궁리 끝에 로마는 전쟁을 일으킬 묘수를 생각해낸다.

2차 포에니 전쟁 후 체결된 조약에 카르타고는 로마의 허락 없이는 어떠한 전쟁도 수행할 수 없다고 명시되어 있었는데 로마는 그 점을 이용해 카르타고를 압박하게 된다. 누미디아를 배후에서 조종해 카르타고를 침략하게 한 것이다.

누미디아의 악의적 침탈에 시달리던 카르타고는 로마에 분쟁을 멈추게해달라는 요청을 하였으나 로마는 그럴 생각이 없었다. 어쩔 수 없이 카르타고는 누미디아를 힘으로 격퇴하였고, 로마는 이것을 빌미로 무리한 요구를 거듭하게 된다.

거액의 배상금을 수차례 요구하였고 또 수백 명에 달하는 인질을 요구하기도 하였으며 무기가 될 만한 모든 쇠붙이와 갑옷을 내놓으라는 요구까지하기에 이른다. 물론 카르타고는 응할 수밖에 없었다. 로마와 다시 전쟁을할 수 있는 형편이 아니기 때문이다.

이때 카르타고가 내놓은 무기와 갑옷은 산을 이룰 정도였다고 한다. 그러나 마침내 도시를 버리고 해안에서 떨어진 곳으로 이주하라는 요구에 카르타고는 로마의 의도가 카르타고의 멸망에 있음을 알아채고 그제야 저항을 선택한다. 모든 것을 빼앗겼지만 분노한 카르타고의 시민들은 있는 힘을 전부 짜내어 무기와 갑옷을 만들었다.

놀랍게도 카르타고인들은 2개월 만에 120척의 배와 수만 개의 검과 창과 방패를 만들어냈고, 여인들은 머리카락을 잘라 활시위를 만들어냈다. 세 겹으로 이루어진 성벽에 기대어 카르타고인들은 3년을 버텼다. 지중해세계에서 가장 발달된 건축술을 지닌 카르타고인의 성벽이었기에 가능했다. 그러나 대세를 거스를 수는 없었다. 끝내 카르타고는 무너졌고 로마는 학살과 파괴를 거듭해 거대한 도시를 완전히 폐허로 만들었다.

이렇게 BC 146년, 120년간의 로마와 카르타고의 대결은 완전히 막을 내린다. 이 전쟁의 결과로 카르타고는 지도에서 또 역사에서 완전히 사라졌고, 같은 해에 그리스까지 점령한 로마는 지중해를 완전히 장악하게 된다. 지금 세상이 다 아는 진정한 로마는 이때부터의 로마라고 해도 틀리지 않는다.

🔆

독재관과 파비안 전술

독재관Dictator이란 로마의 최고결정권을 1인에게 집중시키는 제도로서 전시와 같은 비상시에 실시한다. 평시에는 2인의 집정관Consul 체제를 유지하다 그중 한 명에게 권한을 집중시켜 신속한 결정을 하게 하는 제도이다. 독재관의 임기는 부작용을 우려해 6개월의 임시직으로 한정했으나 술라Lucius Cornelius Sulla Felix가 BC 82년에 무기한 임기 독재관에 올랐고, 후에 카이사르Gaius Julius Caesar가 종신독재관에 취임한다.

파비안 전술Fabian Strategy은 파비우스 막시무스가 한니발을 상대로 펼쳤던 작전으로 지연작전 또는 지구전을 뜻하는 군사학 용어가 되었다. 파비우스가 처음 지연작전을 펼쳤을 때 그는 겁쟁이나 굼뜬 사람의 대명사가 되었다. 처음 파비우스가 한니발과의 정면대결을 피하는 작전을 구사하며 온갖 비난을 받고 있었을 때 한니발만은 이 전술이 자신의 약점을 간파한 것임을 알았던 것으로 보인다.

사실 로마로서는 이 전술로 인한 도시들의 피해가 너무나 컸기 때문에 파비우스를 비난하지 않을 수 없었다. 하지만 칸나에 전투에서의 참패 이후 파비우스에 대한 평가는 180도 달라져 그의 이름은 끈질긴 사람, 힘든 상황을 참으며 기회를 엿보는 군인을 뜻하는 말이 되었다.

파비안 전술은 전쟁사에서 숱하게 많이 사용되었는데 현대전에서도 심심찮게 볼 수 있다. 한니발을 이탈리아에서 몰아내고 카르타고 본토 공격 전략을 세워 로마를 구한 파비우스는 애석하게도 한니발이 철수하고 1주일 만에 쓰러져 영영 일어나지 못하였다.

로마의 3단 도선과 카르타고의 5단 도선

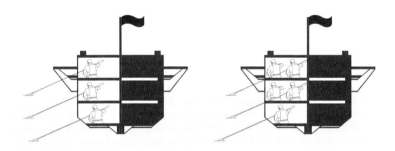

| **3단 도선과 5단 도선** | 외관에서는 모두 3단으로 차이가 없으나 한 노에 붙는 노꾼의 수에 차이가 있다.

하나의 노를 한 명이 젓는 것을 센실레Sensile 방식, 하나의 노를 여러 명이 젓는 방식을 스칼로치오Scaloccio 방식이라고 한다.

갤리선Galley은 노와 돛을 가진 배로서 노를 주된 동력으로 보유하되 평시에는 돛을, 비상시나 출항 정박시에는 노를 사용하는 배다. 갤리선은 서양 함선의 역사에서 가장 중요하고 가장 오랜 세월 동안 사용되었다. 기원은 명확하지 않지만 그리스, 로마는 물론 이집트와 메소포타미아에서도 사용된 것으로 보이며 AD 17C까지 존재했다. 갤리선은 페니키아인들과 그리스인들에 의해 비약적으로 발전했는데 그것은 그들이 지중해 최고의 해양민족이었기 때문이다.

카르타고는 페니키아의 직계 후손으로 오랫동안 갤리선을 이용하며 발전시켰기에 포에니 전쟁에서 이미 가장 발전된 형태의 갤리선인 5단 도선Quinquereme을 보유하고 있었다. 이에 비해 육상민족이었던 로마는 포에니 전쟁에서 처음으로 본격적인 갤리선 건조에 돌입했다. 로마가 3단 도선Trireme을 급조한 것만도 대단한 일이었으나 여전히 카르타고에 비해 성능의 차이를 절감하고 있었다.

그래서 1차 포에니 전쟁 후반에 로마는 카르타고와 같은 5단 도선을 보유하기 위해 침몰된 카르타고의 배를 인양해 분해한 뒤 재조립하는 방법을 썼다. 이른바 역설계 Rerevers Engineering, 즉 RE공법을 채택한 것이다. 적군의 장비를 그대로 모방하는 것이 당시로서는 일종의 굴욕이었으나 로마인은 실용을 선택했다. 또한 이때의 상황은 명분을 따질 여유를 주지 않았을 것이다. 이렇게 보유한 일종의 짝퉁 5단 도선이었지만 에가디Aegates에서 로마 해군은 카르타고 해군을 대파한다.

서양

동양

맥을 짚어 주는 연대표

서양		동양
로물루스 로마 건국	BC 753	
	BC 632	성복대전
로마 에트루리아로부터 독립	BC 6C	
	BC 551	공자 출생
	BC 515	오합려 즉위
성산사건	BC 494	
	BC 453	전국시대
12표법 제정	BC 450	
	BC 440	위衛 오기 출생
갈리아인 침입	BC 390	
	BC 361	진秦 상앙 등용
1차 삼니움 전쟁	BC 343	
	BC 341	마릉 전투
	BC 333	소진 합종 완성
	BC 328	진秦 장의 등용
3차 삼니움 종전	BC 290	
	BC 284	소진 사망
로마 이탈리아반도 통일	BC 272	
포에니 전쟁	BC 264	

도약하는
동양과 로마의
비상

2

/

▌한의 안정과 발전

포에니 전쟁의 실질적인 결정전이었던 2차 포에니 전쟁이 끝난 후 3차 포에니 전쟁을 일으키기 전까지 로마는 동쪽으로 세력을 넓히는 동시에 서쪽의 식민지 안정화에 힘을 썼다.

그 사이 동양의 한나라에서는 유방이 갓 건국된 나라를 안정시키기 위해 노력을 기울이고 있었다. 흉노에게 호되게 당한 유방은 굴욕적인 조건의 화의를 맺었지만 외부의 가장 큰 걱정을 임시로나마 봉합했다. 건국 초기 내부의 기틀을 잡는 것이 우선이었기에 유방으로서는 어쩔 수 없는 선택이었다.

다음은 개국 직후부터 고민이었던 공신들의 처리였다. 부모는 언제나 자식을 걱정하기 마련이듯 유방은 나라가 어느 정도 기반을 잡게 되자 후손에 대한 근심을 하게 된 것이다. 전장을 누비던 호랑이 같은 제후들 사이에서 자신의 자손들이 과연 기를 펼 수 있을까 하는 것이었다. 그래서 유방 자신이 죽기 전에 반드시 황권을 다져놓으려면 공신들을 처단할 수밖에 없었다.

모든 지식의 시작 전문세

토사구팽兎死狗烹, 사냥이 끝나면 사냥개가 필요 없어지는 법이다. 정확하게는 유방이 아닌 아내 여후呂后가 한신을 비롯한 개국공신들을 모조리 처리하는데 여후의 노력은 결과적으로 한 왕조에 대한 내부의 위협을 줄이긴 했다. 하지만 이는 공신의 시대를 접은 대신 외척의 시대를 열게 했다. 여후와 여씨 집안의 천하가 된 것이다. 유방의 사후 여후는 어린 황제를 대신해 섭정을 하게 되는데 이는 중국 역사 최초의 섭정으로 기록된다.

유방이 건달 시절에 우연하게 얻은 부인인 여후는 두 가지 상반된 평가를 받는다. 매우 이성적이되 매우 악하였다는 평가였다. 여후는 특유의 냉정함을 이용해 공신 처단에 있어서 마음 약한 유방을 대신해 임무를 완벽히 수행해냈다. 또한 유방 사후 유방의 애첩들과 유씨 왕들을 제거했다. 심지어 자신의 손자인 3대 황제 유공을 죽이기도 한다. 여후는 유씨劉氏를 대신해 여씨呂氏의 세상을 만들고자 자신의 집안인 여씨들을 모조리 왕과 조정의 요직에 앉힌다.

후세 사가들은 여후를 중국 역사상 최초의 악녀이자 3대 악녀로 평가하고 있다. 유방의 애첩 척희를 잔인하게 죽이고 한신에게 누명을 씌워 멸족시킨 것, 그리고 공신이었던 팽월을 죽여 젓갈로 담근 일들이 결정적으로 작용했을 것이다. 죽기 전까지 친정 식구들의 권력기반을 다지는 데 힘을 썼던 여후는 예상 외로 정치를 크게 망치지는 않았다. 오히려 중앙의 권력 암투와는 별개로 민생을 안정시키고 흉노와의 불필요한 전쟁을 막아 평화를 정착시켰다는 평가를 받기도 한다. 후세에 등장하는 나머지 2대 악녀와는 질적으로 다른 인물이었던 것이다. 물론 민간에 널리 퍼진 이 3대 악녀라는 설은 학문적 연구결과가 아니니 유념하기 바란다.

사마천은 《사기》에서 여후에 대한 기록을 본기本紀에 올려놓았다. 본기는 황제에 대한 기록임에도 여후를 넣었다는 것은 여후가 실질적인 영향력에서 황제와 다름없음을 말한다. 사마천의 역사인식을 보여주는 대목이다.

이것은 유방의 적이었던 항우를 본기에, 그것도 유방보다 앞선 순서에 넣은 것과 같은 이치라고 할 수 있다.

▌문경지치, 처음 맞는 현실의 태평성대

문경지치文景之治란 전한前漢의 전성기를 이끈 문제와 경제의 치세를 말한다. 문제와 경제를 설명하기에 앞서 잠시 전한의 황위 승계에 대한 설명이 있어야 할 것이다. 문제와 경제의 뒤를 잇는 황제는 무제武帝이다.

중국 역사에서 진시황 다음으로 유명한 황제라면 바로 한무제漢武帝일 것이다. 한무제는 공식적으로 전한의 7대 황제이지만 5대 황제라고 지칭하는 경우가 있다. 그 이유는 3대와 4대 황제는 여후의 섭정 시기에 세웠던 어린 황제로서 모두 즉위는 하였으되 여후에 의해 폐위됨으로써 시호와 능호가 없다. 그래서 딱히 부를 만한 칭호가 없어 반고는《한서》에서 둘 다 소황제小皇帝라고만 기록했다. 게다가 혈통의 진위마저 의심스러운 나머지 이 둘을 황제로 볼 것인가 하는 논란이 있었다. 그래서 무제를 5대라고도 하고 7대 황제라고도 한다.

5대 황제로 보는 가장 큰 이유는 사마천의 시각에 따른 것인데 사마천은 여후를 실질적인 황제로 봄으로써 두 소황제를 인정하지 않았기 때문이다. 하지만 여후가 황제의 영향력을 가졌다고 하여도 즉위를 하지 않은 여자였기에 정식 황제로 인정할 수도 없는 노릇이다. 결과적으로 사마천은 이 시기를 황제의 권력은 존재하되 황제는 없는 시기로 보았다. 이러한 이유로 문제文帝는 5대 황제이지만 실질적으로는 3대 황제이고 경제는 같은 이유로 4대이자 6대 황제가 되는 것이다.

중국에는 요순시대 이후로 가장 평화로운 치세 세 개를 꼽는데 그 첫 번째가 바로 문경지치文景之治이다. 문제文帝는 여후가 죽자 여씨 세력을 척결

했던 주발에 의해 옹립되었다. 여후의 죽음과 함께 4대 황제 유홍은 자연스럽게 폐위되었는데 앞서 언급한 바와 같이 그는 시호도 능호도 없어 제대로 된 황제로 인정받지 못했다.

공식적으로 5대, 실질적으로 3대 황제인 문제는 우수한 신하들의 보좌를 받아 훌륭한 정치를 하게 된다. 이것은 경제景帝에까지 이어져 한나라는 제대로 제국의 기틀을 다지게 된다. 문경지치의 가장 큰 의미는 전한의 슈퍼스타인 한무제가 한나라의 세력을 떨칠 토대를 만들었다는 것이다.

▌한의 전성기와 쇠퇴기를 동시에 연 한무제

한무제의 이름은 철徹이며 유방이 태어난 지 정확히 100년 후에 제위에 오른다. 진시황 이후 처음으로 진시황에 버금가는 막강한 권력을 휘두른 황제이다. 두 황제는 대개 동일한 선상에 놓이지는 않지만 분명 비슷한 면이 많다. 막강한 권력을 휘두른 것과 그 권력으로 거대한 건축물을 남긴 것은 닮았다.

진시황은 처음으로 중국을 통일하였고 하나의 중국에 대한 개념, 그리고 많은 유산을 남겼지만 그의 치세는 너무나 짧았다. 반면 한무제는 오랜 기간 제위에

◆ 중국 역사에서 태평스런 통치기간을 'OO지치'라 부른다. 그중 가장 유명한 세 시기는 문경지치 외에 당나라 태종의 정관지치貞觀之治와 현종의 개원지치이다. 개원지치는 당 현종이 양귀비에게 빠지기 전까지의 치세를 말한다.

한나라 경제景帝는 14남 3녀를 두었는데 11남이 무제武帝 유철이고 9남이 중산정왕 유승이다.

중산정왕은 중국 역사 최고의 정력왕精力王으로서 생전에 자식과 손자를 합쳐 120명을 보았는데, 이는 난세에 이르러 유씨劉氏임을 자처하는 자들에 의해 악용되곤 하였다. 내세울 것이 없는 사람들이 너도나도 중산정왕을 팔아 족보갈이를 했던 것이다.

삼국지의 주인공 유비도 중산정왕 유승의 후손임을 자처하였고, 여러 차례에 걸쳐 자신의 혈통을 의심받는 대목이 나온다.

있으면서 여러 가지 위업을 남겼는데 가장 큰 것은 흉노를 제압해 중국인들의 북방오랑캐 공포증을 제거한 것이다. 진시황은 백성들에게 공포를 안겨주었지만 한무제는 공포를 없애준 것이다. 무제가 무제武帝인 연유가 바로 여기에 있다. 힘으로 큰 업적을 남겼다는 것이다.

무제는 흉노 정벌의 여세를 몰아 중국의 판도를 넓히고 실크로드를 열어 동서 간 교역의 길을 열어 세계사에 큰 획을 그었다. 그리고 흉노 외에 변방의 외적들에 대한 토벌도 병행했다. 만주지역의 강자로 군림하던 고조선古朝鮮이 멸망한 것도 이 시기이다. 고조선에 대한 신뢰할 만한 기록이 《사기》에 등장하는 것은 사마천이 무제와 동시대 인물로서 고조선이 멸망하던 과정을 생생히 보았기 때문이다.

무제는 통치이념으로 유가儒家를 채택하였는데 이후 유학은 현재까지 아시아 전체에 영향을 미치고 있다. 유학이 탄생한 지 400여 년이나 지나서야 빅히트하게 된 것이다.

애초에 한은 고조에 의해 도가에 가까운 이념으로 출발한 왕조였다. 그것은 진이 엄격한 법가를 채용함으로써 백성을 피로하게 했다는 판단에 기초하여 넉넉하고 자유로운 분위기로 이끌고자 한 결정으로 보인다. 하지만 그런 애매한 이데올로기가 제국의 경영철학이 될 수는 없었다.

무제는 법가보다 덜 엄격하되 군신을 비롯한 상하관계의 질서를 명확하게 규정한 유가가 통치에 적합하다고 생각했다. 열여섯의 나이에 제위에 오른 탓에 무제는 즉위 초기에는 제대로 실권을 휘두르기 어려웠다. 그러나 얼마 가지 않아 국정을 장악하게 되는데 유가의 채택은 그것의 완성이었다.

무제는 처음으로 연호를 사용한 황제였다. 최초의 연호는 건원健元이며, 건원이란 명칭 자체로 연호를 처음 쓴다는 것을 밝힌 것이다. 시간에 이름을 붙이는 행위는 제국과 황제의 권위 확립에 있어서 대단한 아이디어였다. 이는 이후 아시아 전역의 모델이 되었다. 또한 연호를 정하게 되면 자연스럽게 따라오는 것이 역법을 정비하는 것이다.

역법은 다름 아닌 달력을 만드는 것으로 이것은 상당한 천문학적 수준을 요하는 작업이다. 달력을 새로 만든다는 것은 같은 공간 안에 있는 사람들을 같은 시간에 포함시키는 것으로 한 시대의 천하를 다스리는 황제의 권력을 상징하는 의미 있는 조치이다. 진정한 통치자는 시공간 모두를 다스리는 것이기 때문이다.

조선이 중국의 연호와 역법을 따랐다는 것은 중국의 체제 안에 통치의 대상으로 존재함을 스스로 인정한 것이라고 볼 수 있다.

문제와 경제의 치세, 즉 문경지치로 부강해진 나라를 물려받은 무제는 오랫동안 제위에 있으면서 앞서 기술한 바와 같이 한나라의 국위를 만방에 떨친다. 중국의 브랜드 '한漢'은 무제에 의해 완성되었다고 보아도 무방하다.

▌흉노 정벌과 장건 그리고 실크로드

전한에 대한 기술의 대부분은 한무제 시기의 일이라고 보아도 무리가 없을 것이다. 일단 그는 54년이라는 긴 세월을 제위에 있었기에 건국 시기의 사건들을 제외하면 굵직한 일들은 거의 무제와 관련된 것이다.

역사로 기록되어 조명되는 사건은 대개 현재에 영향을 미치는 정도에 따라 결정되는데 전한의 역사에서 무제의 비중은 그만큼 크다.

다시 말하지만 무제가 무제武帝인 이유는 흉노를 정벌하는 데에 모든 힘을 쏟아 성과를 냈기 때문이다. 건국 초기 고조 유방이 흉노를 치러 나섰다가 저승 문턱까지 갔다 온 이래로 한은 매년 흉노에게 엄청난 조공을 바쳐야 했고 또 온갖 요구를 들어주어야 했다. 한마디로 중원 황제의 체면이 말

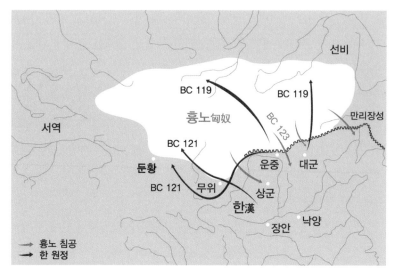

| 흉노의 침공과 한의 대흉노 전쟁 | 한무제의 대대적인 대흉노 전쟁으로 흉노는 크게 약화된다.

이 아니었던 것이다. 그러던 것이 한무제에 이르러 내부적으로 황권이 공고해지자 본격적인 흉노 정벌 계획을 실행에 옮기게 된다.

명장 위청, 곽거병 등의 활약으로 흉노 정벌은 큰 성과를 거두게 된다. 그러나 흉노는 큰 피해를 입으면서도 결코 위축되지 않은 채 한나라에게 다시 큰 피해를 입히는 상황이 반복되었다.

이에 무제는 보다 근본적인 대책을 고민한 끝에 흉노를 협공하기 위한 동맹국을 찾고자 하였다. 이는 전투에서 사로잡은 흉노족 포로로부터 얻은 정보에 기초한 계획이다. 그것에 의하면 흉노에 의해 서쪽으로 쫓겨 간 '월지月氏'라는 나라가 흉노에 대한 원한이 깊고 그 세가 만만치 않다는 정보였다. 이때 파견된 관리가 바로 장건張騫이다. 무제가 흉노 정벌을 실행에 옮긴 지 대략 10년 정도 되었을 때로 추정된다.

장건은 100여 명의 일행을 이끌고 출발하였다. 정확한 위치도 모른 채 대충의 방향만을 잡고 흉노의 영역을 지나게 된 것이다. 당연하겠지만 장

모든 지식의 시작 전문세

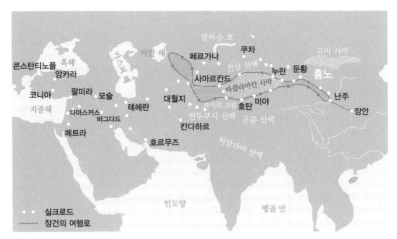

| 장건과 실크로드 |

건 일행은 흉노의 영역에 들어가자마자 잡힌다. 황량한 지역을 지나는 대규모 인원이 시력 좋은 유목민족에게 발각되지 않을 리 없었다.

장건은 그렇게 흉노에게 사로잡혀 10년이라는 세월을 보낸다. 그곳에서 혼인을 하고 자식도 얻어 정착한 듯 보였다. 우선 목숨을 부지한 것 자체가 큰 다행이었다. 그러나 장건은 자신의 임무를 잊지 않고 탈출하여 월지에 다다른다.

하지만 장건이 천신만고 끝에 만난 월지는 어이없게도 이미 흉노에 대한 원한을 잊은 상태였다. 흉노에 의해 큰 피해를 보고 쫓겨 간 것은 사실이지만 새로이 잡은 터전에서 만족스러운 생활을 하고 있었던 터라 흉노와의 전쟁은 이미 남의 이야기였던 것이다. 참으로 낙천적인 민족이었다.

목적을 이루지 못한 장건에게는 이제 한나라로 돌아가야 하는 큰 일이 남았다. 불행하지만 예상과 다르지 않게 귀로에서 장건은 다시 흉노에게 잡히고 만다. 여기에서 장건이 일부러 잡혔다는 설이 제기되기도 했는데, 비록 흉노이지만 처자식이 있었기 때문이다. 목숨을 담보할 수 없는 상황에서 장건은 다시 1년 남짓 포로로 살다가 가족을 데리고 탈출하여 한나라로 돌아온다.

이는 장안을 나선 지 13년 만의 귀환으로 장건은 참으로 독한 인물이었다. 한마디로 무제는 진정한 적임자를 파견했던 것이다. 장건이 긴 여정을 마치고 돌아왔을 때 다행히 무제 또한 살아 있었다.

장건은 임무에 실패했지만 흉노와 서역의 귀중한 정보를 제공하였고, 한나라의 서역 개척에 지대한 영향을 미쳤다. 결과적으로 장건은 성공을 넘어 중국의 역사를 바꿔 놓았다. 장건에 의해 한나라의 존재와 위상을 알게 된 수많은 나라들이 외교사절을 보내는 등 서로의 세계관을 넓히게 되었고 동서교역의 길을 닦게 된 것이다. 이는 실크로드라는 큰 물길로 발전하게 되었다.

실크로드 개척이라는 기념비적인 사건은 중국을 넘어 세계사에도 지대한 영향을 끼쳤다. 물론 무제가 의도한 바가 아니라 얼떨결에 이루어진 것이라고 할 수 있는데 어디 세상사에서 이렇게 우연으로 벌어진 일이 한두 가지겠는가.

한편 장건은 복귀 후에 서역전문가 겸 대외전문가로서 한나라의 중요 인사가 되어 활약하였다. 당시에는 관리이자 외교관이었던 장건이지만 현대사적인 관점에서 보았을 때 그는 여행가라고 해야 맞을 것이다. 그것도 매우 큰 여행을 했던 대여행가였다.

▌사기와 사마천 그리고 이릉 사건

중국의 수많은 역사서 가운데 단연 최고로 인정받는 사서는 《사기史記》이다. 《사기》는 전한의 관리이자 역사가인 사마천이 집필한 것이다.

《사기》가 완성된 시기 역시 무제 때로서 정확하게는 무제가 사망하기 4년 전의 일이다. 《사기》를 처음 집필한 사람은 사마천의 아버지 사마담司馬

談으로 사마천은 아버지의 유지를 받들어 《사기》를 완성하였다. 《사기》는 사마천이 붙인 《태사공서太史公書》 또는 《태사공기太史公記》라는 이름을 갖고 있는데, 이는 아버지와 자신이 공히 역임했던 태사령太史令이라는 벼슬 명 칭에서 기인한 것이다.

《사기史記》라는 명칭은 태사공기太史公記의 줄임말로서 후한시대에 들어 와서 불리게 된 것으로, 중국의 상고시대로부터 한무제에 이르는 사건을 기록한 중국 최초의 통사이다.

사마천은 《사기》에서 기존에는 없던 역사저술의 새로운 체계를 만들었 는데 그것은 바로 기전체紀傳體이다. 역사적 사건을 중요도와 성격에 따라 본기本紀, 열전列傳, 표表, 세가世家, 서書 등으로 구성하였고, 본기와 열전에 서 한 자씩 따서 기전체紀傳體라고 부른다. 이는 이후 동양 역사기록의 표준 이 되어 후세에 정사로 인정받는 모든 역사서가 이 방식을 따랐다.

사기는 총 130권으로 52만 6,500자의 방대한 기록이다. 사마천이 글자 수를 표기해 놓은 것은 첨언과 삭언을 방지하기 위한 것인데 저자의 바람 과는 달리 후에 수많은 첨삭이 있었던 것으로 보인다. 대표적인 예로 후한 後漢 때 반고가 덧붙인 글이나 당나라 때에 사마천의 후예로 알려진 사마정 司馬貞의 〈삼황본기三皇本紀〉를 들 수 있다.

사마천은 서양 역사의 아버지이자 여행가였던 헤로도토스와 마찬가지로 수많은 여행을 통해 견문을 쌓고 사료를 수집했다. 그는 벼슬에 오르기 전 에 이미 긴 여행을 하며 세상을 경험했다.

20세에 벼슬에 오른 후에도 무제를 수행해 전국 각지를 여행했고, 30대 에는 오지였던 파촉巴蜀으로 파견되기도 하였으며, 무제의 순행巡行과 봉선 封禪을 수행하며 여러 지방을 여행했다. 서양 역사의 아버지로 불리는 헤로 도토스와 마찬가지로 역사가에게 있어 여행은 반드시 필요한 것이었다. 이러한 사마천의 오랜 여행경험과 깊은 독서에서 얻은 지식, 그리고 그가 접할 수 있었던 사료는 《사기》의 가치를 높이는 기반이 되었다. 더불어 훌륭한 문장은 《사기》를 최고의 고전에 오르게 하였다.

한편 사마천이 궁형의 치욕을 이겨내고 《사기》를 완성했다는 것은 유명한 사실이다. 궁형宮刑이란 남성의 성기를 자르는 형벌로서 사실 여러 사서에서 무제는 궁형을 꽤 자주 내렸던 것을 볼 수 있다. 사마천이 궁형을 받게 된 것은 이릉李陵이라는 장군을 변호하면서 무제를 분노케 하였기 때문이다.

장군 이릉은 흉노 토벌에서 여러 차례 공을 세웠으나 기습작전에서 흉노에게 포위되어 어쩔 수 없이 항복하게 되었다. 이에 한漢 조정에서는 이릉의 족속들을 참해야 한다는 여론이 비등하게 된다. 여기에는 궁궐 내 권력관계에서 비롯된 복잡한 내막이 있었지만 무엇보다 무제의 뜻이기도 했다.

아무도 서슬 퍼런 황제의 의중을 거스를 수 없는 상황에서 사마천은 홀로 이릉을 변호한다. 이릉이 이전에 세웠던 전공과 전황에 따른 투항의 불가피성을 들어 이릉 일족의 참형을 막고자 했던 것이다. 그러나 이것은 무제의 심기를 건드렸고 사마천은 투옥되어 죽음과 궁형의 선택을 강요받게 된다.

알려진 바대로 사마천은 궁형을 선택한다. 이것은 죽음을 넘어서는 치욕이었지만 《사기》를 완성하기 위한 어쩔 수 없는 선택이었다. 후에 사마천이 친구 임안任安에게 보낸 편지인 보임안서報任安書에서 자신이 궁형을 택해 천하의 멸시를 받은 것과 그럴 수밖에 없었던 이유를 설명하고 있다. 그런 혹독한 상황에서도 사마천은 집필을 계속했던 것이다.

사마천은 궁형을 받은 지 4년 후 다시 무제의 재신임을 받아 복권이 이루어진다. 바뀐 것은 환관이 되었다는 것인데 사마천은 환관의 최고위직까지 승진하게 된다. 그리고 몇 년 후에 《사기》를 완성한다. 이때가 BC 91년경으로 추정되며 부친 사마담의 뜻을 이은 지 20여 년 만이었다.

사마천은 《사기》를 완성하고서도 그것을 알리지 않았다. 옥중에서도 집필하였다는 설이 있을 정도였으므로 사마천이 역사서를 집필하고 있다는 것은 무제도 알고 있었을 것이다. 당대의 군주가 생존해 있는 가운데 내린 역사적 평가와 곳곳에서 느낄 수 있는 무제에 대한 원망은 자신의 저서가 스스로를 다시 위험하게 할 수도 있음을 알았다. 그래서 《사기》가 세상에 나오기까지는 얼마간의 시간이 걸렸는데 외손자 양운楊惲에 의해서 공개되었다.

사마천의 생몰연대는 정확하게 알려져 있지 않지만 《사기》를 완성한 후 얼마 안 돼 세상을 떠난 것은 분명하다. 무제는 그보다 몇 년 앞서 숨을 거두었다. 자신의 죽음과 무제의 죽음 사이의 길지 않은 시간에 사마천은 격하게 오르내렸던 인생을 되돌아보며 《사기》의 운명을 걱정했을 것이다.

한漢은 무제武帝 사후 내리막길을 걷는다. 전성기라는 말은 정점을 찍고 내려온다는 말과 같다. 한은 무제 때에 그 꼭대기의 점을 찍고 내리막에 접어들었던 것이다. 한무제는 많은 업적을 남겼지만 동시에 한나라를 거덜 냈다. 전대인 문경지치文景之治 시대에 비축된 재물과 역량을 모조리 써먹어 버린 것이다. 그것도 54년이라는 긴 재위기간 동안 탈탈 털어먹었다. 대외원정을 밥 먹듯이 한 것은 익히 알려진 바이고 거대 토목공사도 숱하게 벌였다.

뿐만 아니라 자신의 무덤을 진

| 사마천 |
사마천은 다행히 후세를 남긴 뒤에 궁형을 당한다.
《사기》는 그 후세에 의해 빛을 보게 된다.

시황릉에 버금가는 규모로 건설했고 툭하면 새로운 궁전을 지었다. 말년의 연이은 실정으로 반란과 폭동이 줄을 이어 민생은 파탄에 빠졌다.

진시황과 다른 점은 오직 나라가 멸망하지 않았다는 것뿐이다. 당연한 일이지만 무제는 꽉 찬 곳간을 이어받아 텅 비다 못해 마이너스로 만들어 후대에 넘겨주었다. 국위를 드날리고 자신의 이름을 떨친 것은 나쁘지 않지만 후손이 생계를 유지할 것은 남겨 주었어야 하는데 무제는 그러지 못했다.

동서고금의 역사에 있어 당대에 자신의 이름을 남긴 대신 나라 전체를 시원하게 털어먹은 왕들은 부지기수다. 아무튼 무제의 흉노 정벌과 서역 개척을 위한 대규모 원정은 한의 근간을 흔들리게 하였다. 조정은 심각한 재정적자에 시달리고 백성의 삶은 위태로워졌는데 불행히도 제위를 이어받은 황제들은 우수하지 못했기에 제국은 순식간에 쇠퇴의 길로 접어들었다.

▌전한의 멸망

무제武帝 이후 한漢은 급격한 내리막을 걷게 된다. 황제들은 어린 나이에 등극한 탓에 국정은 외척들에 의해 좌지우지되었고 이는 수많은 부패와 폐단을 낳았다.

외척에 의한 국정농단은 결국 한을 망국의 길로 이끌게 되는데 연이어 황후를 배출한 왕王씨 가문에 의해 무제가 사망한 지 90년 만에 전한前漢은 멸망한다. 외척 왕망汪莽에 의해서였다.

전한이 멸망한 때는 AD 8년으로 공교롭게도 서력 기원 전후에 즈음한 사건이다. 이때는 서양의 로마 또한 공화정共和政과 제정帝政이라는 중요한 기로에 서 있던 때였다.

전한의 외척 왕망은 신하로서 유씨劉氏 황제를 능가하는 권력을 차지한 채 실질적인 황제로 행세하고 있었다. 그러다가 역심을 품어 온갖 권모술

| 왕망 |
외척 왕망은 나라도 망하게 했을 뿐 아니라 자신도 망하였다. 이름을 잘 지어야 했던 것일까?

수를 동원해 어린 황제로부터 제위를 빼앗았는데 역사상 처음으로 선양의 형식을 빌린 찬탈이었다.

선양이란 요순시대에 자신의 피붙이가 아닌 우수한 군자에게 왕위를 물려주는 방식을 말한다. 《삼국지》에서 조조의 아들 조비가 헌제로부터 제위를 찬탈하는 방식도 왕망을 모방한 것이었다.

이렇게 무혈 쿠데타를 성공시킨 왕망은 국호를 신新으로 바꾼다. 한漢이 멸망한 것이다. 새 나라를 세우고 황제가 된 왕망은 국호답게 완전히 다른 국가건설을 위해 급진적인 개혁에 착수한다. 먼저 모든 토지를 국유화해 귀족의 토지독점을 막았는데 이것은 주나라 때의 정전법井田法에 기초한 것이었다. 화폐를 개혁하고 균수법과 평균법 등 이전과 완전히 상이한 상공업개혁 정책을 펼쳤다. 하지만 현실을 무시한 이상주의적 개혁에 민심은 이반하였고, 호족들의 반발과 대외정책의 실패로 개혁은 물거품이 되었다. 호족과 농민의 반란이 이어졌고 왕망이 부하에게 살해되면서 신新은 15년 만에 역사에서 사라진다.

15년이란 세월은 전국시대를 통일한 진秦이 존재했던 시기와 일치한다. 민생을 무시한 급격한 개혁이 어떤 결과를 가져다주는지 보여주는 또 하나의 사례라고 할 수 있다. 왕망의 개혁은 당시에는 현실을 도외시한 이상에 그친 개혁이었지만 그가 펼친 여러 정책은 후세에 재평가받는 면도 있다. 그러나 진시황과 달리 왕망은 중국에서 잘한 점이라고는 없는 '나쁜 놈' 그 자체로 여겨지고 있다. 그건 아마도 중국인이 가장 사랑하는 한漢을, 그것도 전한前漢을 멸망하게 만든 이유에서이다.

망탁조의莽卓操懿라는 말이 있다. 이것은 당나라 때에 처음 나타난 표현인데 나라를 말아먹은 대표적인 4명의 인물, 즉 왕망, 동탁, 조조, 사마의를 말한다. 한마디로 역적 '판타스틱 4Fantastic four' 정도 되는 것이다. 여기에서 왕망은 선두에 자리하고 있다. 역사학에서는 왕망을 풍운아로 보는 경우도 있으나 대세는 여전히 나라를 훔친 큰도둑의 표본이다.

▌세계 제국의 면모를 갖춘 로마

로마의 역사는 기본적으로 이러한 모양으로 나눌 수 있다. 로물루스 시기 ⋯ 공화국의 시기 ⋯ 카이사르와 아우구스투스의 시기 ⋯ 오현제의 시기 ⋯ 군인황제의 시기 ⋯ 쇠퇴, 멸망기 정도이다.

로마는 공화국의 시기에서 카르타고를 누르고 세계 제국으로 발돋움하게 된다. 카르타고를 물리치고 난 후 로마의 행보는 급속한 확장이었다.

당시 지중해 전체를 놓고 보았을 때 로마의 동쪽은 선진국의 영역이었고 서쪽은 상대적으로 미개한 영역이었다. 그도 그럴 것이 동쪽은 메소포타미아와 이집트 문명이 태동하였고, 에게 문명을 비롯한 해양문명과 그것을 이어받은 그리스 문명이 저만치 앞서 가고 있었다.

군사적으로도 알렉산드로스가 대제국을 이루었던 적이 있었기에 그때까지 신인선수에 불과한 로마가 감히 넘볼 수 있는 상대가 아니었던 것이다. 그러나 포에니 전쟁이 끝나던 즈음에 지중해 동쪽의 상황은 예전과 많이 달라져 있었다.

알렉산드로스가 이루어 놓았던 헬레니즘 세계가 3국으로 갈라져 각축하고 있던 때였고, 이때 로마와 가장 먼저 접촉을 한 그리스 국가는 지리적으

브리타니아

로이르 강
대서양 갈리아 일리리아
이탈리아 모이시아
아드리아 해 흑해 카스피아 해
티구스 강 소아시아 카파도키아
히스파니아

지중해 시리아
누미디아

키레나이카 이집트

카이사르 사망시까지 영토 (BC 44)
아우구스투스 합병 영토 (AD 14)

| BC 30년 이집트를 점령했을 무렵의 로마 판도 |

로 가장 가까운 마케도니아였다.

　포에니 전쟁 직전에 피로스 왕과의 전투로 그리스 세력과 조우한 적이 있었던 로마는 한니발과 한창 싸우던 시기에 마케도니아의 침략을 받게 된다. 이것이 BC 215년에 있었던 제1차 마케도니아 전쟁으로 마케도니아가 한니발에 베팅을 했던 사건이다.

　로마로서는 마케도니아가 얄밉기 짝이 없었을 것이다. 로마가 한니발이라는 역사상 가장 위험한 적을 상대하고 있을 때 그 한니발과 동맹을 맺고 숟가락을 얹으려고 했으니 말이다. 2차 포에니 전쟁에서 한니발을 제외하고 어떤 상대를 만나도 좀처럼 패하지 않은 로마였기에 마케도니아는 로마와의 첫 번째 전쟁에서 별다른 수확을 얻지 못한다.

　제2차 포에니 전쟁이 끝났을 무렵에는 이미 로마가 그리스 쪽으로 영토를 제법 확장시켜 놓은 때였다. 카르타고를 상대하는 와중에도 마케도니아에 대한 방비가 허술하지 않았던 것이다. 이런 과거가 있기에 로마에게 있어 카르타고 다음 상대는 당연히 마케도니아라는 것을 마케도니아도 알고 있었다. 마케도니아 입장에서는 카르타고가 쓰러지기 전에 로마를 반드시 이겨야 했던 것이다. 하지만 한니발이 있었을 때에도 승세를 잡지 못한 마케도니아가 전력 만랩滿Level의 로마를 이길 리 만무했다.

예상대로 3차 마케도니아 전쟁의 결과로 BC 168년 마케도니아 왕국은 멸망했고, 4차 마케도니아 전쟁의 결과로 잔당세력이 일소되면서 카르타고도 멸망한다. 중국에서는 무제가 즉위하던 즈음인 BC 146년에 그리스 전역은 로마의 속주가 된다. 수백 년 동안 그리스를 동경해왔던 로마가 그리스를 손에 넣게 된 것이다. 그야말로 청출어람青出於藍이 완성된 순간이었다.

마케도니아를 시작으로 그리스 전체를 정복한 로마는 여세를 몰아 아시아까지 진격하기에 이른다. 알렉산드로스 제국에서 페르시아 영역을 차지하였던 셀레우코스 왕조는 로마의 도전을 받을 무렵에는 이미 파르티아 제국에게 밀려 메소포타미아 대부분의 영토를 잃고 미약해져 있던 상황이었다. 현대의 시리아 영토 정도를 유지하고 있던 상황에서 셀레우코스 왕조는 로마의 젊은 장군 폼페이우스에게 멸망한다. 그 다음엔 알아서 손을 든 이집트를 접수함으로써 로마는 지중해 세계를 완전히 차지하는 첫 번째 국가가 되었다.

환관과 내시

환관宦官과 내시內侍는 거의 같은 의미로 사용되지만 반드시 일치하는 것은 아니다. 환관은 남성성이 제거된 관리를 말하고, 내시는 궁내에서 왕과 왕족의 시중을 드는 남성을 의미한다. 내시가 주로 거세된 남성이었던 것은 궁내의 수많은 여자들을 관리하기 위해서였는데 왕의 소유였던 여자들과의 불상사를 막기 위한 방편이었다. 하지만 역사적으로 거세되지 않은 남성이 내시가 되는 경우도 많았고, 환관이 내시가 아닌 다른 직책을 맡는 경우 또한 많았다. 예를 들어 고려 전기에는 문벌귀족의 자제들이나 학식이 뛰어난 자들을 내시로 선발하여 왕실의 잡무에서부터 왕실 재정 운용, 왕명 초안 작성 등과 같은 업무를 수행하게 하였다. 이들은 거세되지 않은 정상인이었다.

그런가 하면 명나라의 정화鄭和는 환관이었지만 무장武將이면서 대항해가였고, AD 6C 비잔티움 제국의 환관 나르세스Narses는 명장이었다. 특히 정화는 9척 장신에 호랑이 같은 걸음걸이를 가졌다고 한다. 그는 콜럼버스보다 100여 년이나 앞서 62척의 대함대를 이끌고 7차례에 걸쳐 중국에서 아프리카에 이르는 바다를 누볐는데 중국에서는

| 청나라 말기 환관 | | 명나라 제독 환관 정화 |

▌환관이라고 다 같은 환관이 아니었다. 환관을 얕보지 말라!

내시가 곧 환관이라는 등식이 성립된 것은 내시가 명목상으로라도 관직을 가졌던 경우가 많았기 때문이다. 잡무를 보더라도 여염집의 일이 아닌 왕의 일이었기에 신분 자체가 달랐던 것이다. 과거에는 권력이란 곧 왕과의 거리를 말하는 것이었다. 그래서 일개 환관이 온 나라를 들었다 놨다 하는 경우는 허다했다. 가난을 벗기 위해 환관이 되고자 했던 사람들은 수도 없이 많았으며 명나라에서는 환관 모집에 수만 명이 지원하기도 했었다.

서양		동양

서양		동양
1차 마케도니아 전쟁	BC 214	
	BC 206	한 건국
	BC 202	한 통일 해하 전투
2차 마케도니아 전쟁	BC 200	
	BC 196	한신 숙청
	BC 195	유방 사망
	BC 180	문제 즉위
3차 마케도니아 전쟁 마케도니아 멸망	BC 168	
마리우스 출생	BC 157	경제 즉위
카르타고 멸망 마케도니아 로마 편입	BC 146	
	BC 141	한무제 즉위
술라 출생	BC 138	
	BC 108	고조선 멸망
마리우스 군사개혁	BC 107	
카이사르 출생	BC 100	
	BC 91	사마천 《사기》 완성
	BC 87	한무제 사망
카이사르 사망	BC 44	

로마를 알기 위해서 알아야 할 사람들

3

▌진정한 로마의 힘

　　포에니 전쟁 이전의 로마는 아테네의 발전과정을 모방한 압축 성장을 추구했다고 볼 수 있다. 일찍이 그리스 문화를 동경했던 로마가 벤치마킹의 모델을 그리스로, 그중에서도 아테네로 잡은 것은 자연스러운 일이었다. 시계를 잠시 앞으로 돌려 로마가 아직 미약했을 때인 BC 4C로 가보자.

　　이때 로마는 리키니우스법Lex Licinia Sextia을 만들게 되는데, 종종 아테네의 솔론Solon 개혁에 비견되고는 한다. 솔론의 개혁은 채무로 인해 시민이 노예로 전락하는 것을 막는 등 무지막지했던 드라콘법의 폐해를 없앴는데 로마에서는 리키니우스법이 귀족의 토지 소유를 제한함으로써 평민들의 이익을 증대시켰다. 또한 두 명의 집정관 중 한 자리는 평민에게 주어지도록 만들었다. 평민의 권리가 크게 신장된 것이다.

　　로마의 평민권리 신장은 여기에서 멈추지 않는다. 리키니우스법이 제정되고 약 100년이 지난 BC 3C에 호르텐시우스법Lex Hortensia을 제정하게 되는데 이것으로 로마는 평민권력 신장의 정점을 찍게 된다. 바로 귀족의 원로원에 해당하는 평민회의 권한이 원로원과 거의 동등하게 된 것이다.

이것은 서양 의회제도의 기본인 양원제Bicameral System의 기원이 된다.

동서고금을 막론하고 평민들의 권익 신장은 국력의 신장으로 이어졌다. 더욱이 이것은 로마군의 토대가 되는 평민들의 충성심으로 이어져 로마는 군사력이 급격히 신장되는 효과를 얻게 된다.

호르텐시우스법은 가뜩이나 세계 정치사에서 중요한 로마의 공화정을 더욱 발전하게 만들었다. 대부분 사람들이 갖고 있는 로마 제국의 이미지는 포에니 전쟁 이후부터의 로마를 말한다. 그래서 가장 로마스러운 로마의 역사를 알기 위해서는 3차 포에니 전쟁이 끝난 BC 2C 중반부터의 역사를 알 필요가 있다. 이때 몇 명의 걸출한 인물을 알면 그 틀을 이해할 수 있다.

역사란 곧 사람을 아는 것이다. 그 시대의 역사라는 것이 그 시대에 가장 영향력 있는 사람의 행위이고 또 그 행위가 미친 영향이기에 그 행적을 따라가다 보면 자연스럽게 역사를 알게 된다.

로마 역사상 최고의 인기스타는 단연코 카이사르이다. 가이우스 율리우스 카이사르Gaius Julius Caesar, 영어로는 가이우스 줄리어스 시저다. 율리우스 집안의 카이사르라는 이 남자는 로마를 넘어서 서양사회에 가장 큰 영향을 미친 인물 중의 한 명이다. 사람의 이름 자체가 후에 황제를 뜻하는 말이 되었다는 것으로도 카이사르의 위상을 알 수 있는데 독일의 카이저Karser나 러시아의 차르Czar가 바로 카이사르라는 이름에서 비롯된 말이다.

로마는 공화정에서 제정으로 넘어가는 단계에서 로마의 본질을 가장 잘 보여주고 있다. 그 과정의 중심에 있는 인물이 바로 카이사르인 것이다. 그렇다면 그 '과정'을 시작한 인물은 누구이고 그 과정을 끝낸 인물은 누구일까. 물론 어떤 시대의 어떤 인물이라고 무 자르듯이 규정할 수는 없다. 하지만 카이사르를 중심으로 놓았을 때 그 앞으로는 술라Lucius Cornelius Sulla가 있었고, 더 앞에는 마리우스Gaius Marius라는 인물이 있었다. 그리고 카이사르와 같은 시기에는 폼페이우스Gnaeus Pompeius Magnus가, 카이사르의 뒤에는 안토니우스Marcus Antonius와 옥타비아누스Gaius Julius Caesar Octavianus가 있었다.

이 정도를 그 '과정'의 인물들이라고 말한다. 그러니까 로마의 가장 드라마틱한 부분을 차지하는 인물을 시간 순서로 나열하면 마리우스, 술라, 폼페이우스, 카이사르, 안토니우스, 옥타비아누스이다.

모두 로마를 제정으로 몰고 간 사람들이다. 그리고 이 여섯 명의 앞에 공화정을 지키려는 사람들이 있었다. 바로 그라쿠스 형제이다. 공화정의 그라쿠스 형제를 알고 제정기로 가는 여섯 인물들을 이해하면 로마 역사에서 가장 중요한 포에니 전쟁과 제정 로마 사이의 격변기를 쉽게 설명할 수 있다.

▌공화정을 지키려 했던 그라쿠스 형제

형 티베리우스 그라쿠스Tiberius Gracchus와 동생 가이우스 그라쿠스Gaius Gracchus. 물론 이들은 제정에 반대해 공화정을 지키려고 했던 것은 아니다. 당시에는 독재자가 되려는 인물이 나타나기 전이었기 때문에 단지 평민들의 권익을 위해 노력했고, 그런 노력이 결국엔 로마를 위한 일이라고 믿었던 충직한 인물들이었다.

티베리우스 그라쿠스는 서른 살에 호민관이 되어 평민을 위한 개혁에 착수했다. BC 4C에 만들어져 평민권리의 기초가 되었던 리키니우스법의 정신에 따라 귀족의 토지 소유에 제동을 건 것이다. 당연히 평민들에게는 지지를 얻었고 원로원으로부터는 불만을 사게 되었다.

로마가 포에니 전쟁을 이기고 대국으로서의 면모를 갖추어가던 BC 133년, 티베리우스 그라쿠스는 호민관에 선출되었던 그 해에 암살되었다. 그의 죽음 뒤에는 귀족들의 사주가 있었다.

티베리우스 그라쿠스가 죽은 지 10년 후 형과 10살 차이가 나는 동생 가이우스 그라쿠스가 호민관에 선출되었다. 동생은 형이 완성하지 못한 개혁을 추진했다. 먼저 로마의 빈민구제를 위해 무상으로 식량을 공급하는 정책을 펼쳤다. 물론 이 정책은 속주에 대한 착취로 이어졌지만 가이우스 그라쿠스는 속주민에게도 로마 시민권을 부여함으로써 문제의 실마리를 풀려고 했다.

그러나 귀족의 반대와 지지층의 분열로 로마는 혼란에 빠졌고 그 와중에 가이우스는 형 티베리우스와 같이 암살되고 만다. 자살설도 있으나 정확히는 알 수 없다. 그라쿠스 형제의 개혁은 로마 공화정의 마지막 불꽃이었다.

▌마리우스, 로마군의 DNA를 바꾸다

가이우스 마리우스Gaius Marius는 포에니 전쟁 이후 처음으로 독재자의 냄새를 풍긴 인물이다. 물론 이 사나이는 자신이 로마라는 큰 물줄기의 방향을 바꾸게 될 줄은 몰랐을 것이다. 그러나 역사적으로는 이 인물의 군사개혁이 로마가 제정으로 변하는 원인이 되었다는 평가를 받고 있다. 마리우스는 형 그라쿠스와 동생 그라쿠스의 중간인 BC 157년에 태어났고 한무제보다 1년 먼저 태어나 1년 늦게 죽었다.

그가 태어난 시기의 로마는 이제 막 광대한 영토를 가지게 되었고 공화정이라는 정체가 흔들리기 시작한 때였다. 로마에서 첫 번째 독재자가 되기에 딱 맞게 태어난 것이다. 가이우스 마리우스는 20대에 소小스키피오의 부관이 되었고, 이후 크고 작은 전공으로 승승장구하여 50세에 드디어 집정관이 된다. 개인적으로는 율리우스가의 여자와 혼인하였기에 율리우스 카이사르의 고모부이기도 했다.

집정관이 되고 나서도 마리우스는 많은 전쟁에서 이겼고 또 로마를 지켰기에 그의 지지와 권력은 원로원을 능가하게 되었다. 당시 로마는 지중해

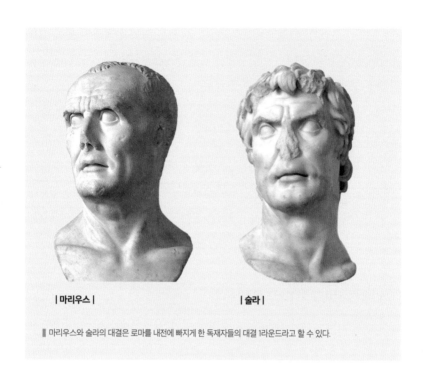

| 마리우스 | | 술라 |

▌마리우스와 술라의 대결은 로마를 내전에 빠지게 한 독재자들의 대결 1라운드라고 할 수 있다.

제패라는 대업을 완성한 후 잠시 군사적인 휴식기를 얻는가 싶었으나 연이어 이민족과의 전쟁을 치르게 되었다. 역사에서는 승리자였지만 그 내막은 위태로움의 연속이었다. 게다가 그라쿠스 형제가 추진했던 개혁의 실패로 로마의 군사력은 약해지게 된다.

로마군의 근간은 로마의 시민들이다. 시민들이 국가의 안위와 자신의 권리에 대한 자연스러운 책무감으로 자비를 들여 전투 장비를 갖추어 참여하는 식이다. 그러나 전쟁이 거듭되고 영토가 넓어지는 과정에서 시민들이 빈민화되는 사회적 모순으로 이러한 군사제도는 더 이상 유지할 수 없게 되었다.

그라쿠스 형제의 개혁은 이런 모순을 시정하기 위해 시민계급의 부흥을 꽤하는 근본적인 치유에 접근한 것이었다. 마리우스는 이러한 사회적 변화

모든 지식의 시작 전문세

로 인해 붕괴 위기에 놓인 로마군 체제를 바꾸는 작업에 나섰다. 직업군인 제도를 실시한 것이다. 징집병에서 지원병 형태로 전환함으로써 로마군을 구성하는 근본 DNA를 바꾼 것이다.

이 조치로 일단은 로마의 군사력뿐만 아니라 경제력도 강하게 만들었다. 로마의 실업자 해소에도 크게 기여하였고 잘 싸워야 수입도 올라가니 로마 군의 전투력 또한 눈에 띄게 상승했다. 하지만 이 제도는 부작용도 만만치 않았는데 가장 먼저 나타난 문제가 군대의 사병화 현상이다. 병사들은 국 가에 대한 충성보다 지휘관에 대한 충성, 그중에서도 자신의 수입을 지켜 줄 우수한 지휘관에 대한 충성으로 변질되고 말았다.

마리우스의 군제개혁은 시기적으로 적절했고 불가피한 면이 있었다. 한 마디로 단기적으로는 로마에게 큰 이익을, 장기적으로는 큰 폐단을 주었다 고 할 수 있겠다. 마리우스는 자신의 개혁으로 대중적인 지지를 얻었고, 로 마에서 가장 강력한 군대를 사병처럼 소유하게 되었다. 이것이 그를 독재 자로 변질시킨다. 이러한 때에 마리우스의 강력한 경쟁자가 나타났다. 바 로 술라Sulla이다.

▌공포정치를 펼친 술라

루키우스 코르넬리우스 술라Lucius Cornelius Sulla는 마리우스보다 스무 살 어렸고 원래 마리우스의 부관이었다. 마리우스를 따라 수많은 전투에 참가 해 전공을 세웠지만 운명은 그를 자신의 상관과 피할 수 없는 대결을 하게 만든다.

평민의 지지를 받으면서 독재자가 되려는 듯한 마리우스를 우려한 귀족 들은 마리우스의 독주를 막기 위해 누군가를 내세워야 했다. 그 누군가에 적합한 인물이 바로 술라였던 것이다. 마리우스 이래 여섯 명의 예비 독재자들은 둘씩 짝을 지어 1대 1의 매치를 치르게 되는데 마리우스와 술라의 대결은 그 1라운드였다.

술라는 당초 마리우스의 부관으로서 전쟁에 참여하는 처지였으나 어느 정도 전공을 세운 후에는 특유의 정치적·외교적 재능으로 높은 직위를 얻게 되었다. 그리고 귀족파에 가담하여 평민파였던 마리우스와 대립하게 된 것이다. 당시 귀족파와 평민파의 정치적 대결은 매우 첨예했는데 폰투스 Pontus의 미트라다테스Mithradates 왕과의 전쟁 지휘권 등의 사안을 놓고 무력 충돌에까지 이르렀다.

마리우스가 주도한 평민파의 기습으로 술라는 로마에서 추방되었으나 놀라Nola에서 군사를 모아 과감하게 로마로 진군하였다. 술라는 로마 역사상 최초로 군대를 모아 로마로 진격한 로마인이 된 것이다. 때마침 일어난 동맹시의 반란을 진압하지 못하고 있던 마리우스는 술라에 의해 쫓겨났고 이때부터 둘은 일진일퇴의 권력싸움을 벌인다.

로마를 장악한 후 대대적인 숙청으로 평민파를 몰아낸 술라는 로마를 부하들에게 맡기고 출전하였다. 미트라다테스 전쟁을 치르기 위해 군사를 이끌고 그리스로 나선 것이다.

술라가 적은 병력으로 대단한 전공을 올리고 있는 동안 마리우스는 다시 로마로 돌아와 원로원을 포함한 술라파를 대대적으로 숙청하고 다시 집정관에 오르면서 권력을 잡게 된다. 그러나 이듬해인 BC 86년 마리우스는 병으로 세상을 떠난다.

한편 술라는 한니발 이후로 가장 강력한 외적이었던 미트리다테스 왕과 휴전협정을 체결하고 승자로서 돌아온다. 이미 마리우스는 죽었지만 마리우스파는 술라의 개선을 적극적으로 막았고 양측은 2년에 걸친 전투를 펼친다. 하지만 마리우스 없는 마리우스파는 술라를 이길 수 없었다.

술라는 로마에 영웅으로 귀환하게 된다. 다시 마리우스파의 잔당을 비롯한 술라의 반대파는 모조리 숙청되었고 그 누구도 술라에게 맞설 수 없었다. 이 숙청에서 도주하여 목숨을 부지한 한 젊은이가 있었는데, 그가 바로 카이사르였다. 도망쳤다고 하지만 술라가 살려주었다고 보는 편이 맞을 것이다.

술라는 치열했던 마리우스와의 대결에서 최후의 승리를 거두었다. 그리고 공화정이 시작된 이래로 황제에 가까운 독재를 한 최초의 로마인으로서 공포정치를 펼쳤다. 애초부터 귀족의 입장에 섰던 술라는 호민관과 평민회의 권력을 축소한 반면 원로원의 권위를 높였다. 또한 동맹시에 로마 시민권을 부여하는 등 형식상으로는 공화정의 모양을 취했으나 언제든 황제가 될 수 있었고 실질적인 황제로 군림하였다. 그러나 그는 돌연 자리에서 물러났고, 1년 후에 편안한 죽음을 맞이하였다.

술라에 대한 평가는 엇갈린다. 다만 선지자가 자신의 죽음을 예견하는 것같이 모든 것을 내려놓은 때가 죽기 1년 전이었다는 점은 왠지 술라에게 몇 점의 점수를 더 주게 하는 것 같다.

▌젊을 때만 위대했던 폼페이우스

술라의 부하 중에 폼페이우스라는 인물이 있었다. BC 106년생으로 카이사르보다 여섯 살이 많았다.

스물다섯에 장군이 된 폼페이우스는 수많은 반란을 진압하여 대중적인 인기를 얻었다. 그의 풀네임인 그나이우스 폼페이우스 마그누스Gnaeus Pompeius Magnus에서 마그누스는 '위대한 영웅'이라는 의미로 부여받은 호칭이다.

너무 젊은 나이에 로마 최고의 스타로 떠오른 탓도 있겠지만 술라의 독재를 경험한 원로원은 그에게 집정관의 자리를 허락하지 않았다. 우직한 폼페이우스는 그런 연륜의 부족을 전공戰功으로 만회하려 하였고 실제로 에스파냐 반란, 스파르타쿠스의 반란을 제압한 뒤에야 집정관이 될 수 있었다. 그러나 아직도 실질적인 실력자의 대접을 받지 못하고 있다고 생각한 그는 지중해의 해적을 소탕하고 오랫동안 로마를 괴롭혔던 미트리다테스 왕을 완전히 제압한 데 이어 셀레우코스 왕조의 시리아를 정복하는 충성스런 모습을 보여주었다.

폼페이우스는 행동으로 원로원에 대한 무한한 충성을 보여주었지만 원로원은 그를 인정해 주지 않았다. 그러던 중 경쟁사가 생겨 버렸다. 절대자가 되어 주변을 확실하게 장악하지 못하면 경쟁자가 생기기 마련인데 그가 바로 카이사르였다.

▌로마 최고의 매력남 카이사르

카이사르의 생년은 기억하기가 쉽다. BC 100년생으로 제왕절개수술로 태어났다고 하지만 오류일 가능성이 높다. 하지만 제왕절개수술이라는 용어의 제왕帝王이 카이사르를 가리키는 것은 분명하다. 물론 이것이 카이사르가 절개수술로 태어나서 생겨난 말인지, 아니면 원어 명칭에 카이사르의 흔적이 있어서 그가 절개수술로 태어났다고 추정하는 것인지는 알 수 없다. 다만 난데없이 카이사르가 산부인과 의학용어와 결합하게 된 것은 독일과 일본, 두 나라의 오류 콜라보로 의심된다.

제왕절개 수술Cesarean delivery의 'Cesarean'은 '자르다'라는 의미의 라틴어 'Cesarea'에서 왔다. 그런데 이 말을 독일에서 '카이사르의'라고 잘못 생각하고 'Kaiserschnitt'으로 이름 붙였고, 이것을 일본에서 그대로 한자어로 번역한 셈이다. 한마디로 오역을 번역한 것이다. 따라서 아기 카이사르는 정상 분만된 것으로 보는 게 맞을 것이다.

로마 연구가 시오노 나나미가 그녀의 저서 《로마인 이야기》에서 침이 마

| 폼페이우스 | | 카이사르 |

▌독재자들의 두 번째 대결은 폼페이우스와 카이사르의 승부였다.

르도록 칭송한 사나이 가이우스 율리우스 카이사르Gaius Julius Caesar. 카이사르는 결론적으로 말하면 정세를 읽는 천재적인 감각이 있었다. 그러나 그가 가진 최고의 능력은 단연 지상 최고의 배짱이었다. 동양의 한고조 유방과 유사한 능력이다. 배짱만으로 유방과 카이사르를 비교하면 카이사르가 한 수 위가 아닐까 생각된다. 굳이 근거를 대자면 유방과 카이사르는 둘 다 엄청난 채무를 졌음에도 태도가 자못 당당하였는데 채무의 규모는 카이사르 쪽이 훨씬 크기 때문이다.

유방이 확실하게 앞선다고 보이는 것은 주량 정도가 아닐까. 아무튼 가진 것이라고는 천문학적인 채무밖에 없었던 카이사르는 모든 정치적 · 경제적 위기를 오로지 초인적인 배짱으로 풀어 나갔다. 현대 자본주의 국가에서라면 장기臟器를 팔아도 부족할 상황이었다.

카이사르는 젊은 시절 술라의 숙청을 피해 지중해 저 멀리 도망갔다가 술라가 죽은 후에야 로마로 돌아올 수 있었다. 이후 관리의 길을 걷게 되지만 그 사이에도 그의 빚은 계속 늘어만 갔다. 분명 자신의 야망을 위한 투자였지만 당시의 사정으로 볼 때 빚을 갚을 뾰족한 수는 없어 보였다. 갈리아 총독으로 부임할 때는 빚쟁이들로 인해 부임지로 떠나지 못할 상황에 처하기도 했으니 말이다.

카이사르는 꽤 나이가 들어서까지 돈 빌리는 것 빼고는 아무런 능력도 보여주지 못했다. 하지만 그는 나쁘지 않은 직책들을 수행하였고 대부분의 부임지에서 민심을 얻어 행정적인 면에서 높은 명성을 얻게 된다. 경제 감각은 없어도 정치 감각은 탁월했던 것이다.

로마로 돌아온 카이사르는 업적에 비해 제대로 된 권위를 얻지 못하고 있던 폼페이우스와 한 수 아래의 재벌정치가 크라수스를 끌어들여 정치적인 동맹을 맺는다. 이것이 BC 59년 4월에 있었던 유명한 제1차 3두 정치 Triumvirate이다.

이것은 카이사르의 정치적인 역량에 의해 만들어진 비밀약속으로 셋 중 실질적으로 커리어가 가장 약한 인물은 카이사르였다. 구색을 맞추기 위해 끌어들인 크라수스만 해도 스파르타쿠스의 반란을 제압한 전공이 있었고, 권력을 사버릴 수도 있을 만큼의 재력도 있었다. 그러나 3두 중에 가장 큰 영향력을 발휘한 인물은 빚 외에는 가진 것이라고는 그것 두 쪽밖에 없었던 카이사르였다. 특유의 배짱과 정치력으로 나머지 둘을 갖고 놀았던 것이다. 자신의 딸 율리아를 폼페이우스와 결혼시킨 것도 그런 맥락의 정치적인 안배였다. 카이사르는 자신의 최대 약점인 군사적인 업적을 채우기 위해 출정을 하게 된다. 바로 갈리아 원정(BC 58년~BC 51년)이다.

로마 역사에 있어서 매우 큰 불가사의 중 하나가 제대로 된 지휘관 경험이 없었던 카이사르가 갈리아 원정이라는 대장정을 어떻게 그토록 완벽하게 수행할 수 있었나 하는 것이다. 카이사르는 부하를 장악하는 카리스마와 병력을 운용하는 전투감각, 그리고 강력한 리더십을 발휘하여 갈리아를 정복한다.

갈리아는 지금의 프랑스 지역으로 당시 로마가 지중해 전역을 정복한 전성기였음에도 엄두를 내지 못하던 지역이었다. 게다가 로마는 과거 갈리아족에 대한 무서움을 뼛속 깊이 갖고 있던 터라 카이사르의 갈리아 원정을 낙관적으로 보지 않았을 것이다. 하지만 카이사르는 보란듯이 갈리아를 안정시켜 나갔고 게르만족의 영역인 게르마니아와 지금의 영국인 브리타니아까지 쳐들어갔다. 물론 이후 반란을 완전히 진압하고 로마화시키기까지는 시간이 더 걸렸지만 이는 대단한 전과가 아닐 수 없다.

카이사르의 갈리아 지역 정복은 로마 사회 전체에 영향을 끼치는 큰 사건이었지만 원로원과 3두 정치의 나머지 둘은 불안해지기 시작했다. 카이사르에게로 권력의 추가 심하게 기울어졌기 때문이다. 그러나 카이사르는 섣불리 3두 정치체제를 깨지 않았다. 오히려 패착을 둔 것은 원로원이었다. 독재자의 출현에 신경을 곤두세웠던 원로원으로서는 우직한 폼페이우스보다 노련한 카이사르가 제2의 술라가 될 가능성이 더 커 보였던 것이다.

카이사르의 갈리아 원정이 막바지로 흐르던 BC 53년 크라수스가 파르티아 원정에서 목숨을 잃는 사건이 일어난다. 메소포타미아 지역에 위치한 로마의 숙적 파르티아Parthia는 언제나 로마와의 전투에서 우세를 보였다. 그럼에도 카이사르의 갈리아 원정에 자극받은 크라수스가 전공을 세우기 위해 무리하게 출전했다가 변을 당한 것이다. 이에 원로원의 입장에서는 카이사르를 누르기 위해서 폼페이우스를 전폭적으로 지지해야 하는 상황이 되어 버렸다. 그리고 폼페이우스는 원로원과 손을 잡을 것이냐 아니면 카이사르와의 관계를 유지하며 원로원과 싸울 것이냐의 갈림길에 놓이게 되었다.

원로원이 먼저 수를 두었기에 이제 카이사르의 차례가 되었다. 이 모든 것은 카이사르가 갈리아 원정에서 돌아오기 전의 상황이었다.

| 카이사르의 갈리아 원정과정 |
카이사르의 갈리아 원정은 단기간에
이룬 위대한 업적으로 평가받는다.

　갈리아 원정을 마치고 귀환한 카이사르는 로마의 상황을 이미 손바닥 보
듯 꿰고 있었다. 자신이 대중적으로는 엄청난 인기와 지지를 얻고 있지만
정치적으로는 권력에서 배제된 상황도 알고 있었다. 그리고 역사에 길이
남을 승리를 로마 시민에게 알리기 위해서는 개선식이라는 퍼포먼스도 해
야 했다. 그러려면 원로원 승인을 얻어야 했는데 그때의 분위기는 원로원
의 승인을 확신할 수가 없었다. 게다가 로마의 전통상 누구도 군대를 이끌
고서는 로마 입성이 허락되지 않았다. 물론 술라의 전례가 있기는 하지만.

　군대 없는 단신 입성! 카이사르는 그것이 목숨을 걸어야 하는 도박임
을 잘 알고 있었다. 군대를 해산해야 하는 경계선은 로마 북쪽의 루비콘
Rubicon 강이었다. 카이사르는 루비콘 강에 이르러 선택을 해야 했다. 군대
를 해산하고 단신으로 로마로 돌아가 모든 권력을 놓을 것인가 아니면 군대
를 끌고 쳐들어가 원로원을 제압하고 권력을 잡는 불법을 저지를 것인가.

　앞서 같은 상황에서 폼페이우스는 군대를 버림으로써 원로원에 충성을
보였다. 그러나 카이사르는 달랐다. 무장을 해제하지 않은 채 루비콘 강을

　　　　　　　　　　　　　　　　　　　　　　　모든 지식의 시작 전문세

건넜고 그대로 로마로 쳐들어간 것이다. 이때가 BC 49년으로 술라에 이은 두 번째 군사행동이었다. 이때 카이사르가 외친 "주사위는 던져졌다alea jacta est."는 말은 로마의 유명한 희극작품의 한 구절이지만 이전부터 카이사르가 즐겨 사용하였다고 한다.

카이사르가 루비콘 강을 건넜을 때 로마를 간단히 접수하고 권력을 장악한 것으로 많은 사람들이 알고 있지만 실제로 카이사르는 원로원과 손을 잡은 폼페이우스와 로마 제국 전역을 무대로 엄청난 전쟁을 치렀다. 둘의 대결은 마리우스와 술라의 대결에 이어 2차 로마 내전으로 불리기도 한다.

카이사르는 루비콘 강을 건넌 직후부터 로마로 가는 길 위의 도시들 그리고 로마 주변의 도시들과 점령전을 치르면서 진격했다. 폼페이우스와 추종세력은 카이사르의 전격적인 공격에 제대로 대항하지 못한 채 그리스로 피신하였다. 이후 히스파니아와 북아프리카, 그리스에 걸친 거대한 전선에서 두 세력은 공방전을 펼쳤다.

초기에 세력이 더 컸던 쪽은 폼페이우스였으나 카이사르는 기선을 제압한 여세로 뒤집기에 성공한다. 결정적으로 그리스 파르살루스Pharsalus 평원에서 있었던 회전에서 카이사르는 두 배가 넘는 병력의 폼페이우스군을 상대로 압승을 거두면서 최후의 승자가 된다.

이 전투를 기점으로 많은 속주가 카이사르를 지지하게 되었고, 폼페이우스는 이집트로 도망쳤으나 도착한 즉시 암살당한다. 폼페이우스를 추격해 이집트로 들어간 카이사르는 클레오파트라Cleopatra를 만나게 된다. 명목상 폼페이우스의 죽음에 대한 책임을 물어 이집트를 접수하게 되는데, 이때 프톨레마이오스를 내쫓고 클레오파트라를 파라오로 세운다.

카이사르는 그 바쁜 와중에 클레오파트라와 깊은 관계를 맺어 늦둥이 카이사리온Caesarion을 만들어내는 일정을 소화한다. 그리고 그리스와 이집트를 정리한 카이사르는 마지막으로 아프리카와 히스파니아에서 폼페이우스

| 카이사르 |　　　| 클레오파트라 |

세력의 잔당을 소탕하고 비로소 로마로 입성한다. 모든 권력이 카이사르의 손에 들어오게 된 것이다.

독재자 1대 1 대결 시리즈의 두 번째는 카이사르의 승리로 끝이 났다. 카이사르는 독재관Dictator에 올랐고 얼마 후엔 종신독재관Dictator perpetua이 되어 황제와 다름없는 일인자가 되었다.

술라의 공포정치를 경험한 로마는 새로운 독재자의 출현에 우려를 보이면서도 한편으로는 카이사르의 정치력에 기대를 갖고 있었다. 실제로 카이사르는 짧은 시간에 로마의 단점을 보완하는 훌륭한 통치력을 발휘하였다.

군대의 폐단을 시정하고 갈리아에까지 로마 시민권을 부여하는 등 전국적인 통합을 이끌어냈다. 문제가 많았던 달력을 정비해 당시로서는 획기적인 율리우스력을 만들었다. 그리고 자신이 태어난 7월에 자신의 이름을 넣었다. 'July'는 율리우스Julius를 말한다. 더불어 원로원을 상징적인 기구로 유지하여 공화정 전통에 대한 존중을 보여주기도 하였다.

　　　　　　　　　모든 지식의 시작 전문세

내치에 있어서 어느 정도 기틀을 잡았다고 생각한 그는 로마의 숙적 파르티아를 정벌하기로 마음먹었다. 파르티아는 로마에게 있어 단 한 번도 제압하지 못한 적이었다. 로마의 체면을 손상시키는 유일한 골칫거리였던 것이다.

하지만 BC 44년, 파르티아 원정을 며칠 남겨둔 어느 날 연설을 위해 원로원에 갔던 카이사르는 귀족들에 의해 암살당한다. 카이사르의 부관이자 양자였던 브루투스Brutus를 비롯한 공화파 귀족들은 원로원 회랑에서 경호 없이 혼자 들어선 카이사르를 차례로 단도로 찔러 죽였다. 로마 최고 영웅은 배신에 의해 죽음을 맞이하였던 것이다.

카이사르가 마지막으로 한 말은 "브루투스 너마저."가 아니라 앞서 언급한 바와 같이 "아이야, 너마저"였다. 이를 기록한 수에토니우스도 어떤 이의 말이라는 부족한 근거를 대고 있다.

카이사르의 죽음으로 로마 공화정은 그 수명을 조금 연장하게 된다. 그것이 로마의 운명에 어떤 영향을 미쳤는지는 아무도 알 수 없겠지만, 군사적으로 보았을 때 파르티아에 대한 카이사르의 전략적 능력을 확인하지 못한 것은 참으로 아쉬운 대목이다. 카이사르는 사망연도도 기억하기가 쉽다. BC 44년. 날짜는 3월 15일이다.

▎사랑을 선택한 안토니우스

독재자 기미를 보였던 인물들의 마지막 대결은 안토니우스와 옥타비아누스였다. 마르쿠스 안토니우스Marcus Antonius. 카이사르의 부장으로서 수많은 전공을 세웠던 장군이자 정치가이다.

카이사르는 죽기 전에 유언장을 만들어 두었는데 당시 유언장 작성은 자신의 죽음을 예견하였다기보다 로마의 장군들이 전쟁에 나가기 전에 하는 일반적인 행위였다.

카이사르의 유언장을 먼저 보았던 안토니우스는 적잖이 당황했다. 유언장에는 카이사르의 후계자로 옥타비아누스라는 생소한 10대 청년의 이름이 적혀 있었던 것이다. 이미 브루투스 일당을 몰아내고 정권을 잡고 있던 안토니우스로서는 다소 의외의 상대와 권력을 나누게 된 상황이었는데 안토니우스는 옥타비아누스가 로마에 오기 전에 레피두스라는 또 다른 카이사르의 부하와 손을 잡고 있었다. 혼자 혼란스러운 정국을 안정시키기는 버거웠던 것이다. 당연하게도 안토니우스는 옥타비아누스와 권력을 나눌 생각이 없었으나 카이사르의 후계자라는 타이틀은 생각했던 것보다 훨씬 큰 권위가 있었다.

그리고 자신보다 스무 살이나 어렸지만 옥타비아누스가 그리 호락호락한 상대가 아님을 금세 알 수 있었다. 하는 수 없이 안토니우스는 옥타비아누스, 레피두스와 협정을 맺게 된다. 이것이 BC 43년에 있었던 제2차 3두 정치이다. 카이사르가 권력을 차지하기 위해 썼던 방법을 안토니우스가 따라 한 것이다.

카이사르의 3두 정치는 셋만의 비밀협정이었지만 안토니우스가 주도한 3두 정치는 공식적인 조약이었다. 실제로 이들 세 명은 수백 명의 원로원 의원과 반대파들을 공개적으로 처형하고 추방하는 단합된 힘을 발휘한다.

안토니우스와 옥타비아누스는 BC 42년 필리피Philippi 전투에서 승리하여 브루투스 일당을 섬멸하였고, 그 후 레피두스와 로마를 삼등분하여 통치하기에 이른다. 또한 카이사르와 폼페이우스가 그랬던 것처럼 안토니우스와 옥타비아누스의 누이가 결혼함으로써 결속을 강화하기도 하였다.

그러나 1차 3두 정치의 크라수스처럼 레피두스가 3두 정치에서 먼저 탈락한 후 안토니우스와 옥타비아누스는 본격적인 경쟁을 하게 된다. 군사적

| 안토니우스 |　　　　| 옥타비아누스 |

▌ 독재자들의 마지막 대결은 안토니우스와 옥타비아누스였다.

인 재능이 없었던 옥타비아누스는 뛰어난 참모들을 모아 탄탄한 인적자원을 형성하여 성장한 반면 안토니우스는 대외적인 전공을 쌓아 힘을 키우려고 했다.

하지만 안토니우스는 파르티아와의 전투에서 크게 패한 이후 세력이 꺾이자 이집트로 몸을 피하게 된다. 거기서 안토니우스는 클레오파트라와 만나게 되는데, 그것이 2차 3두 정치가 깨지는 결정적인 사건이 되었다. 안토니우스가 클레오파트라에 빠져 옥타비아누스의 누이와 결별을 선언한 것이다. 분노한 옥타비아누스는 결전을 다짐하였고 로마는 공식적으로 이집트 원정을 단행하게 된다.

BC 31년 아그리파Marcus Vipsanius Agrippa가 지휘하는 옥타비아누스의 함대와 안토니우스-클레오파트라 연합함대는 그리스 악티움Actium 앞 바다에서 마지막 대결을 펼친다. 이 악티움 해전에서 옥타비아누스는 대승을 거두었고 달아난 안토니우스는 자살로 생을 마감한다.

클레오파트라 또한 자살함으로써 알렉산드로스 사후부터 이어졌던 프톨레마이오스 왕조는 종말을 고하게 되고, 더불어 로마에 흡수되어 고대왕국으로서의 이집트 또한 멸망을 고하게 되었다. 4대 문명의 발생으로부터 3200여 년의 세월이었다.

▋카이사르의 후계자 옥타비아누스

공화정 체제 하에서 포에니 전쟁을 승리로 끝낸 로마는 지중해를 내해로 둔 큰 나라가 되었다. 하지만 갑자기 커져버린 나라를 지탱하기에는 기존의 로마식 공화정은 정치적·군사적·경제적인 모순을 겪는 등 한계를 보였다. 그런 상황에서 처음으로 독재자의 모습으로 고개를 든 인물이 마리우스였다.

그 후 술라의 독재정치를 실제로 경험한 로마였지만 제국으로 향하는 걸음을 멈추게 하지 못했다. 제대로 된 독재자의 모습을 보일 뻔했던 카이사르의 시대를 지나 드디어 마지막 승자가 나타났는데 그가 바로 옥타비아누스였다. 로마의 제정은 바로 악티움 해전에서 승리한 그 순간 탄생했던 것이다.

원로원은 살아남기 위해서 명실상부한 1인자가 된 옥타비아누스에게 황제가 아니라 더 높은 지위가 있다 해도 내어줄 용의가 있었다. 그러나 정치 감각이 뛰어났던 옥타비아누스는 칭호로 로마 시민을 자극하는 행동을 하지 않았다. 어차피 모든 권력을 손 안에 쥐고 있었기에 그의 행보는 겸손의 극치를 보이게 된다.

로마는 그에게 수많은 칭호를 부여했다. 집정관Consul, 호민관Tribunus plebis, 제사장Pontifex Maximus 그리고 아버지의 이름인 카이사르Caesar, 국부國父라는 의미의 파테르 파트리아이Pater Patriae까지 얹혀졌다. 하지만 그 중 그가 일단 선택한 칭호는 '제1의 시민'이라는 뜻의 프린켑스Princeps였다. 글자에서 볼 수 있듯이 왕자Prince라는 뜻을 포함하고 있다. 바로 왕이 없는 상황에서 가장 높은 자를 의미하는 것이다. 게다가 겉으로 몸을 낮춘 덕에 더 고귀한 존칭을 얻게 되었는데 바로 아우구스투스Augustus이다.

'존엄한 자'라는 뜻의 이 말은 이후 옥타비아누스를 대신하는 이름이 되었다. 또한 아버지 카이사르가 만든 달력에 카이사르 다음으로 이름을 넣게 된다. 7월의 다음 순서인 8월을 차지해 'August'라는 이름을 붙인 것이다. 8월이 그의 생일은 아니었지만 카이사르의 뒤를 따르는 상징성이 있는 조치였다. 이렇게 옥타비아누스는 아버지의 업적을 따라가는 듯하면서도 제대로 된 실속을 차렸던 총명한 독재자였다. 참고로 옥타비아누스의 생월은 9월인데 공교롭게도 세상을 떠난 것이 8월이다.

이 시기 로마의 공식적인 정체는 원수정Principatus이지만 이것에 큰 의미는 없다. 그저 제정Imperialismus의 초기 형태로 치부될 뿐이다. 아우구스투스는 이집트를 개인 재산으로 두고 로마 제국 전체를 지배하는 최초의 황제가 된다. 이후 로마는 팍스 로마나Pax Romana라 불리는 평화시대를 맞게 되고 찬란한 문화를 이룩하게 되는데 그 시작이 바로 옥타비아누스, 즉 아우구스투스였던 것이다.

▌아우구스투스와 예수

팍스 로마나를 시작하던 때 서력은 BC에서 AD로 넘어가게 된다. 물론 BC, AD라는 시간의 이름은 후세에 붙여진 것이다. 당시 로마는 이 시기를 753AUC(건국 이후 753년째)로 불렀다.

동양에서는 전한에서 후한으로 넘어가는 중대한 변화의 시기였다. 세속에서 가장 고귀한 인물이었던 아우구스투스가 대제국 로마를 다스리고 있던 시절 중동의 이스라엘에서는 인류 역사에 가장 큰 영향을 끼친 인물이 태어난다. 바로 예수 크리스트Jesus Chirst이다.

예수의 생년은 정확하지 않다. BC 4년 설에서 BC 8년 설까지 다양한데, 확실한 것은 BC나 AD 1년은 아니라는 것이다.

예수 생년의 추정에 설득력을 얻고 있는 것은 그 시기 이스라엘의 역사를 보는 것이다. 예수가 태어났을 때 이스라엘은 헤롯 왕의 치세였는데 헤롯왕이 세상을 떠난 해가 BC 4년이다. 그러므로 예수의 생년은 BC 4년 이전이라고 볼 수 있다.

예수는 유대인이었기에 당연히 유대교도였다. 그러나 예수는 후에 유대교의 이단이 된다. 유대교도들도 처음에는 구원자로서 예수에게 기대를 걸었다고 한다. 하지만 예수가 유대교의 가장 큰 원리인 '유대인만의 하나님'을 부정하면서 유대인들로부터 배척당하게 된 것이다.

유대교에서 하나님은 유대인들만이 독점하는 존재이며 또한 유대인만을 구원하기로 되어 있는데 예수는 그 독점권을 풀어 만인의 하나님으로 만들어 버렸기 때문이다.

크리스트교, 즉 예수의 유대교는 이후 세계 종교로 확대되었다. 한마디로 예수는 이스라엘이라는 내수시장을 버리고, 로마라는 글로벌시장을 공략한 것이다.

아우구스투스와 비슷한 시대를 살았던 예수는 아우구스투스가 권력으로 세상을 지배할 때 믿음으로 세상을 지배하기 시작했다. 흔히 로마는 세상을 세 번 정복했다고 말한다. 한 번은 영토로, 또 한 번은 문화로, 마지막한 번은 종교로.

지역Local 종교였던 크리스트교는 로마의 공인을 받으면서 세계Global 종교로 성장하였고 오늘에 이르렀다. 오늘날 세계 제1의 종교인 크리스트교

는 로마의 덕을 보았고, 로마는 크리스트교 덕에 지금도 세계에 그 영향을
미치고 있는 것이다.

서양 | 동양

맥을 짚어 주는 연대표

서양		동양
티베리우스 그라쿠스 출생	BC 169	
마리우스 출생	BC 157	
	BC 156	한무제 출생 경제 즉위
	BC 139	한무제 장건 서역 파견
술라 출생	BC 138	
티베리우스 그라쿠스 암살	BC 133	
	BC 126	장건 귀환
가이우스 그라쿠스 사망	BC 121	
	BC 117	곽거병 사망
	BC 108	고조선 멸망
폼페이우스 출생	BC 106	위청 사망
카이사르 출생	BC 100	
	BC 97	이릉 흉노에 항복 사마천 궁형
	BC 87	한무제 사망

▼

안토니우스 출생   **BC 83**

술라 사망   **BC 78**

BC 69   박혁거세 출생

옥타비아누스 출생   **BC 63**

카이사르 갈리아 원정   **BC 58**   주몽 출생

BC 57   박혁거세 신라 건국

카이사르
갈리아 원정 완수   **BC 51**

카이사르 루비콘 강 건넘   **BC 49**

폼페이우스 사망   **BC 48**

BC 45   왕망 출생

카이사르 사망   **BC 44**

BC 37   주몽 고구려 건국

악티움 해전   **BC 31**

서양사,
동양사
그리고 세계사

4

/

세계사라고 하는데 도대체 세계란 어디를 말하는 것인가. 현재 우리가 알고 또 배우고 있는 세계사는 서양사이고 정확하게는 유럽사이다. 중·고등학교 교과서에서 다루는 세계사 또한 유럽사이다. 유럽인들이 풀어가는 큰 줄기에 나머지 역사인 중국과 인도 정도가 살짝 묻어가는 수준인 것이다. 안타깝지만 지금의 현실이 그러하다. 이러한 세계사의 개념은 언젠가 바뀔 것이다. 항상 그러했듯이 역사는 변화한다. 강자가 의도적으로 변하게 만들기도 하고 강자를 따라서 저절로 변화하기도 한다. 그래서 마냥 애달파할 필요는 없다.

역사를, 특히 세계사를 막연히 어려워하는 사람을 위해 간단한 분류를 해보고자 한다. 일단 지구상에서 비슷한 시대를 살아간 나라들을 크게 4기로 나누어 동기별로 묶어 이해를 해보는 것이다. 물론 연도가 개략적인 분류이다.

고등학교 때 세계사 문제집에 나올 법한 표는 생략하겠다. 표를 다시 보면 무의식중에 두드러기가 날지 모르기 때문이다.

모든 지식의 시작 전문세

BC	35C	수메르 이집트 히타이트, 중국 유대	
	4C	그리스, 초기로마	1기
AD	3C	중국, 로마 파르티아, 사산조 페르시아 마우리아	
	5C	고구려, 신라, 백제	2기
	5C	프랑크, 비잔틴 이슬람 제국	
	15C	중국(당·5대10국·송·원), 통일신라, 고려	3기
	15C	프랑스, 에스파냐, 분열 이탈리아, 영국	
	20C	중국(명·청), 조선	4기

　여기 등장하는 나라들은 세계사에서 오래 살아남았던 대단한 나라들이다. 그중에서도 가장 대표적인 나라는 1기의 이집트, 2기의 로마이다. 물론 이집트는 왕조들이 망할 때마다 이름이 바뀌었으면 구분하기 좋으련만 숫자로 되어 있는 바람에 더 헷갈리게 됐다. 하지만 이집트의 역사를 고왕국, 중왕국, 신왕국 정도로 알고만 있어도 지식의 레벨이 달라 보이니 슬쩍 훑어 놓는 것도 좋은 방법이다.

　동양에서는 중국의 역사를 빼놓고 대화하기란 불가능하다. 중국은 기록을 매우 방대하게 남겼는데 대충의 얼개를 정리해 보자. 앞서 언급한《삼국지연의》의 첫 구절 분구필합分久必合 합구필분合久必分. 나누어진 것은 반드시 합쳐지고 합쳐진 것은 반드시 나누어진다.

　중국의 역사가 이 과정을 거쳤다. 주周가 춘추전국으로 나뉘었다가 진으로 합쳐지고, 진은 초한으로 나뉘었다가 한으로 합쳐지고, 한은 삼국으로 갈라졌다가 진으로, 진은 남북조로 갈라졌고 5호 16국은 북조의 일부였다.

그것은 다시 당으로 합쳐진다. 당은 5대 10국으로 쪼개졌다가 송으로, 송은 남송, 요, 금, 원의 각축장이 되었다가 원으로 합쳐진다. 한마디로 합죽선이 펼쳐지고 접혀지기를 3000년 동안 한 것과 같다 하겠다.

모든 지식의 시작 전문세

전쟁사
문명사
세계사

부록

인물로
쉽게 알아보는
역사 지식

/

역사를 이해하고 습득하는 방법 중 하나는 인물을 중심으로 접근하는 것이다. 이미 언급하였듯이 역사란 사람의 나열이고 사람이 저지른 사건의 나열이다.

인간이 알아야 할 모든 일은 어차피 인간이 행한 것이기 때문이다. 인간과 관계없이 벌어지는 일은 자연과학이 맡아야 할 분야이다. 그러나 과학마저도 궁극적으로는 사람이 하는 일이라 과학자라는 사람을 알게 되면 자연스럽게 많은 부분을 알게 된다.

인물 중에서도 세상을 주름잡았던 인물이 언제 살다가 갔나를 파악하면 역사의 파노라마를 어렵지 않게 습득하게 되며 다른 공간의 역사도 비교를 통해 쉽게 알게 된다. 예를 들면 한니발의 생년을 알면 포에니 전쟁을 추정할 수 있고, 진시황의 생년을 알면 춘추전국시대의 마지막을 이해할 수 있으며, 다빈치를 알면 르네상스를 알게 되는 식이다.

또한 링컨의 생년을 알게 되면 미국의 남북전쟁과 노예해방의 연대를 자연스럽게 추정할 수 있게 되고, 조선의 흥선대원군이 링컨보다 열 살 정도 어렸다는 것을 알면 미국 남북전쟁시대 때 조선은 세도정치시대였음을 유추할 수 있다.

이 모두가 사람이 만들어낸 사건이기 때문이다. 인물들을 줄 세우면 세계의 모든 역사들이 한 줄로 서게 된다. 어떤 면에서 지식의 레벨을 한 단계 올릴 수 있는 쉬운 방법이라고 할 수 있겠다.

1장 〈역사의 이해를 돕는 인물들〉에서 정리한 내용을 다시 한 번 간략하게 되풀이하고자 한다. 여기서는 기원 후 2000년 동안 살다 간 인물들을 더해 놓았다.

단군
?~?

BC 2333년 조선 건국. 1500년 동안 다스림. 1,908살까지 살았다고 함. 아직까지는 역사와 신화를 혼돈하게 하는 전형적인 캐릭터.

아브라함
BC 22C

BC 2166년이라고 정확하게 찍어서 말하는 사람도 있음. 단군 조선이 BC 2333년이라고 정확하게 말하는 것만큼이나 황당한 이야기임. 환갑을 세 번 정도 지냄. 유대인과 아랍인들의 조상.

탕왕
BC 17C ?~?

BC 1600경 商 건국. 商과 은殷은 같은 나라. 탕왕의 선조가 순임금으로부터 받은 최초의 봉토가 商으로 그들을 상족이라고 함. 은殷은 《사기》에 기록된 이름임. 은허殷墟는 원래 존재했던 지명이 아닌 '폐허가 된 은의 수도'라는 일종의 유적 명칭임.

람세스
BC 14C~13C

이집트의 수많은 람세스 중에 가장 유명한 람세스 카데시 전투. 엑소더스 때의 파라오.

| 람세스와 모세 | 둘은 영화에서처럼 만난 적이 없다.

모든 지식의 시작 전문세

모세
BC 14C~13C

바다 가르기 신공을 시연함. 람세스 파라오와 동기라고 유대인들이 주장함. 그러나 다른 역사에는 없음.

무왕
BC 11C 출생

BC 1046년 강태공 강상의 도움을 받아 은나라 주왕紂王을 물리치고 주周 건국. 이름은 발發. 아버지는 문왕 창昌. 주周 는 그 전인 BC 1111년 건국됨.

다윗
BC 11C

골리앗을 죽인 소년으로 커서 이스라엘을 재통일하는 왕이 됨. BC 10C에 죽음. 아들이 솔로몬임.

로물루스
BC 8C 출생

BC 8C 로마 건국. 늑대 젖 먹고 자랐다고 함. 레무스의 형.

부처
BC 624 출생

불교 창시. 80세 정도 살다가 BC 544년 열반함. 불기佛紀는 부처님이 오신 날의 해가 아니라 가신 날의 해를 기준하므로 서기에 544년을 더하면 불기가 됨. 그렇게 산출한 나이로 따지면 밀레토스의 철학자 탈레스와 동갑임. 본명은 고타마 싯타르타. 부처의 생몰연대는 논란이 많으나 불기를 기준으로 한 불교계의 주장을 따른 것임.

탈레스
BC 624 출생

그리스 철학의 아버지. 80세 정도 살았음. 부처와 동갑으로 같은 해 태어나서 비슷하게 돌아감.

피타고라스
BC 582 출생

피타고라스정리로 유명. 수학자로 알고 있지만 당시엔 수학자도 전부 그냥 학자, 즉 철학자로 여겨짐. 85세 정도 살았음. 바른말하면서 대든 제자의 버릇을 우물에 던져 죽여 고침. 아주 까칠함. 참고로 메소포타미아, 이집트 문명에서는 이미 피타고라스의 정리를 알고 있었음.

노자
BC 571 출생

도교의 시조. 90세 정도 살았음.

공자
BC 551 출생

유교의 시조. 70세 정도 살았음. 노자보다 20년 어린데 비슷한 시기에 죽음. 속 편한 노자보다 스트레스를 더 많이 받은 것으로 추정됨.

손무
BC 545 출생

《손자병법》의 저자. 공자와 비슷한 시기를 살았다고 알려짐. 5대손 손빈孫臏과 간혹 헷갈리기도 함. 손빈이 저술한 《손빈병법》도 손자병법이라고 하기도 함.

소크라테스
BC 470 출생

그리스 철학자. 플라톤의 스승. 자신의 이름으로 많은 책이 나와 있으나 전부 제자 플라톤이 쓴 것임. 노자보다 100년 후배임. 70세 정도에 독약 원샷.

아리스토텔레스
BC 380 출생

천재. 안 건드린 분야가 없음. 플라톤 제자. 알렉산드로스 왕 입주과외 선생 역임. 환갑 넘기고 2년 후에 죽음.

맹자
BC 372 출생

유가. 성선론. 맹모삼천지교. 공자 죽고 100년 후에 나서 80년 정도 살았음. 같은 시기 서쪽에서는 공부의 신 아리스토텔레스가 이름을 떨침.

알렉산드로스
BC 356 출생

정복왕. 필리포스의 아들. 페르시아 제국을 점령하고 대제국을 세워 헬레니즘 문화를 태동케 함. 아리스토텔레스의 제자. 33세에 요절함.

유클리드
BC 330 출생

기하학의 창시자. 55세에 죽음.

아르키메데스
BC 287 출생

유레카로 유명한 시라쿠사 수학자. 시라쿠사는 시칠리아 섬에 있는 도시국가임. 로마에게 망함. 로마 병사에게 원 밟지 말라고 했다가 열 받은 병사한테 맞아 죽었다는 믿지 못할 일화가 널리 퍼져 있는데 많은 사람이 믿고 있음.

아쇼카 왕
BC 268 출생

마우리아 왕조의 3대 왕. 최초의 통일을 이룬 것으로 인정받음. 사실은 남쪽 일부는 정복하지 못함. 불교 부흥. 40세도 못 넘기고 죽음.

진시황
BC 259 출생

중국 최초 황제. BC 221에 진秦 건국. 오래 살려고 별짓 다하다가 일찍 죽음(50세). 서양, 인도, 중국의 통일 왕이 100년 시간을 두고 태어나서 빨리 죽음.

한니발
BC 247~BC 183

포에니 전쟁의 영웅. 로마 잡을 뻔 했던 카르타고의 장군. 한고조와 동갑내기임.

유방
BC 247 출생

인생 성공했음에도 인생 실패한 한니발보다 먼저 죽음(52세). 한나라 건국. 항우를 이김. 장기의 빨간 궁. 운만 좋으면 왕도 될 수 있다는, 한마디로 불가능이 없음을 보여준 보통 사람들의 희망.

한무제
BC 156 출생

한나라의 전성기를 이끈 황제. 흉노를 물리치고 실크로드 개척. 전성기를 이끌었으나 나라 살림을 거덜내 쇠퇴기도 같이 이끔. 남자의 성기를 자르는 형벌, 궁형 내리기를 좋아함.

사마천
BC 145 출생

《사기》의 저자. 한무제로부터 궁형을 받아 생식기가 잘림. 나중에 신임을 회복해 환관으로 복귀. 환관으로서 《사기》를 완성함. 생몰을 둘러싼 다양한 설이 있으나 무제가 죽고 1년 후인 BC 86년에 사망한 것으로 추정됨.

카이사르
BC 100~BC 44

로마의 영웅. 시오노 나나미가 저서인 《로마인 이야기》에서 세상에서 제일 멋있는 남자라고 입에 침이 마르도록 칭찬함. 제왕절개수술로 태어났다는 잘못된 이야기가 전해짐. 인생의 정점에서 양아들이 주동한 패거리들의 칼에 찔려 죽음.

박혁거세
BC 69 출생

알에서 태어남. 12세에 신라 건국.

주몽
BC 58 출생

제왕절개로 태어났다고 잘못 알려진 카이사르가 불혹이 되었을 즈음에 알에서 태어남. 스무 살에 고구려 건국.

모든 지식의 시작 전문세

김수로왕

?~?

《삼국유사》에 따르면 주몽이 태어난 지 약 100년 후 6형제가 알에서 단체로 나옴. 가야와 김해 김씨의 시조

BC ⬆

예수 이전의 인물들의 생몰 연대는 대부분 추정임. 그래서 100년 단위로 이해하는 것이 좋음.

예수 크리스트

현재 국제 표준World Wide Standard 연호인 BC와 AD는 예수의 탄생을 기준으로 한다. 그런데 예수는 BC나 AD 1년에 태어나지 않았다. BC와 AD에는 0이 없다. 만들어진 시기에 서양에서는 0의 개념을 몰랐기 때문이다. 예수의 탄생은 BC 4년에서 BC 8년 설로 다양하다. 중요한 것은 BC와 AD의 경계가 아니라는 것이다. 암튼 예수는 10대 후반부터 본격적으로 활약한 것으로 알려진다.

AD ⬇

조조

AD 155

66세에 죽음. 정사正史가 아닌 연의演義에는 뇌종양을 앓았는데 화타의 수술을 거부하고 정신병에 시달리다가 죽었다고 기록됨.

유비

AD 161

62세까지 살았음. 촉한정통론《삼국지》의 주인공이지만 최고의 무기가 눈물이었다는 이야기로 유명함. 관우 장비와 나이 논란이 있음.

제갈량

AD 181

유비보다 스무 살 어림. 머리 좋고 인성 좋은 사람의 대명사임. 50대 중반에 과로사함.

콘스탄티누스대제
AD 272

AD 313년 크리스트교 공인. 65세에 죽음.

광개토대왕
AD 374

한국인이면 다 아는 고구려왕. 38세에 요절함. 땅 넓히고 일찍 죽은 건 알렉산드로스와 비슷함.

무함마드
AD 570

환갑 좀 넘기고 죽음. AD 622년 이슬람교 창시.

김유신
AD 595

삼국통일에 기여한 신라의 외국인 장군. 본적은 가야.

이백
AD 701

시선詩仙이라 불릴 만큼 시 쓰기의 천재. 환갑 넘기자마자 죽음.

카롤로스대제
샤를마뉴
AD 742~814

모르는 사람이 많으나 유럽에서는 진짜 위대한 영웅임. 로마 제국 이후 유럽 통일. 교황이 이 사람 믿고 동로마와 단절함. AD 800년 크리스마스에 대관식 치름.

김대성
AD 770

불국사 석굴암 창건. 실존인물인지 확실하지 않음.

최치원
AD 857

통일신라시대의 엄친아. 학자이자 문장가. 당나라 유학. 그 시대 당나라 유학은 매우 어려웠을 것으로 추정됨.

모든 지식의 시작 전문세

왕건
AD 877

41세에 고려 건국. 66세까지 살았음. 부인을 29명이나 둠. 자식은 부인 수에 비해 소박하게 34명. 그 아들들은 아버지 죽고 나서 피터지게 싸움.

정복왕 윌리엄
AD 1028

노르망디 공국의 왕. AD 1066에 영국 정복. 둠스데이북Domesday Book 제작. 환갑 1년 남기고 죽음.

살라딘
AD 1137

환갑을 못 넘기고 죽음. 십자군 전쟁 시기 아랍의 영웅. 2차 십자군 전쟁부터 등장. 실력과 인성을 갖춤. 예루살렘을 탈환하면서 기독교도들에게 자비를 베풂. 학살을 밥 먹듯이 했던 기독교도들과 대비됨.

사자심왕
Lion heart
리처드
AD 1157

3차 십자군 전쟁에 등장. 싸움의 고수였지만 적군보다 아군 때문에 더 고생함.

칭기스칸
AD 1162

지구 역사상 최고의 정복왕. 65세에 죽음.

쿠빌라이
AD 1215

칭기스칸의 손자. 몽케의 동생. 원나라 건국.

마르코 폴로
AD 1254

여행가. 《동방견문록》의 저자著者가 아닌 화자話者임. 정확히 50년 후에 자신과 버금가는 여행가 이븐 바투타가 출생함.

주원장
AD 1328

명나라 건국. 홍건적 두목에서 완전 출세함. 정확히 칠순까지 살았음. 이성계보다 7세 많고 조선보다 24년 먼저 명나라를 세움. 중국 역사상 가장 못생긴 황제로 알려져 있음.

티무르
AD 1336

14C 후반 서아시아를 잠시 정복했던 싸움꾼. 이성계보다 1년 동생임.

세종
AD 1397

고기 마니아. 정력왕. 독서중독자. 두뇌는 아인슈타인급. 착함. 한글 발명. 초고도비만으로 온갖 성인병에 시달리다 54세에 죽음.

세조
AD 1417

세종이 스무 살에 낳은 둘째 아들. 조카 죽이고 왕위 찬탈. 이 왕위 도둑질을 전문용어로 계유정난癸酉靖難이라고 함. 신경 많이 써서 50세에 죽음. 이름은 이유李瑈(IU), 자는 수지粹之로 이름에서 연예인 느낌이 물씬 풍김.

로렌초 메디치
AD 1449

피렌체 메디치가의 최전성기를 이끎. 더불어 르네상스 문화도 최고조로 이끎. 명줄도 40대 초반에 요절로 끝남.

콜럼버스
AD 1451

이 사람이 신대륙 발견한 것으로 하자고 서양 사람들끼리 약속함. 사실은 말도 안 되는 소리지만 현재 지구에서 힘이 센 세력인 유럽과 미국 같은 백인국가에서 우기는 통에 다른 나라에서 꼼짝 못하고 정설이 됨. 자기가 어디에 도착했는지도 모른 채 오십 중반에 죽음.

모든 지식의 시작 전문세

| 콜럼버스의 무덤 |

스페인 세비야 대성당 내에 있다. 에스파냐의 땅을 밟지
않겠다는 유언에 따라 콜럼버스의 관은 네 명의 왕이
들고 있다. 네 명은 과거 에스파냐의 왕국이었던 카스티
야, 아라곤, 레온, 나바라의 왕들이다. 재미있는 것은 강
성했던 카스티야와 아라곤의 두 왕은 앞에서 고개를 들
고 있고 합병되었던 레온과 나바라의 두 왕은 뒤에서
고개를 숙이고 있다.

레오나르도 다빈치
AD 1452

르네상스 시대의 골 때리는 괴짜. 천재. 그림 조각부터 건축, 식물, 해부, 엔지
니어, 도시계획가에 헬기, 낙하산 같은 탈것에까지 관심 가짐. 하나만 제대로
했다면 얼마나 잘했을까 하는 의문도 갖게 하는 인물. 진정한 르네상스맨.

막시밀리안 1세
AD 1459

합스부르크 왕가를 유럽 최고의 명문가로 만든 시발점이 됨. 합스부르크 왕
가는 10C에만 해도 스위스 산골의 별 볼일 없는 영주였으나 이 사람 때부터
황제가皇帝家 되어 20C 제1차 세계대전까지 이어짐.

코페르니쿠스
AD 1473

지동설 주장. 칠순까지 살다가 편하게 죽음. 화형당했다고 잘못 알려지기도
함.

미켈란젤로
AD 1475

르네상스 시대 천재 화가이자 조각가. 다빈치보다 20세 어린데 라이벌로 봄.
〈천지창조〉 완성하고 꼽추가 됐다는 소문이 날 정도로 천장화를 그리는 데
고생함. 그런데 89세까지 살아 사스가さすが(역시) 골골백세를 몸소 증명함.

마르틴 루터
AD 1483

AD 1517년 교황청의 면죄부 판매에 대한 95개 논제 제기. AD 1521년 교황으로부터 파문당함. AD 1546년 별세. 16살 어린 수녀修女와 결혼했음.

헨리 8세
AD 1491

영국의 로열 풍운아. 여섯 부인을 둠. 교황과 대항해 성공회 만듦. 별난 성격으로 천일의 앤, 블러디 메리 사건들을 일으킴.

신사임당
AD 1504

사임당이라는 명칭은 자신이 살던 거처를 일컬음. 시문과 그림에 재능이 뛰어남. 아들 이이는 잘 키웠으나 남편은 잘난 아내에게 피해의식을 가졌던 것으로 추정됨. 스트레스가 원인으로 보이는 심장질환에 의해 50세도 되기 전에 죽음. 대한민국 최고액권에 등장함.

엘리자베스 1세
AD 1533

헨리 8세의 딸. 스페인 무적함대를 박살내고 해가 지지 않는 나라 영국의 전성기를 열었음. 칠순까지 살았음. 탈모에 시달려 가발을 많이 사용함.

오다 노부나가
AD 1534

일본 전국시대의 영웅. 일본 역사를 통틀어 최고의 재미를 주고 48세에 최측근 아케치 미츠히데에게 반란을 당함. 자존심 상해 불에 몸을 던짐.

도요토미 히데요시
AD 1536

일본 전국시대를 통일로 마감시킴. 한국에서는 원수, 세계적으로는 망상가이지만 일본에서는 최고의 영웅임.

모든 지식의 시작 전문세

이순신
AD 1545

전쟁의 천재. 경영의 천재. 바보 왕 밑에서 나라 지켜주다 53세에 전사함. 민족의 영웅으로 광화문 사거리에 중국 갑옷 입고 우뚝 서 계심.

선조
AD 1552

조선 왕 중에 두 번째로 어리석음. 질투의 화신. 우유부단함. 임진왜란을 겪으면서 실체를 드러냈고 전란이 끝나서도 정신을 못 차림. 41년간이나 왕 노릇을 함.

| 선조의 무덤 목릉穆陵 |

누르하치
AD 1559

후금 건국. 그의 손자 태종이 청淸으로 이름 바꿈.

셰익스피어
AD 1564

영국의 극작가. 50대 중반에 죽음.

갈릴레이
AD 1564

이탈리아 천문 물리 수학자. 셰익스피어하고 동갑. 80세까지 장수함.

인조
AD 1595

광해군 몰아내고 얼떨결에 왕이 됨. 조선 왕 중에서 가장 어리석음. 굴욕 18종 세트 겪고 54세까지 비굴하게 살았음. 반면 쫓겨난 광해군은 66세까지 살았음.

데카르트
AD 1596

프랑스 철학자, 수학자, 생리물리학자. "나는 생각한다. 고로 존재한다." 수학에서 미지수 x 를 만들었다고 알려졌으며, 그로 인해 수학이 발전함과 동시에 왕창 어려워짐.

루이 14세
AD 1638

절대왕정의 대표지. 태양왕이라고 이름 붙여진 프랑스의 왕. 할아버지, 아버지가 쌓아놓은 것에 살짝 거들어놓고 한평생 제대로 누리다 감. 귀족들은 왕이 죽기만을 기다렸으나 왕보다 먼저 죽은 귀족이 속출함. 77세에 죽음. "짐이 국가다"라는 소릴 하며 국고를 거덜냄. 그 대가로 왕조가 작살나고 손자의 목이 날아감.

뉴턴
AD 1643

만유인력의 법칙. 아인슈타인 이전 최고의 물리학자. 연금술에 빠져 있었고 주식투자로 큰돈을 잃기도 했으며 속 좁은 짓도 제법 많이 함. 여든 살 넘게 살고 죽으면서 자기가 아는 건 바닷가의 모래알 정도라고 말함으로써 전국 수석이 자기 공부 못했다고 하는 만행을 저지름.

표트르 대제
AD 1672

러시아의 근대화를 이룩한 왕. 이전까지 러시아는 덩치 큰 동네북이자 유럽의 촌스러운 왕따였음.

바흐
AD 1685

음악의 아버지. 대위법의 대가.

헨델
AD 1685

음악의 어머니. 바흐와 부부도 아니고 여자도 아님. 생일은 바흐보다 한 달 더 빠름.

모든 지식의 시작 전문세

칸트
AD 1724

《순수이성비판》, 《실천이성비판》, 《판단력비판》을 쓴 대철학자. 서양철학사의 거인. 칸트가 사망하였을 때 도시 전체가 휴무에 들어갔을 정도로 유명했음. 그러나 실제 그는 매우 왜소해 거인과는 거리가 멀었음. 허약했고 조실부모했으며 46세까지는 시간강사로 일하면서 생활고에 시달렸음. 평생 고향 주변에서 벗어나지 않았다고 함. 80세까지 살았다는데 이상하게 하나도 안 부러움.

| 칸트 |
칸트는 왜소하고
몸이 약했다.

괴테
AD 1749

독일의 문호. 《젊은 베르테르의 슬픔》, 《파우스트》 등을 쓴 문학가로만 알려져 있으나 정치도 함. 바이마르공국의 재상 역임. 전공이 문학도 정치학도 아닌 법학이었음.

정조
AD 1752

영조의 손자. 사도세자의 아들. 혜경궁 홍씨의 아들. 탕평책, 개혁군주, 수원화성 축조 조선의 마지막 희망이었으나 일찍 죽음. 정조대왕은 살아생전에도 훌륭하셨지만 돌아가신 것도 훌륭함. 외우기 쉽게 정확히 AD 1800년에 돌아가심. 세도정치의 시작도 외우기 쉽게 AD 1800년. 정조를 마지막으로 조선은 끝났다고 볼 수 있음. 성은 이李, Lee 이름은 산祘, San.

모차르트
AD 1756

천재. 바흐가 죽고 헨델이 죽기 전에 태어남. 여섯 살에 연주와 작곡까지 훌륭하게 해냄. 다행히 노래를 잘했다는 말은 없음. "예술가는 여행하지 않으면 비참해진다."는 멋진 말을 남김. 35세에 요절함.

나폴레옹
AD 1769

21세기 헐리우드 배우 톰 크루즈와 더불어 지구촌 숏다리의 역대급 희망. 군사작전에 있어서는 천재급 지휘관. 유럽을 다 먹었으나 러시아한테 한 방, 영국한테 두 방 맞고 끝. 52세 되던 해 어린이날(5월 5일)에 죽음. 광복절(8월 15일)에 태어남.

| 알프스 산맥을 넘는 나폴레옹 |
자크 루이 다비드, 1801년

워싱턴
AD 1789

미국 건국의 아버지. 독립전쟁 총사령관, 초대 대통령. 수도에 자신의 이름이 붙음. 80세 넘게 살았음.

링컨
AD 1809

미국의 16대 대통령. 남북전쟁 승리, 노예해방으로 유명함. 유명한 '국민의, 국민에 의한, 국민을 위한'이란 연설은 링컨의 말이 아니고 오래전부터 있었음(14C 존 윈크리프 버전 《구약성서》 서문에 나오는 말). 심지어 노예해방에 관심이 없었다는 설도 있음.

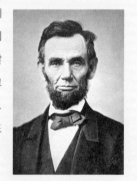

모든 지식의 시작 전문세

비스마르크
AD 1815

독일통일의 주인공. 철혈재상. 외교의 천재. 프랑스의 어리숙한 왕 나폴레옹 3세를 갖고 놀았음. 젊은 왕 빌헬름 2세와 사이가 벌어져 퇴임. 비스마르크 없는 빌헬름 2세는 1차 대전 일으키고 끝장남.

흥선대원군
AD 1820

쇄국정치. 고종의 아버지. 기센 며느리한테 된통 당함. 임오군란 때 오버하다가 청나라에 끌려갔고 3년 만에 돌아옴. 그래도 78세까지 살았음. 파란만장한 삶에 스트레스를 받아도 오래 살 사람은 오래 사는 법. 항상 늙은 노인의 이미지를 가지고 있지만 링컨보다 열 살이나 동생임.

| 흥선대원군 |
링컨과 흥선대원군 누가 더 형일까?

톨스토이
AD 1828

《전쟁과 평화》, 《안나 카레니나》, 《부활》. 그의 작품을 제대로 읽으면 득도할 정도로 두꺼움. 라이벌인 도스토옙스키와 자주 혼동됨. 톨스토이가 수염이 덥수룩해서 항상 할아버지처럼 보이나 도스토옙스키가 일곱 살 더 많음.

| 톨스토이 | |도스토옙스키 |

프로이트

AD 1856

정신분석학의 창시자. 현대 심리학은 물론 사상에까지 영향을 끼침. 심리학 좀 안다는 사람들이 주로 이드(Id:본능), 에고(Ego:자아), 슈퍼에고(SuperEgo: 초자아)를 말하면서 아는 척하는 경우가 많음. 언뜻 들으면 성性에 과도하게 집착한 성도착증 환자 같은 느낌이 들기도 함.

아인슈타인

AD 1879

고종 43년(1905년)에 '특수상대성이론' 발표. 11년 후 '일반상대성이론' 발표. 수많은 업적이 많음에도 상대성이론 때문에 다른 천재성이 묻힘. 그러나 잘 못된 주장도 많이 했음. 역시 많은 홈런은 많은 삼진을 동반함.

모든 지식의 시작 전문세

멀리 캐나다에서 잘 듣고 있습니다.
지식뿐 아니라 삶에 대해서도 생각해 보게 되는 좋은 팟입니다. _눈**

어릴 적 할아버지께서 옛날이야기를 해주시는 것 같아 즐겁게 듣고 있습니다. _신*

열심히 듣고 있습니다. 학교 다닐 때 세계사는 이름 때문에 너무 어려워서 손을 놓았는데 강사님 덕분에 재밌게 듣고 있습니다. 강사님 박식함 대단합니다. _p*****

40이 한참 넘어 배움의 즐거움을 느끼고 있습니다. _별*

전문세 때문에 로마인이야기뿐만 아니라 삼국지, 열국지, 초한지, 플루타르크영웅전, 2차세계대전사 등등 오래 전에 읽었던 책들을 자꾸 다시 꺼내보게 되고 기억이 새록새록 돌아나네요. _p********

울 아들 전문세 듣고 나서는 다른 팟은 안 듣고 요즘 전문세만 듣습니다. 덕분에 아들과 역사 얘기하는 즐거움이 생겼습니다. _무***

절대 부담 없는 편안한 팟, 허한 마음 언제나 뭔가로 가득 채워주는 팟, 고통스런 출근 시간마저 즐겁게 만드는 팟, 장거리 운전 졸음까지 싹 쫓아버리는 팟, 서양사 동양사 전쟁사 미술사 '사'자만 들어도 즐거운 팟, 책하고 담쌓은 사람까지 역사공부벌레로 만드는 마법의 팟. _다****

역사는 지루하다고 생각했었는데 방송으로 재미나게 듣고 있습니다. _밤****

눈 내리는 어느 산모퉁이에서 허석사님과 장웅님의 따스한 음성을 들으며 지난 일주일 직장에서 겪었던 힘듦을 날려 보냈습니다!! 나에게 전문세는 정신과 선생님이자 약국입니다. 감사합니당!! _신****

일요일 밤 늘 기다리고 있습니다.
전문세가 있어 월요병 극복할 수 있습니다~^^ _시***

역시 믿고 듣는 전문세.^^ _마****

고맙습니다! 41살의 고등부 수학강사입니다! 중학교 고등학교 시절까지 세계사 특히 서양 부분은 40점을 넘어본 적이 없었고, 서양의 인물 지명만 나오면 멀미가 생겼는데, 그 당시 배웠던 이름들에 살이 붙는 기분이네요. 우리나라에 허석사님 같은 역사 교육 선생님들이 많아진다면 우리나라가 훨씬 제대로 잡혀갈 것 같습니다.
(감히 내 생각을 말한다면 대한민국 역사교육의 패러다임을 바꾼 분들로 후대에 기록될 것 같습니다!) _조****

참고문헌

·서양사 1차 사료

Richard Klein, 『The Human career』, Unversity of Chicago Press. Chicago, 1989.

레비 스트라우스 클로드, 『구조인류학』, 종로서적. 김진욱 역. 서울, 1983.

스테판 버그, 『중동의 역사~문명탄생의 요람』, 푸른길, 박경혜 역, 서울, 2012.

고마츠 히사오 외, 『중앙유라시아의 역사』, 소나무, 이평래 역, 서울, 2005.

김호동, 『아틀라스 중앙유라시아사』, 사계절, 서울, 2016.

정예푸, 『문명은 부산물이다』, 넥스트웨이브미디어, 오한나 역, 서울 2018.

헤시오도스, 『신들의 계보』, 숲, 천병희 역, 경기도, 2015.

헤로도토스, 『역사』, 동서문화사, 박현태 역, 서울, 2008.

헤로도토스, 『역사』, 길, 김봉철 역, 서울, 2016.

Herodotus, 『The Histories』, Oxford Universicy Press, USA, 2008.

투퀴디데스, 『펠로폰네소스전쟁사』, 숲, 천병희 역, 경기도, 2011.

Thucydides, 『The Peloponnesian War』, University of Chicago, USA, 1989.

크세노폰, 『키로파에디아』 주영사, 이은종 역, 경기도, 2012.

크세노폰, 『그리스역사』, 안티쿠스, 최자영 역, 서울, 2012.

아리스토텔레스 외, 『고대 그리스정치사 사료』, 신서원, 최자영·최혜영 역, 2002.

아리스토텔레스, 『정치학』, 숲, 천병희 역, 경기도, 2009.

안나 반잔, 『페르시아~고대문명의 역사와 보물』, 생각의 나무, 송대범 역, 서울, 2008.

키토, 『고대 그리스, 그리스인들』, 갈라파고스, 박재욱 역, 서울, 2008.

카이사르, 『갈리아 전쟁기』, 사이, 김한영 역, 서울, 2005.

카이사르, 『내전기』, 사이, 김한영 역, 서울, 2005.

티투스 리비우스, 『로마사』, 현대지성, 이종인 역, 서울, 2018.

Robert Seymour Conway, 『Titi Livi Ab Urbe Condita』, Clarendon, 1969.

수에토니우스, 『열두명의 카이사르』, 다른세상, 조윤정 역, 서울, 2009.

플루타르코스, 『영웅전』, 현대지성, 이성규 역, 서울, 2016.

마키아벨리, 『로마사 논고』 한길사, 강정인·안선재, 경기도, 2003.

에드워드 기번, 『로마제국 쇠망사 I, II』, 민음사, 윤수용·김희용 역, 서울, 2008.

에드워드 기번, 『로마제국 쇠망사 III』, 민음사, 윤수용 역, 서울, 2009.

에드워드 기번, 『로마제국 쇠망사 IV, V』, 민음사, 김혜진·김지현 역, 서울, 2009.

에드워드 기번, 『로마제국 쇠망사 VI』, 민음사, 조성숙·김지현 역, 서울, 2010.

·동양사 1차 사료

관중, 『관자』, 소나무, 김필수·고대혁·장승구·신창호 역, 경기도, 2006.

좌구명, 『춘추좌씨전』, 홍신문화사, 권오돈 역, 서울, 2014.

유향, 『전국책』, 인간사랑, 신동준 역, 경기도, 2011.

사마천, 『사기』, 위즈덤하우스, 신용준 역, 서울, 2015.

사마천, 『사기』, 민음사, 김원중 역, 서울, 2015.

사마천, 『사기』, 고려원, 최진규 외 역, 서울, 1996.

司馬遷, 『史記』, 學習研究社, 福島中郞·黑須重彦 譯, 東京, 1973.

반고, 『한서』, 명문당, 장기환 역주, 서울, 2016.

반고, 『한서』, 팩컴북스, 김하나 역, 서울, 2005.

班固, 『漢書』, 筑摩書房, 小竹武夫 譯, 東京, 1977.

班固, 『漢書』, 唐 顏師古 註, 中華書房, 北京, 1992.

가의, 『과진론·치안책』, 책세상, 허부문 역, 서울, 2004.

사마광, 『자치통감1－전국 진시대』, 삼화, 권중달 역, 서울, 2007.

사마광, 『자치통감2－전한시대1』, 삼화, 권중달 역, 서울, 2009.

사마광, 『자치통감3－전한시대2』, 삼화, 권중달 역, 서울, 2009.

사마광, 『자치통감4－전한시대3』, 삼화, 권중달 역, 서울, 2009.

증선지, 『십팔사략』, 명문당, 진기환 역, 서울, 2013.

풍몽룡, 『동주열국지』, 글항아리, 김영문 역, 경기도, 2015.

王圻·王思義, 『三才圖會』, 上海古籍出版社, 上海, 1988.

조익, 『이십이사차기』, 소명출판, 박한제 역, 서울, 2009.

·국내외 연구서

신승하, 『중국사학사』, 고려대학교출판부, 서울, 1996.

신승하, 『중국사』, 대한교과서, 서울, 2005.

중국사학사 편집위원회, 『중국사학사』, 간디서원, 김동애 역, 서울, 2006.

市村瓚次郎, 『東洋史要』, 六合館, 東京, 1925.

공원국, 『춘추전국이야기』, 위즈덤하우스, 서울, 2010.

모리 미키사부로, 『중국사상사』, 서커스출판상회, 조병한 역, 서울, 2018.

미야자키 이치사다, 『중국통사』, 서커스출판상회, 조병한 역, 서울, 2016.

남경태, 『종횡무진 동양사』, 휴머니스트, 서울, 2015.

패트리샤 버클리 에브리, 『케임브리지 중국사』, 시공사, 이동진·윤미경 역, 서울, 2001.

오키 야스시, 『사기와 한서』, 천지인, 김성배 역, 서울, 2010.

김재홍, 『아리스토텔레스 정치학』, 쌤앤파커스, 김재홍 역, 경기도, 2018.

R.G. 콜링우드, 『서양사상사』, 탐구당, 김봉호 역, 서울, 2017.

남경태, 『종횡무진 서양사』, 휴머니스트, 서울, 2015.

유재원, 『데모크라티아』, 한겨레출판, 서울, 2017.

James Whitley, 『The Archaeology of Ancient Greece』, Cambridge University Press, UK, 2001.

Walt Scheidel, 『Romd and Chian-Comparative Perspectives on Ancient World Empires』, Oxford University Press, 2009.

김창성, 『사료로 읽는 서양사1-고대편』, 책과함께, 서울, 2014.

Jon Coulston·Hazel Dodge, 『Ancient Rome』, Oxford University of Archaeology, 2008.

프리츠 하이켈하임, 『하이켈하임 로마사』, 현대지성, 김덕수 역, 경기도, 1999.

테오도어 몸젠, 『몸젠의 로마사』, 푸른역사, 김남우·김동훈·성중모 외 역, 서울, 2013.

메리 비어드, 『로마는 왜 위대해졌는가』, 다른, 김지혜 역, 서울, 2017.

김덕수, 『아우구스투스의 원수정 로마공화정에서 제정으로』, 길, 서울, 2013.

D.C. 서머벨, 『역사의 연구』, 동서문화사, 홍사중 역, 서울. 2007.

D.C. 서머벨, 『A.J.토인비의 역사의 연구』, 범우사, 박광순 역, 서울. 1992.

E.H.카, 『역사란 무엇인가』, 까치글방, 김택현 역, 서울, 2015.

버나드 로 몽고메리, 『전쟁의 역사 A History of Warfare』, 책세상, 승영조 역, 서울, 2004.

남경태, 『종횡무진 역사』, 휴머니스트, 서울, 2008.

수잔 와이즈 바우어, 『세상의 모든 역사』, 이론과 실천, 이광일 역, 서울, 2007.

전쟁사
문명사
세계사

초판 1쇄　발행 2017년 3월 21일
개정판 17쇄 발행 2021년 8월 20일

지은이 허진모
펴낸이 김순일
펴낸곳 미래문화사
신고번호 제2014-000151호
신고일자 1976년 10월 19일
주 소 경기도 고양시 덕양구 고양대로 1916번길 50 스타캐슬 3동 302호
전 화 02-715-4507 / 713-6647
팩 스 02-713-4805
이메일 mirae715@hanmail.net
홈페이지 www.miraepub.co.kr
블로그 blog.naver.com/miraepub

ⓒ 허진모 2020

ISBN 978-89-7299-464-0 03900